全球化与中国

全球化与中国农村发展

Globalization and China's Rural Development

主编 / 王洛林

执行主编 / 张晓山

经济管理出版社
ECONOMY & MANAGEMENT PUBLISHING HOUSE

图书在版编目（CIP）数据

全球化与中国农村发展/王洛林主编. —北京：经济管理出版社，2011.10

ISBN 978-7-5096-1643-7

Ⅰ. ①全…　Ⅱ. ①王…　Ⅲ. ①农村经济发展—研究—中国　Ⅳ. ①F323

中国版本图书馆 CIP 数据核字（2011）第 214594 号

出版发行：**经济管理出版社**

北京市海淀区北蜂窝 8 号中雅大厦 11 层

电话:(010)51915602　　邮编:100038

印刷：北京广益印刷有限公司　　经销：新华书店

组稿编辑：贾晓建　　责任编辑：魏晨红

责任印制：黄　铄　　责任校对：李玉敏

720mm×1000mm/16　　14.25 印张　　280 千字

2011 年 11 月第 1 版　　2011 年 11 月第 1 次印刷

定价：32.00 元

书号：ISBN 978-7-5096-1643-7

各章作者

第一章　张晓山

第二章　杜志雄　肖卫东

第三章　杜志雄　肖卫东

第四章　胡冰川

第五章　崔红志

第六章　杜　旻　刘长全

总 序

20 世纪 90 年代以来，在信息革命的推动下，全球化进程呈现出明显的加速发展势头，全球化的浪潮已经席卷人类生产生活的各个领域，世界各国（地区）在经济、政治、文化等方面的联系也日益紧密，国际经济、政治的格局正在发生着急剧的变化。正处于改革开放和经济高速发展中的中国，作为全球化进程中的重要一员，一方面分享着全球化所带来的利益，另一方面也面临着全球化所带来的巨大影响和冲击。同时，由于中国经济实力和国际地位的不断增强和提高，中国对世界经济和国际事务的影响力也与日俱增，对全球化的进程发挥着越来越重要的影响。如何认识全球化与全球化中的中国因素以及全球化与中国的关系，已经成为当代知识领域中的一个最为重要的课题，受到国内外的广泛关注。

在上述背景下，中国社会科学院组织经济学科片、国际问题研究学科片和社会政法学科片（现在的经济学部、国际研究学部和社会政法学部）的部分专家学者于 2004 年中成立了“全球化与中国”课题组，计划用 5 年时间（2004 年中至 2009 年中）从多学科的角度对全球化与中国未来发展的关系进行全方位的考察，不仅研究全球化进程对中国经济、社会、法律和文化等方面所产生的影响，也分析中国对全球化进程的影响以及在全球化进程中的作用，并就中国如何参与全球化进程、如何因应全球化挑战等问题提出政策建议。

《全球化与中国》系列丛书就是在上述课题研究成果基础上编纂完成的。

按照立项计划，课题将分为 3 个部分，10 个专题。

第一部分是综合研究，包括两个专题：一是全球化的理论与全球化的发展趋势，二是全球化背景下中国与外部世界的关系。

第二部分是经济问题研究，包括 4 个专题：一是经济全球化与中国经济发展的关系，二是经济全球化与中国的外向型经济发展，三是经济全球化与中国的金融改革，四是经济全球化背景下的“三农”问题。

第三部分是社会、法律和文化问题研究，分别从社会、法律、文化角度分析全球化对中国城乡产生的影响及反应，也包括 4 个专题：一是全球化背景下的中国农村健康和扶贫政策研究，二是全球化背景下的地方社会—文化变迁，三是全球化与中国法律，四是全球化对当代中国文化的影响。

以上各专题都将对该领域的重点和热点问题进行全面深入的研究。

专题研究一：全球化理论与未来发展趋势。本专题侧重于全球化的理论研究，并在理论研究的基础上对全球化未来的发展趋势做出规律性的展望。回答的主要问题是：什么是全球化？全球化的实质及主要内容是什么？全球化与经济全球化的关系？全球化的度量方法是什么？全球化的条件、基础、动力、载体是什么？全球化的现实后果是什么？对各国人民的福利会带来哪些影响？类似于气候变暖这样的“全球性问题”对人类社会会产生怎样的影响？全球经济失衡问题也将是本专题的一项重要内容。

专题研究二：全球化背景下中国与外部世界的关系。本专题主要回答以下问题：全球化背景下中国所面临的国际环境已经发生哪些变化？未来的变化趋势如何？特别是全球化对世界经济结构产生了什么样的影响？中国在其中起到了什么样的作用？结合对上述问题的回答，本专题就中国如何参与全球化以及如何处理与外部世界的关系做出进一步的研究。

专题研究三：经济全球化与中国宏观经济。本专题将在对全球化背景下的中国宏观经济做出实证研究的基础上，着力回答以下问题：全球化对中国经济增长及宏观经济波动产生了哪些影响？怎样认识全球化影响中国经济增长和经济波动的内在机制以及中国经济与全球化的契合点？并对全球化背景下的中国经济长期发展做出展望。

专题研究四：经济全球化与中国外向经济的发展。本专题集中研究中国的外资引进、对外贸易及中国对外投资问题。全球化为中国的外向经济发展提供了机遇，促进了中国外向经济的快速发展，解剖其中的内在动力、内在机制就成为深入认识中国外向经济发展的一个基本前提，本专题正是在这一基础上，对改革开放以来中国的对外贸易、外资引进和对外投资做出了全面细致的分析。

专题研究五：经济全球化与中国金融改革。本专题的主要研究内容，一是对国内外有关金融全球化的理论发展脉络进行了梳理和简要评述；二是探讨了金融因素在经济全球化中的作用机理，综合考察金融全球化对中国经济、金融体系的影响及中国因素对经济与金融全球化的影响；三是提出了全球化背景下中国金融业的效率标准与改革方向，并在此基础上提出加快以市场化为导向的金融改革建议。

专题研究六：全球化下的中国农村发展问题。改革开放以来中国农村不仅为中国的经济发展提供了似乎取之不竭的廉价劳动力，也为其发展提供了便宜的土地。在中国目前的制度安排下，全球化既给农村群体带来了利益，也造成了损失，甚至使一部分村民成为全球化的受害者。针对这一问题，本专题首先要回答的问题就是全球化对农村群体的有利之处是什么？不利之处又是什么？在此基础上，本专题研究的主要目标是提出一个全球化背景下的新的农村发展思路。为了实现这一目标，本专题的主要研究内容：一是对现有发展思路下的全球化影响做出评估；二是明确农村群体在这一发展过程中遇到的挑战；三是探讨新的发展思路中政府、社区、社会组织及个人在其中的责任与功能，使受到损害的目标群体的特殊需要能够优先予以保障；四是评估实现新的农村发展思路的成本及资金来源，并提出解决问题的可行途径；最后，就这一新的发展思路对全球化的可能影响做出评价。

专题研究七：经济全球化中的农村健康扶贫政策研究。改革开放以来，随着中国经济的高速增长，中国的扶贫工作取得了举世公认的成就，农村贫困人口大幅下降，但是这并不意味着中国农村贫困问题已经解决。即使按照目前中国明显偏低的贫困标准，中国也还有两千多万的农村贫困人口。其中不容忽视的一个问题是，中国的公共卫生几乎成了国内市场化和全球经济竞争的牺牲品。中国各级政府对经济增长的追求远胜于对于健康领域的关注。而健康，还有教育，无疑是影响贫困人口脱贫的决定性因素。因此，中国政府有必要针对市场化和全球化过程中出现的新问题，调整国家的卫生政策和扶贫计划，通过投资于贫困人口的健康提高他们的就业能力，并借此获得减少贫困的效果。本专题将主要从以下几个方面研究经济全球化对中国农村经济、社会和环境的影响，以便为经济市场化和全球化下的农村健康扶贫行动提供政策建议：一是沿着贸易自由化—药品价格决定—贫困人口常用药物的可及性—劳动者健康状况—非农就业—家庭收入—家庭消费与投资这样一个线索，探讨经济全球化对农村贫困人口生产生活的影响；二是考察现行合作医疗制度和医疗救助制度在贫困群体享受医疗服务及维护其家庭经济安全方面的作用；三是沿着农村工业化和农业市场化—环境污染—与环境相联系的疾病和健康问题—农户疾病负担—社区环境成本这一线索，探讨经济全球化对农村人口的健康、家计和社区生态环境的影响；四是考察现有的环境保护制度、疾病预防和控制制度、污染受害者法律保护制度对维护农村公共健康安全和社区环境安全的作用。

专题研究八：经济全球化与中国法律。全球化使中国的法律产生了巨大而深刻的变化，这一影响正在从三个层面逐步展开：一是具体的法律制度措施层面；二是立法体制层面；三是法律观念与法律文化层面。本研究将主要围绕这三个层面就全球化对中国法律所产生的影响的表现特征、作用机制和发展趋势进行研究，进而提出符合我国需要的制度选择建议。

专题研究九：全球化背景下的地方社会—文化变迁。本专题研究的是中国后发地区（主要是西部地区）面对全球化背景下的社会—文化变迁所做的策略选择与实践过程。主要研究内容：一是探讨后发地区在全球化过程中具有地方特色的尝试与实践，力图从中摸索出一条既能利用全球化机遇，又能激活本地社会文化资源的发展道路；二是通过个案研究发现带有共性的问题，在经验层面对地方的实践予以概括；三是从文化的角度理解基层实践的意义及其政策含义。

专题研究十：经济全球化对当代中国文化发展的影响。本专题主要研究以下几个方面的问题：一是经济全球化对中国传统价值观念的冲击，以及在这一背景下中国特色的现代社会与价值观念的重新塑造；二是经济全球化背景下中国文化产业的发展状况；三是经济全球化与中国文化的发展战略。

上述各项研究成果均将集结成册，同时，以上述研究为基础形成的专题研究报告及课题研究总报告也将汇集成册，一并陆续出版。

我们希望，《全球化与中国》系列丛书的出版，能够加深我们对全球化的了解，提高我们对中国发展与全球化关系的认识；我们也同样希望，这套丛书的出版，有助于增加世界对中国和平发展的理解。

“全球化与中国”课题研究和《全球化与中国》系列丛书的出版，自始至终都得到了美国福特基金会的财政支持，对此，我们深表感谢。我们希望，本系列丛书能够成为中美两国人民友谊的又一历史见证。

最后，诚恳希望广大读者对本丛书的不足与错误提出批评指正。

王洛林

2007年10月

目 录

第一章 总论：全球化与中国农村发展[①]

全球化对中国农村发展的影响主要是对中国的农民和农业的影响。而且全球化对中国的农民和农业的影响是相互关联的，不可能割裂开来谈。本章第一节从农产品贸易角度谈全球化对中国农业的影响；第二节从农业经营体制和非农就业的角度谈全球化对中国农民（农村劳动者）的影响；第三节重点谈深化改革，抑制全球化带来的负面影响。

一、从农产品贸易角度谈全球化对中国农业的影响

以加入世界贸易组织为标志的中国农业的全球化导致中国的农产品贸易量大增，促进了中国农业由传统农业向以市场化、商品化、区域化和专业化为特点的现代农业的过渡，纵向一体化（在中国被称作农业产业化经营）的步伐加快。

（一）比较优势理论在中国农业中的应用

全球化背景下中国农业发展的理论依据是比较优势和竞争优势；根据比较优势原则，中国土地和水资源稀缺而农村劳动力充裕，适当进口一部分土地密集型和消耗水资源的农产品，等于进口了土地和水，如能大量出口蔬菜、水果、畜产品等劳动密集型农产品，等于大量出口了劳动力，从而改变中国农业地少人多的劣势。[②] 在加入世界贸易组织后这种理论的实际应用情况如何？

---

① 本章原为子课题《全球化与中国农村发展》的总报告，报告写作过程中课题组成员曾多次展开讨论，报告由张晓山执笔并在听取了课题组成员的意见后定稿，报告中汲取了各专题报告的部分研究成果。

② 参见《总论：农民收入增长与农业和农村经济结构的战略性调整》和《专题之二：WTO 与中国农业》，《1999~2000 年：中国农村经济形势分析与预测》（农村经济绿皮书），社会科学文献出版社，2000 年 4 月。

1. 加入世界贸易组织后中国农产品贸易量大增，但由顺差转为逆差，在贸易总额中的比重下降

全球化意味着中国农产品的生产和贸易已经被纳入全球的框架之中，与世界农产品的生产和贸易发生密切的联系。农产品国际贸易对我国农产品的生产和农业劳动者收入的影响也会越来越大，尤其是加入世界贸易组织后对中国农产品进出口的影响已逐步显现。

随着中国不断融入世界经济，中国贸易额在世界贸易额中的比重从 1980 年的 0.9%上升到 2004 年的 6.2%；中国农产品贸易额在世界农产品贸易额中所占比重从 1980 年的 1.8%上升到 2003 年的 3.8%。根据商务部统计口径的测算，从 1995 年到 2004 年，中国农产品贸易经历了先缩小后扩大的变化过程，特别是中国加入世界贸易组织以后，农产品贸易规模逐步扩大。根据海关统计资料，2004 年我国农产品进出口总额达 514.2 亿美元，比上年增长 27.4%，比 1995 年的 265 亿美元增长了 93%。其中，农产品出口额 233.9 亿美元，比上年增长 9.15%；农产品进口额 280.3 亿美元，比上年增长 48.07%。农产品出口额和进口额均是连续五年增长，均创造了历史新纪录。我国农产品进出口总额突破了 500 亿美元大关，已跨入世界农产品贸易大国的行列。若将欧盟国家作为一个统一体，当时我国列世界第 4 位；若按国别排列，我国列世界第 8 位。此后几年，我国农产品贸易额持续增长，2008 年已达 985.5 亿美元（见表 1–1 和表 1–2）。

表 1–1　我国农产品贸易与货物贸易关系

单位：亿美元，%

年份	农产品进出口	货物贸易总量	农产品贸易比重
2001	279.1	5096.5	5.5
2002	306.0	6207.7	4.9
2003	403.6	8509.9	4.7
2004	514.2	11545.5	4.5
2005	562.9	14219.1	4.0
2006	634.8	17604.0	3.6
2007	781.0	21738.0	3.6
2008	991.6	25616.0	3.9

资料来源：农产品进出口数据来自农业部，货物贸易数据来自国家海关总署。

在中国农产品贸易发展历程中，有两点必须指出：

第一，中国农产品贸易额在中国贸易额中所占比重急剧下降，从 1980 年的 28.5%下降到 2004 年的 4.5%，2008 年更下降到 3.9%。城镇化和工业化是中国经济社会发展的必然趋势。为加速工业化进程，长期以来，中国选择的发

表 1–2　农产品进出口贸易额及其增长[①]

单位：亿美元

年份	2000	2001	2002	2003	2004	2005	2006	2007	2008	2009	2010
进出口	268.2	279.1	305.8	403.6	514.2	558.3	630.2	775.7	985.5	913.8	1208.0
出口	156.2	160.7	181.4	214.3	233.9	271.8	310.3	366.0	402.2	392.1	488.8
进口	112.0	118.3	124.4	189.3	280.3	286.5	319.9	409.7	583.3	521.7	719.2
贸易差额	44.2	42.4	57.0	25.0	–46.4	–14.7	–9.6	–43.7	–181.1	–129.6	–230.4

注：由于数据来源不同，表 1–1 与表 1–2 的数据有些差别。

资料来源：2000~2009 年数据摘自历年《农村经济绿皮书》；2010 年数据摘自商务部对外贸易司《中国进出口月度统计报告（农产品）》，2011 年 1 月。

展模式是利用廉价的劳动力和廉价的土地吸引外国直接投资，大量出口工业产品，努力将中国打造成为世界工厂。在这样的发展模式下，中国贸易政策的重心必然转移到工业产品上。中国农产品贸易政策必须服从于整个国家的发展模式和贸易政策，服务于大局，以保证中国工业品的出口。根据与世界贸易组织达成的协议，我国在入世减让表中所包含的 977 种农产品的平均关税 2004 年已降低到 15%，而世界农产品的关税平均水平为 62%。[②] 如果按照中国农产品实际进口的情况加权平均，则中国的实际农产品进口关税水平仅为 7.7%。[③] 中国的农产品贸易政策在一定程度上可以说是中国贸易产品与世界各国贸易进行博弈的必然结果。在这个博弈进程中，中国的农民和农业为中国贸易的大政方针的顺利实施做出了牺牲。[④]

第二，2004 年中国农产品进出口贸易差额由 2003 年的顺差 25 亿美元转变为逆差 46.4 亿美元，改变了长达 20 年我国农产品外贸顺差的格局。此后 4 年一直是贸易逆差，2008 年逆差高达 181.1 亿美元，2010 年逆差更升至 230.4 亿美元。中国农产品贸易已经进入了逆差时代。

2. 全球化与中国农业的竞争力

全球化对中国农业的影响，不仅要看理论上的比较优势，更重要的是要正视理论上的竞争力转化为现实竞争力的制约因素。

中国要发展劳动密集型、高附加值的农产品，但国内对这些农产品的居民最终消费需求取决于国民经济的健康快速发展和人民购买力水平的提高，而向国外出口蔬菜、花卉、水果、畜产品等则意味着要去抢占荷兰、中国台湾、以色列等国家或地区早已占领的市场份额，这对“后来者”是一项艰巨的任务。

---

① 参见中国社会科学院农村发展研究所、国家统计局农村社会经济调查司：《2010~2011 年：中国农村经济形势分析与预测》（农村经济绿皮书），社会科学文献出版社，2011 年 4 月，第 109 页。

② 柯炳生：《农业：坦然应对冲击，还将负重前行》，《半月谈》，2005 年第 3 期。

③ 柯炳生等：《入世以来中国农业发展与新一轮谈判》，中国农业出版社，2005 年 4 月，第 360 页。

④ 张晓山：《创新农业基本经营制度　发展现代农业》，《农业经济问题》，2006 年第 8 期。

中国生产出口型的农产品的另一制约因素是国外的食品安全和动植物检验检疫的技术壁垒。一般来说，中国的食品企业要通过三项认证才能取得国外消费者的信任，即管理上通过 ISO9000 认证，安全卫生上通过 HACCP（危害分析与关键控制点）认证，环保上通过 ISO14000 认证。如欧盟在 2001 年正式解除对中国禽肉制品长达 5 年的进口限制，但中国禽肉的卫生检疫条件未完全与国际接轨，检疫设备尚不齐全，高学历的检疫人员的配置尚未到位，完善的监测体系还没有建立起来，因此，欧盟要对中国出口的禽肉进行特定的检验检疫，费用每吨最少 130 美元，占销售货值的 7%左右，这就极大地削弱了中国出口禽肉的国际竞争力。

当年在争论加入世界贸易组织对农业可能产生的影响时，一些学者提出，加入世界贸易组织后有可能出现的最坏的后果是：我国一些在价格、成本上具有国际竞争力的农产品在出口的质量标准、农药残留、检疫等方面存在较多的问题，被人家卡住，出不去。而由于技术壁垒的弱化，进口的农产品出现较大增长，直接影响以农业为生的纯农户和兼业户的就业和收入。而农村的大量剩余劳动力又转移不出去，只好退回到自给、半自给的小农经济（生存农业），勉强维持生计，这种向传统农业的回归造成农民的收入大幅度降低，农业的现代化难以实现，从而阻碍国内消费市场的启动和国民经济的发展，这是一种最阴暗的前景，也是我们应采取措施的着力点。

加入世界贸易组织后的实践显示，按照比较优势理论，中国的劳动密集型农产品，特别是蔬菜、水果以及水产品应当在这一进程中在世界上获得更多的市场份额。而实际情况并非如此，越来越隐性的贸易保护措施，如苛刻的技术标准、繁杂的行政过程，使得理论上的概念不得不面对日趋残酷的贸易现实。中国的劳动密集型农产品并未如想象中的那样获得国际市场中的更多机会。

案例：[①] 根据联合国粮农组织（FAO）统计，我国蔬菜播种面积 2007 年达到 2.6 亿亩，[②] 总产量 5.65 亿吨，分别占世界的 43%和 49%，均居世界第一，人均蔬菜占有量达到 420 千克。蔬菜已成为增加农民收入的支柱农产品。2007 年全国蔬菜播种面积占农作物总播种面积的 12.8%，总产值 7200 多亿元，占种植业总产值比例高达 29%，在种植业中仅次于粮食。蔬菜生产对全国农民人均纯收入的贡献额为 650 多元。蔬菜种植业是典型的劳动密集型产业，吸纳了大量的农村劳动力。据不完全统计，[③] 2007 年我国从事蔬菜种植的劳动力约 9000 万人，而从事加工、储运、保鲜和销售等蔬菜采后服务的劳动力

---

① 详见本书第四章“全球价值链与中国农户的参与”。
② 蔬菜复种指数很高，该种植面积为总面积。
③ 资料来源：亚博农业。

约 8000万人。

蔬菜[①]是我国传统的出口农产品，是我国农产品顺差的主要来源。加入世界贸易组织后蔬菜出口如能快速发展将是比较优势理论最好的佐证。2000 年以来，我国蔬菜出口确实保持了一个较快的增长趋势，出口量从 2000 年的 320 万吨增长到 2008 年的 820 万吨，增长了 1.6 倍（如表 1–3 所示）；同期出口额从 21 亿美元增长到 64 亿美元，增长了 2 倍。从 2000 年到 2008 年，我国蔬菜出口年均增速为 15%，[②]不仅远远低于同期商品贸易 27%的年均增长速度，也低于同期农产品贸易 19%的年均增长速度。

例如，中国对日本出口的蔬菜占全部出口的比例不断下降：出口量占总出口的比重从 2001 年的 27%下降到 2008 年的 10%；同期，出口金额占总出口额比重从 39%下降到 13%。问题主要集中在农产品质量安全方面。2006 年 6 月日本更是实施了号称史上最为苛刻的食品安全标准——肯定列表制度。该制度实施以来，客观上降低了日本从中国进口的蔬菜量，但是同时也提高了日本进口蔬菜的价格。该制度一方面使得我国可以参与到出口蔬菜生产中的劳动力数量下降，另一方面也使得日本消费者的福利受损。这种双损且歧视性的贸易安排，对未来全球农产品贸易规则的制定产生了极大的威胁。

中国的蔬菜出口并没有因为全球化的进一步发展而获得更多的贸易机会。其根源在于当前完全由发达国家主导的全球贸易安排。中国的蔬菜出口正是当下这种由发达国家主导的不合理贸易制度安排的牺牲品，因此，中国具有明显

表 1–3　中国蔬菜进出口状况

单位：万吨，亿美元

年份	进口量	进口额	出口量	出口额	顺差额
2000	9.3	0.7	320.3	20.8	20.1
2001	9.6	0.8	393.6	23.4	22.6
2002	9.1	0.7	465.7	26.3	25.6
2003	9.0	0.7	552.7	30.7	30.0
2004	10.7	0.9	602.0	38.0	37.1
2005	9.7	0.8	680.0	44.8	44.0
2006	11.7	0.9	732.5	54.2	53.3
2007	9.9	1.1	817.3	62.1	61.0
2008	10.4	1.1	819.5	64.4	63.3
2009（1~8 月）	5.5	0.6	520.1	40.6	40.0

资料来源：农业部。

① 蔬菜指鲜冷冻蔬菜、加工保藏蔬菜和干蔬菜；对应海关 HS 编码第七章。

② 同样，进口年均增速也为 15%。

出口比较优势的农产品并没有在全球化过程中得到更多的机会。

（二）全球化背景下的中国农产品进出口格局对中国粮食安全的影响

中国是世界上大豆和食用植物油进口量最大的国家，其中，大豆进口量约占世界大豆贸易量的50%，豆油、棕榈油、菜籽油进口量合计约占世界食用植物油贸易量的18%。2008年，我国大豆总产量为1550万吨，其中大约1000万吨为食用大豆，[①] 550万吨为油用大豆，而进口量为3740万吨，进口量是产量的2倍多，全部用于榨油；从地理分布来看，我国的油用大豆全部分布在东北地区，关内种植的大豆全部用于食用，而进口大豆则主要集中在沿海地区，全部用于压榨。在很大程度上，国产大豆与进口大豆是异质的，而主要竞争存在于东北油用大豆与进口大豆之间，这个现实问题也是舆论和社会关注的热点。

2009年，中国进口大豆达到4255万吨，2010年，增加到5480万吨；此外，2010年中国还进口了123万吨小麦和157万吨玉米（见表1-4）。

表1-4　2010年中国主要农产品进出口情况[②]

品种	出口（万吨）	比上年增长（%）	进口（万吨）	比上年增长（%）
大米	61.9	−18.9	38.8	8.7
小麦	1.2	−100.0	123.1	36.3
玉米	12.7	−1.5	157.3	1753.2
大豆	16.4	−52.6	5479.6	28.8
棉花	0.6	−21.8	283.7	85.8
食用植物油	11.0	−13.3	922.3	−4.0
食糖	9.4	47.6	176.6	65.8
蔬菜	844.6	5.2	15.0	70.4
水果	507.3	−3.4	202.9	−12.0
畜产品（亿美元）	47.4	21.3	96.6	46.3
水产品（亿美元）	138.4	29.2	65.4	24.3

资料来源：大米、小麦、玉米、大豆、棉花、食糖数据来源于国家海关信息中心，食用植物油、蔬菜、水果、畜产品、水产品数据来源于农业部。

根据中国粮网提供的平衡表数据，2009年国内食用植物油消费量达到2450万吨，较2008年增长100万吨，其中，豆油消费量为1000万吨、菜籽

① 相对而言，国产大豆蛋白含量较高，适合加工豆腐及相关豆制品与调味料；进口大豆含油率相对较高。资料来源：中华油脂网。

② 参见中国社会科学院农村发展研究所、国家统计局农村社会经济调查司：《2010~2011年：中国农村经济形势分析与预测》（农村经济绿皮书），社会科学文献出版社，2011年4月，第110页。

油为 475 万吨、花生油为 240 万吨、[①] 棕榈油为 600 万吨、其他食用植物油为 135 万吨。在国内食用消费的 2450 万吨植物油中，1700 万吨为国内生产，750 万吨为直接进口；进一步分析，在中国消费的 1000 万吨大豆油中，其中近 900 万吨原料来自进口大豆。实际上，直接或间接的进口占国内食用油消费比例的 2/3 以上。

对于这种形势，一种观点认为，农产品的大量进口缓解了国内农业资源和环境压力，丰富了国内农产品供应，满足了加工业对原料的需求。

相反的观点则认为，这是一种失控的贸易自由化。国外农产品的大量进口挤占了我国传统的土地密集型大宗农产品的市场，抑制了我国传统种植业的发展，剥夺了中国农民分享经济增长机会，侵蚀了我国政府支农惠农政策的效果，延缓了我国二元结构的消除。同时，外商还控制了我国部分农产品加工企业（如大豆压榨企业），对我国民间中小资本投资产生挤出效应。

1.“弃油保粮”战略是否可行?

有一种观点认为：大豆的进口对国内大豆生产造成了重大的冲击和损害。但有的学者对此提出质疑，指出，统计数据表明，尽管大豆进口量呈现出不断增长的趋势，但国内大豆生产在很大程度上并没有出现大幅度的下降，具体数字为：2001 年我国大豆产量为 1500 万吨，而 2008 年产量为 1550 万吨。[②] 另有数据称：2002 年至今，我国大豆产量始终在 1650 万~1800 万吨。[③]

中国能否少进口或不进口大豆和植物油呢？中国的农产品能否完全自给？

1996 年 10 月，中国政府发表了《中国的粮食问题》白皮书，提出在正常情况下，中国粮食（含豆类、薯类）自给率不低于 95%，净进口量不超过国内消费量的 5%。时隔 10 年后，2006 年中国净进口小麦、大麦和大豆 3064 万吨，净出口大米（换算成稻谷）和玉米为 383 万吨，算下来 2006 年中国净进口粮食（谷物与豆类，不算豆油）2681 万吨，按照国内消费量 5 亿吨计算，净进口量占国内消费量的 5.4%，基本符合粮食白皮书提出的标准。但 2006 年国外为我国提供的粮食净播种面积为 1629.4 万公顷，占我国当年粮食种植面积 10538 万公顷的 15.5%（见表 1–5）。

根据主要耕地密集型农产品（包括谷物、大豆、棉花和蔬菜）2006 年进出口数量粗略计算，2006 年，我国通过出口（主要是玉米、稻谷和蔬菜）为国外提供的农产品播种面积为 85.5 万公顷，国外通过出口（主要是大豆、小麦、大麦和棉花）为我国提供的部分主要农作物播种面积为 1989.0 万公顷。

---

① 花生油数据来自美国农业部。
② 张晓山：《创新农业基本经营制度　发展现代农业》，《农业经济问题》，2006 年第 8 期。
③ 白钦先等：《我国大豆产业发展及主产区信贷政策分析》，《经济与管理研究》，2008 年第 8 期。

表 1–5　2006 年主要农产品进出口与播种面积（耕地）之间的关系

占用耕地的农产品	净出口（万吨）	国内单产（公斤/公顷）	为国外提供播种面积（万公顷）	净进口（万吨）	国内单产（公斤/公顷）	国外为我国提供播种面积（万公顷）
稻谷	52（折稻谷 80*）	6232	12.8	—	—	—
小麦	—	—	—	61	4550	13.4
玉米	303	5519	54.9	—	—	—
大麦	—	—	—	214	2455	87.2
大豆	—	—	—	2789	1747	1596.5
豆油	—	—	—	—	—	—
棉花	—	—	—	364	1247	291.9
蔬菜	568	31856	17.8	—	—	—
小计	—	—	85.5	—	—	1989.0

注：*2006 年净出口的稻谷和大米为 52 万吨，按照出米率 65%的经验系数转化为 80 万吨稻谷。这样，便于计算播种面积。

资料来源：《中国统计年鉴》（2007）和《中国农村统计年鉴》以及 2006 年 12 月《海关统计》。

这样，我国通过净进口农产品使用的国外耕地的播种面积为 1903.5 万公顷。

此外，2006 年我国还净进口了豆油 142 万吨。按照大豆出油率 15%折算，折合为进口 947 万吨大豆，等于国外又为我国提供播种面积 542.1 万公顷。总计 2006 年国外为我国提供农作物净播种面积为 2445.6 万公顷，或 3.7 亿亩。2006 年，我国农作物总播种面积为 15702 万公顷（23.55 亿亩），国外提供的农作物播种面积占国内播种面积的 15.6%。这部分播种面积按复种指数 1.29 计算，折合耕地 2.8 亿亩，占我国全部耕地资源的 15.3%。按每亩用水 300 立方米计算，则相当于节约国内农业用水 840 亿立方米。

还应说明，以上计算中未包括畜产品净进口和食糖等净进口可能带来的耕地使用。2006 年中国畜产品出口 37.3 亿美元，进口 45.5 亿美元，畜产品净进口 8.2 亿美元。畜产品净进口所使用的国外农作物播种面积没有计算在内；2006 年我国食糖出口 15.4 万吨，食糖进口 137.4 万吨，食糖净进口 122 万吨，食糖等净进口所使用的国外农作物播种面积也没有计算在内；2006 年我国进口食用植物油 671 万吨，其他植物油 55 万吨，这其中仅考虑了 154 万吨的豆油进口，没有考虑进口达 514 万吨的我国主要靠进口的食用棕榈油。

通过对农产品进出口贸易的分析可以看出，中国当前满足城乡消费者的农产品供给在相当程度上是借助于国外的耕地和水资源。这意味着我国已经由过去的农产品净出口国变为农产品需求存在缺口的国家。从土地资源的角度来计算国内农产品供求平衡点，我们认为在现行食品消费模式下，满足当前国内对农产品的需求至少需要耕地 21 亿亩，其中大约 13%的耕地资源来自国外。[①] 应该指出，上述计算得出的国外提供 3.7 亿亩播种面积或 2.8 亿亩耕地的数字是比较保守的，而且近几年进口数量继续增长。最近有专家提出，中国用了国外 5 亿~7 亿亩的播种面积，中国需要 30 亿亩农作物播种面积才能保障我们的需求。实际上，2010 年中国仅大豆就进口了 5480 万吨，如果改为本国种植，就需要近 4 亿亩的播种面积。有的学者认为，按照目前大豆的进口量，如果完全由国内生产，那么相当于国内要用 3.5 亿亩左右的耕地，这个耕地面积就相当于全部小麦的种植面积。因此，如果为了防止国外大豆对国内市场的冲击，取消大豆进口，改为国内生产的话，中国将需要进口 1 亿吨小麦。

《全球化与中国农村发展》课题组采用 GTAP 模型模拟了国内进口大豆数量在 2008 年基础上降低了 10%、20%、50%、完全不进口以及大豆进口增长 10%、20%状况下的可能情景。结论是，整体来看，减少 50%的大豆进口将会对国内农业生产和居民消费产生重大影响。在完全不进口大豆的情况下，不仅对农业生产与居民消费产生极端影响，同时也会带来社会的不稳定。限制大豆进口一方面带来食品和农产品价格的上涨，另一方面带来失业与劳动力工资的下降；而放宽大豆进口将会带来土地价格的下降与劳动力工资水平的上涨。

就上述模拟结果的对比来看，进口大豆即进口资源的观点对中国的国情是可以接受的，特别是面对我国加快的城镇化、工业化进程而言。[②] 但要警惕过量进口国外的转基因大豆从而危害国内的大豆产业，要运用好世界贸易组织的规则，出台相应的国内政策，保障国内大豆主产区大豆种植者和加工企业的生存与发展，确保国产非转基因大豆一定的市场份额。[③]

2. 大豆的大量进口对中国豆农的利益造成什么影响?

从一般意义上讲，开放带来了技术的进步、效率的提高与消费者福利的改进，在这样的背景下，作为利益另一方的中国豆农，是如何参与这样一个利益链，并在这一利益链上扮演什么样的角色，这是一个值得深入讨论的问题。

2001 年我国完全开放大豆市场以来，大豆的种植面积并未减少、大豆产量并未减少、豆农的种植收益并未减少。但豆农的种植收益随着大豆市场价格波动变化较大，变得十分不稳定，其中 2008 年每亩净收益最高达到 178.45 元，比最低的 2006 年的 67.84 元要高出 160%；基本粮食作物在 2004 年以前，净利润变化波动较大；2004 年后，种植收益基本稳定在一个较高水平。农产品市场价格的稳定有助于农业种植收益的稳定（见表 1–6）。

---

① 张晓山：《走中国特色农业现代化道路是历史发展的必然要求》，《农村工作通讯》，2007 年第 12期。

② 本书第四章“全球价值链与中国农户的参与”。

③《京华时报》2010 年 3 月 10 日 B42。

表 1-6 我国大豆与三种谷物平均的每亩净收益变化

单位：元

年份	2001	2002	2003	2004	2005	2006	2007	2008
大豆	75.26	130.60	111.73	127.06	81.48	67.84	175.21	178.45
谷物	81.21	54.28	34.21	196.50	122.58	154.96	185.18	186.39

资料来源：《全国农产品成本收益资料汇编》(2002~2009)；其中，谷物为三种谷物（水稻、小麦和玉米）的平均值。

由于大豆消费在我国南北方存在差异，因此各地大豆种植的成本收益也存在很大差异。黑龙江与内蒙古是我国大豆种植面积最大的两个省份，同时也是大豆亩均净收益较低的两个省份，其主要原因在于：黑龙江播种面积大，单位投入劳动力相对较少，单产较低，因此每亩净收益较低；同样，由于内蒙古大豆单产全国最低，因此每亩净收益也处于全国最低水平。

现在要解决的问题是国产大豆的竞争力问题。巴西大豆亩产达到 185 千克，而中国本土大豆的单产从 20 世纪 90 年代就没有提高，现在仍是 110 千克/亩。面对进口大豆的低价冲击，除了运用世界贸易组织规则对国产非转基因大豆实行保护外，更重要的是通过科技创新和体制机制创新，提高国产大豆的竞争力。

表 1-7 2006~2008 年我国各地区大豆每亩净收益

单位：元

年份	平均	河北	山西	内蒙古	辽宁	吉林	黑龙江	安徽	山东	河南	重庆	云南	陕西
2006	68	214	138	−100	95	74	48	115	228	112	310	79	64
2007	175	481	241	39	302	247	123	249	471	240	138	72	89
2008	178	187	148	130	201	226	154	247	370	225	144	161	178

资料来源：《全国农产品成本收益资料汇编》(2007~2009)。

（三）外资进入中国的农业以及农业的上下游产业，对中国的粮食安全有何影响?

除了农产品进出口贸易外，外国资本已经进入了中国农业和农业上下游产业，并控制了一些产业，如油脂加工企业、种子产业。外资的进入是产生“鲶鱼效应”，激活了中国的本土企业，还是产生“鳄鱼效应”，抑制甚至扼杀了民族产业，进而危及中国的粮食安全呢?

1. 外资进入油脂加工企业的影响分析

我国植物油生产的工业总产值从 2003 年到 2008 年，年均增长 26%。一方面，植物油生产行业的增长是在市场不断放开，国有企业不断退出与转制的过程中实现的；另一方面，在植物油加工行业的不断扩张过程中，外资企业不断进入，其平均生产规模在不断扩大。2004 年 3 月的“大豆危机”之后，国内大量油脂企业由于经营困难纷纷破产，丰益国际、ADM、邦基、嘉吉、路易达孚等跨国公司则利用其资本优势来兼并收购。外资跨国集团直接或间接控制的油脂实际压榨量已经占我国总的实际有效压榨量的 50%以上。[①] 从结构上看，外资企业的总产值已占到全行业的 2/3。2003 年外资企业平均工业总产值是国内私营企业的 10 倍，而 2006 年这一差距扩大到 16 倍，这也造成了国内私营企业的相对更加“弱小”与外资企业的相对更加“强大”。

但由于我国食用植物油加工行业的充分竞争，全行业的利润率都保持在一个相对较低的水平。2007 年，全行业平均利润率达到近几年来的最高水平，为 4.1%；其中，国有企业的利润率最低，为 1.1%；国内私营企业利润率最高，为 4.9%；外资企业的利润率为 4.5%。2008 年，全行业的平均利润率有所下降，为 2.9%；其中，国有企业利润率有所增长，为 3.6%；国内私营企业为 4.4%；而外资企业则下降到 2.3%。2009 年以来，全行业的平均利润率有所回升，为 3.7%，其中，国有企业为 2.4%；私营企业为 4.7%；外资企业为 3.7%。国内民营企业的利润率要高于外资企业与国有企业，说明在这一行业当中，国内民营企业具有更高的效率，也意味着国内民营企业可以在激烈的行业竞争中继续生存下去。

我们反对的不应该是外资，而应是垄断。应着力于提高国内油脂加工企业的市场竞争力和市场份额。促进外资、民企与国有企业在农产品流通和加工领域进行平等竞争。未来的发展思路应该是以外资油脂加工企业为国内油脂加工企业的竞争对手和发展的动力，鼓励竞争，而不是保护落后，但为了维护国家的粮食安全和食品的有效供给，要正视外资企业与国内民营企业的规模差距越来越大的现实，对外资在油脂加工业的进一步扩张和垄断应有所警惕，加以抑制。着力于提高国内油脂加工企业的市场竞争力和市场份额。

我们讲改革开放，改革和开放是相关的，改革和开放应该如影随形，同步发展，开放就是全球化。在外资进入中国农业的问题上，如果越来越大程度的开放没有伴随越来越深化的改革以及体制、机制和模式的创新，全球化带来的负面影响就不可能得到有效的抑制。改革滞后于开放，开放带来的问题就得不到有效的抑制，应对全球化的挑战必须要深化经济体制和政治体制改革改革。

2. 外资进入中国种业与转基因农作物品种的推广

2010 年的中央一号文件提出，“继续实施转基因生物新品种培育科技重大专项，抓紧开发具有重要应用价值和自主知识产权的功能基因和生物新品种，在科学评估、依法管理基础上，推进转基因新品种产业化”。

---

① 高铁生等：《我国食用油市场安全和储备制度改革》，《经济与管理研究》，2008 年第 8 期。

据媒体报道，在批准了转基因棉花、番茄、甜椒等农作物种植后，2009年11月27日，农业部批准了两种转基因水稻、一种转基因玉米的安全证书，这也让我国成为世界上第一个批准主粮可进行转基因种植的国家（《中国经营报》2010年1月16日）。而据新华社报道，农业部农业转基因生物安全管理办公室负责人明确表示，截至目前，经农业部转基因生物委员会评审，先后批准了转基因棉花、大豆、玉米、油菜四种作物的进口安全证书，用途仅限于加工原料。农业部从未批准任何一种转基因粮食种子进口到中国境内种植，在国内也没有转基因粮食作物种植。认为舆论报道“搞混了生物安全证书和商业化。生物安全证书并不意味着作物的直接商业化。在大规模商业化之前，还需要大规模实地实验，从获批的种类中开发出更多富有成效的转基因种子，并对这些种子再进行评价。这个过程至少还要再花5年”。

又据新华社北京2010年3月5日电，袁隆平等中国科学院和中国工程院的10位院士提出大力发展转基因技术，认为转基因不构成食品安全问题。

关于转基因的争论，已经不再是单纯的科学技术问题，而是上升到意识形态层面，成为政治问题。

有的学者认为，“转基因技术已是大势所趋，成为农业科学技术发展的必然。转基因产品不仅为广大农民所欢迎，也将为更多的消费者所接受，转基因育种未来发展前景将更加广阔”。“全世界每年上亿公顷土地种植转基因作物，每年数亿人群食用转基因食品，迄今尚未发现确有科学实证的转基因食用和环境安全问题”。“应当肯定：农业转基因作物总体上是安全的，它的风险是可以预防和控制的”。①

有的学者则激烈地反对转基因技术。如德国学者威廉·恩道尔认为：“转基因是最强势的西方精英特别是洛克菲勒家族制造出来的一种东西。他们的目的是控制地球上的食物供给，是大规模减少地球上的人口。……如果中国的农业被转基因的种子掌控，被农业化学品主导，最多再过20年，中国将不会作为一个国家而继续存在了。中国人民又会变成事实上的奴隶，这同当年英国对中国发动鸦片战争，把中国人变成奴隶，是完全相同的事件”；认为“转基因是一场中国的生死之战”。②

面对观点截然相反的争论，有一点是清楚的，即在种子产业的生物技术和转基因技术研究领域，大型的跨国公司占据了主导地位。

孟山都公司是世界上最大的种子公司。2009年11月4日，孟山都公司宣布在中国的第一家研究机构孟山都生物技术研究中心在北京正式成立。宣称孟

---

① 引自黄大昉：《农业转基因技术和安全管理》，第十一届全国人大常委会专题讲座第16讲讲稿。
② 顾秀林：《转基因战争：21世纪中国粮食安全保卫战》，知识产权出版社，2011年2月。

山都生物技术研究中心将进一步加强孟山都公司和中国科研机构与大学在植物生物技术和转基因技术领域的合作。印度物理学家与社区组织者凡达纳·施瓦（Vandana Shiva）曾说过："如果他们（指跨国公司孟山都）控制种子，他们就控制了食物；他们对此很清楚，这是战略。这比炸弹更强有力；这比枪炮更强有力。这是控制全世界人口的最好方法。"①

2007 年，孟山都公司的种子销售达到 49.64 亿美元，占全球市场份额的 23%。全球 90%的抗虫棉和抗虫玉米品种中所含的抗虫基因均来自孟山都公司的产品。中国的 7 家种业上市公司，截至 2009 年底，主营业务收入仅 82.33 亿元。国内较大的丰乐种业、登海种业、隆平高科和万向德农等 5 家种业公司2009 年的研发投入为 4400 万元，不到孟山都公司 2008 年研发投入 9.8 亿美元的 1%。②

还有的学者提出一种观点，"现在国内无论支持还是反对转基因的大部分人，都有一个误区：一提到生物科技，立刻就把其等同于转基因，而没有意识到生物科技同时包括农业生态学、农用林业、综合虫害及养分管理、传统杂交育种等多方面的内容。这是孟山都等大公司及其合作者一直以来的宣传误导策略：不得不承认，该策略在中国尤其成功。不但一般民众被误导，连中国政府在一定程度上也被误导：比如中国政府投入农业生物科技开发的大量资金，基本上全部投入转基因研究"。"我们所需要的第二次绿色革命，不该是以转基因为重点，而是应该以农业生态学（agroecology）为主"。一些遗传学家大力强调预防原则（Precautionary Principle），反对在没有足够实验的情况下贸然推广转基因作物。③

2010 年的中央一号文件提出，"推动国内种业加快企业并购和产业整合，引导种子企业与科研单位联合，抓紧培育有核心竞争力的大型种子企业"。在外资进入中国种业与转基因农作物品种的推广问题上，在关于转基因的争论尚无定论时，目前需要解决的问题是如何制定明确的、具体的政策措施，着力培养我国有自主知识产权的作物品种（包括非转基因的作物品种和转基因的作物品种），构建我国具有自主知识产权的作物品种的技术体系，与孟山都这样的跨国公司抗衡，避免出现外资控制中国种子产业的局面。关于转基因的争论，要构建一个公开透明的公共平台，制定统一的规则，让不同的观点得以交锋和辩论。要保护和尊重消费者的权益，首先是知情权和选择权。

---

①《关于孟山都公司的一份资料》，http：//blog.sina.com.cn/s/blog_4dade0270100ht9y.html。

② 国务院发展研究中心调查研究报告第 133 号（总 3888 号）《构建我国具有自主知识产权的转基因技术体系》，2011 年 7 月 19 日。

③ 文佳筠：《转基因评估后面的推手》。

二、全球化对中国农民（农村劳动者）的影响

在中国，农民现在只代表一种身份，或是户籍人口的隶属关系，实际上农民已经高度分化。从劳动者角度看，可主要分为两大类：从事农业的劳动者和从事非农产业的劳动者。

（一）全球化对中国农业劳动者的影响

农业劳动者必然参与到不同的农业经营方式之中。面对全球化的冲击，中国农业经营方式的主要政策选择是农业产业化经营。

在由传统农业向现代农业的转变过程中，农业中形成一种经营形式或经营系统，被称为现代大农业或垂直一体化经营的农业，在中国被称为农业产业化经营。农业的垂直一体化经营，依照农业关联企业与农民结合的不同方式和不同程度，可分为三种形式：①农业关联企业与农场结合在一起，形成经济实体，构成农工商综合体；②合同制，农业关联企业与农场主签订合同，在明确双方各自承担的责任和义务的条件下，把产、供、销统一起来，原有工商企业和农场仍保持各自独立的实体不变；③农民组成合作社，直接参与到农业垂直一体化的进程之中，成为一体化的主体成分。[①] 前两种形式是公司（企业）导向的垂直一体化经营，第三种是合作社导向的垂直一体化经营。

在全球化背景下来考量各种农业经营方式时，关键问题是第一产业生产者的利益由于全球化是得到增进，还是受损？中国农产品产业链条的利益联结机制的现状如何？如何保护中国农民（初级产品生产者）的利益？

1. 中国的农业产业化经营，是以公司（企业）为主导，以“公司+农户”为主要形式起步的；在全球化背景下，农民被动地进入农业产业化经营

从理念和社会发展的长远目标看，我们应更注重发展以农产品生产和营销专业户为主体的农民专业合作社，使其成为发展现代农业、扩展农业产业链、实现垂直一体化经营的重要的组织载体。但农业劳动者和经营者自己组织起来，成立合作社，发展现代农业，他们往往是从无到有，白手起家，除了资金融通遇到困难外，在技术引进、设备改造、农产品质量检测与标准化、企业管理、市场开拓、信息搜集、销售渠道以及经营网点分布等方面，都与专业化的大公司有较大的差距，这样的现代化进程肯定较缓慢。而公司（企业）导向的垂直一体化经营，能迅速将资本、技术、信息、管理、销售渠道与劳动力、土

---

① 张晓山：《创新农业基本经营制度　发展现代农业》，《农业经济问题》，2006 年第 8 期。

地相结合，在走农业现代化道路时，实现跨越式发展。中国农业产业化经营的实践选择就是以公司（企业）为主导，以“公司+农户”为主要形式起步，但在这个进程中，公司为主导的经营组织形式就挤压了农民自己的经济组织发展的空间，延缓了农民组织化的进程。

我们认可在农业产业化经营中的农业龙头企业，甚至农业的跨国公司在联结农民与市场方面所起到的积极作用。但也必须正视“公司+农户”这种契约联结方式在现实经济生活中存在的问题。农业产业化经营中，公司是追求利润最大化，农户是希望自己生产出来的农产品能卖个好价钱。在初级农产品通过储藏运销、深度开发和加工增值形成的新增价值的分割上，二者显然是有矛盾的。由于初级农产品的供给总体上还是处于买方市场的阶段，农民的组织化程度又很低，公司掌握着技术、信息、资金、市场销售渠道、网络、产品品牌，在剩余价值的分割上往往占据主动的和支配性的地位，在公司与农户之间的交易中公司处于强势地位，分散的个体小农户往往处于弱势地位，谈判地位严重不对等，双方的利益格局在很多情况下是失衡的，双方是一种不平等的互利关系，在劳动与资本二者的关系上，仍是资本支配劳动。

2. 不同的农业经营形式或经营系统折射了不同的农业现代化发展模式，并决定了农业劳动者在农业产业化经营中不同的地位与作用

农业现代化发展的一种思路是：发展现代农业，要尊重和保护农民的土地承包经营权，鼓励土地向专业农户集中、发展规模经营和集约经营，使他们成为发展现代农业的主体、主力军。在此基础上提高农民的组织化程度，鼓励他们之间的联合与合作。具有代表性的观点是：“从实践看，家庭经营再加上社会化服务，能够容纳不同水平的农业生产力，既适应传统农业，也适应现代农业，具有广泛的适应性和旺盛的生命力，不存在生产力水平提高以后就要改变家庭承包经营的问题。”①

但在发展现代农业时，长期以来也存在另一种思路和做法，认为现代农业的主体形式应当是企业，要形成一大批大规模从事农业生产的农业企业。在一些地方，大公司进入农业，取得大片农地的使用权，直接雇工从事规模化的农业生产。与工商企业进入农业、大规模租赁农户承包地相联系的是从事农业的主体由家庭经营转为雇佣工人，有些地方也提出大力培育和发展农业产业化经营主体，鼓励和支持农民向农业产业工人转变。

在现实的中国农业现代化进程中，我们在各地看到的往往是社会主义初级阶段的一种混合型、多样化的新模式，走的是一条政策的弹性较大、兼容性较

---

① 中共中央政策研究室农村组、中国农村杂志社编：《江总书记视察农村》，中国农业出版社，第323页。

强的道路。农业现代化的主要形态：一是出现对家庭经营的扩展和延伸，通过各种形式的土地承包经营权流转，专业种植、养殖和营销大户开展规模经营以及专业性质的联合与合作；二是工商外来资本或大企业进入农业，连片开发，反租倒包；三是当地的公司或合伙企业，或本地外出创业的企业家回到地方上承包经营和进行产业化经营。这样的农业现代化发展模式又和全球化、城市化、工业化的进程交织在一起。

在农业基本经营制度和农业现代化道路与模式的选择上，焦点问题之一是如何看待工商资本甚至外国资本进入农业。在发展多种形式的适度规模经营时，农民转包、出租、转让、合作的对象是谁？“农地农用”是否只意味着“农地农民用”？包括工商资本甚至外国资本在内的各类非农主体是否有资格转包和租赁农户承包地？在这个问题上，不同的观点和实践中的不同做法的争论可能将长期进行下去。

多样化、混合型的农业现代化发展模式和经营形态在中国农村将长期存在，资本、劳动、土地等要素将不断相互碰撞和重新组合；这种组合又和农村上层建筑的权力结构交织在一起，必然影响到农村基层治理结构的变革方向。

（二）全球化对中国从事非农产业的农村劳动者的影响

对外开放，外国资本进入，吸引了大量农村劳动力到沿海发达地区打工，除了原有的本土化的乡镇企业外，增加了外出农民工这一庞大的群体。根据农业部的统计，农村转移出去的劳动力 2006 年达到 2.1 亿人左右（包括外出务工和乡镇企业从业人员）。2007 年，农村外出就业劳动力（指离开本乡镇外出务工的劳动力）达到 1.26 亿人，乡镇企业从业人员为 1.5 亿人，扣除重复计算部分，2007 年农民工达到 2.26 亿人。

全球化为农村剩余劳动力创造了大量的就业机会，从而大幅度地增加了农民的收入。2010 年，在农民人均纯收入中，工资性劳动报酬收入已经占到 41.07%。根据国家统计局对全国 21 个省、市、区 6.8 万个农村住户和 7100 多个行政村的农民工检测调查结果推算，2009 年度全国外出就业和本地非农从业 6 个月以上的农村劳动力总数达到 22978 万人。在本乡镇以外从业 6 个月以上的外出农民工人数由 2005 年的 9809 万人增加到 2009 年的 14533 万人，年均增加 1181 万人。2009 年底，中央经济工作会议上胡锦涛总书记已经提到“新生代农民工”这个问题，2010 年中央一号文件第一次明确提出了“新生代农民工”，主要是指的是“80 后”、“90 后”的农村外出打工青年，2009 年，30 岁以下的“新生代农民工”占农民工总数的 61.6%。[①] 2010 年，农民工总量

① 唐仁健：《目前中国“新生代农民工”大约有 1 亿人》，2010 年 2 月 1 日，中国新闻网。

为 24223 万人，比上年增长 5.4%。其中，在本乡镇以外从业 6 个月以上的外出农民工 15335 万人，增长 5.5%；在本乡镇内从事非农产业 6 个月以上的本地农民工 8888 万人，增长 5.2%。在全球化的背景下，中国农村劳动者及其家属大范围的迁徙和大规模的流动是全世界独一无二的现象，而这种迁徙和流动的趋势以及未来的发展前景将对中国农村的发展乃至整个社会的发展产生深远影响。

1. 全球化使得农民工有可能为中国发展提供大量的经济剩余，为造就中国经济的奇迹做出了贡献

影响初次分配的重要因素是劳动者原始收入所占的份额。根据国务院研究室在 2006 年发布的《中国农民工调研报告》，2004 年中国外出农民工数量为 1.2 亿人左右，跨区域流动的占 76%，约为 9000 万人。农民工的月平均收入为 780 元，按年平均就业 9 个月计，年收入为 7000 元左右。据湖南、四川和河南三省的抽样调查，农民工月实际劳动时间超过城镇职工的 50%，但月平均收入不到城镇职工平均工资的 60%，实际劳动小时工资只相当于城镇职工的 1/4。[①] 另据统计资料，1978~2004 年，城镇职工平均货币工资[②] 由年均 615 元提高到 16024 元。但 1 亿多农民工 2004 年的人均年收入只有 7000 元左右，二者每年的平均工资相差 9000 多元。如考虑到工作的难易程度、技术含量等因素，只算 50%的差额，“低价”的农民工每年为城市和中国经济的增长至少贡献了 4500 多亿元的资金，而他们本来可以用这笔钱来贴补农村家庭的生产和消费活动。

2. 几个需要回答的问题及相应的分析

针对增加农民工资性劳动报酬收入的呼声，也有一些不同的观点：

一种观点认为，很难说农民工的劳动力价格是扭曲的，因为劳动力价格是由市场调节的，工资是由市场决定的，有的农民工讲，“我什么本事也没有，我就只能干这个活，只能拿这么低的工资”。所以由市场供求关系决定的工资水平是公平的。

另一种观点认为，有关农民工资性劳动报酬收入方面的问题，是一些有关的法令没有得到贯彻执行，是法律供给不足，也不能说是市场扭曲。

还有一种观点强调，我国的国际竞争力与低工资结构密切相关。“有些人看到中国人失业是个问题，却看不到这个劳动力大军同时又是中国增长的潜力，使中国可以有几十年低劳动力的供给”。[③] 如提高农民工的工资，势必削弱我国的竞争力。

① 《中国农民工问题研究总报告》，《改革》，2006 年第 5 期。

② 指国有单位、城镇集体单位和其他单位职工平均工资的平均数。

③ 2002 年 11 月 22 日《中国财经报》。

针对上述问题，首先应明确，初次分配的扭曲不等于市场的扭曲。在初次分配中劳动者原始收入包括三个部分：劳动者收入、福利基金、津贴和补贴等其他收入。在初次分配中中国的劳动与资本之间的关系处于何种状态呢？改革开放以来，在相当长的时期内，从事简单劳动的、素质较低的农村外出务工人员处于供大于求的状态。相对于近乎无限供给的简单劳动要素而言，资本仍是稀缺的生产要素，边际生产率高，必然要求有较高的回报。而由劳动的供求关系所决定的劳动要素必然廉价。长期以来，就供给充足、需求有限的简单劳动与资本之间的关系而言，资本在大多数情况下仍对劳动处于支配地位，这亦是不争的事实。但劳动力的价格必然要有一个满足劳动力再生产需求和社会道德的底线。长期以来，我们的劳动力成本低廉的竞争优势，在很大程度上是挤压了劳动者合理的劳动待遇、像样的生产生活条件和基本的社会保障而形成的。根据《劳动法》、《劳动合同法》、《禁止使用童工规定》、《女职工劳动保护规定》、《最低工资规定》、《工资支付暂行规定》、《劳动保障监察条例》、《中华人民共和国企业劳动争议处理条例》等法律法规，以及参照企业社会责任的国际标准，即 SA8000（Social Accountability 8000）标准，[①] 我国的农民工在收入和劳动待遇的各个方面都处于被挤压的状态，这就是所说的初次分配的扭曲。

3. 初次分配的扭曲来源于城乡分割的二元结构和由现行的行政管理体制和干部考核机制决定的政府功能的错误定位

我国城市的财政开支和公共产品的提供是以现有的城市户籍人口为依据的，外来的农民工虽然为当地的经济发展做出了贡献，但他们无法和当地人一样，平等地享用公共服务，获得相应的社会保障。如广东省东莞市是我国著名的“民工城市”，根据第六次全国人口普查，东莞市 2010 年 11 月 1 日零时的常住人口为 822 万人（统计局解释称，这包括三种人：一是居住在东莞、户口在东莞或户口待定的人；二是居住在东莞、离开户口所在地 6 个月以上的人；三是户口在东莞、外出不满 6 个月或在境外工作学习的人）。而据统计，2009 年 10 月 1 日至 2010 年 9 月 30 日，东莞市户籍人口总数为 180.66 万人。也就是说，东莞常住人口中的户籍人口只占不到 22%。但城市所提供的医疗卫生、教育、住房等公共服务还是按照 180 万户籍人口造财政预算的。作为当地政府，如果要逐渐向 600 多万的非户籍人口提供教育、医疗、养老、失业保障等基本公共服务，压力之大，可想而知。在这种现实条件下，1 亿多外出打工的农民工的生活水平、生活条件和消费方式与城市居民仍有较大的差距，尽管他们已经被统计在城市人口之中，使得我国的城市化率到 2009 年已达到 46.6%。但他们中的绝大多数仍是流动性的，实现不了全家人口的迁移和定居，支付不

---

① 李立青、李燕凌：《企业社会责任研究》，人民出版社，2005 年 8 月。

起定居成本，享受不到和城市居民一样的社会福利和保障。一有风吹草动，遇到像“非典”这样的情况，他们就会“回流”。这是将城乡二元结构固化于内的城市化，即使按照统计口径，他们已经被算为城市人口。

资本对劳动的种种挤压，目标是压低成本、扩大利润。对于资本拥有者来说，这是一种理性的选择。而政府此时就应履行应有的职责，保障劳动拥有者的合法权益，协调劳动与资本的关系，但地方政府往往从自身的政绩出发，与资本结盟，忽视农民工的合法权益。

在北京、上海等特大城市，大量农民工的涌入，对城市的基础设施、社会治安和下岗职工的安置产生了巨大压力。每一届城市政府，都有各式各样的政绩考核指标，包含着众多的“一票否决”制，如社会治安、计划生育、城市下岗工人安置、城镇失业率等。大量外来农民工的涌入，对把握住这些考核指标带来很大的困难。政府为了完成这些考核指标，无形中就有了排斥外来农民工的指导思想。

同样是从政绩考虑，地方政府为了发展经济，增加地方财政收入，忽略了外来农民工权益的保护。在处理事务时，首先考虑的是招商引资，吸引外国直接投资（FDI），把经济做大做强。尽管有文件和政策试图把进城的农民工纳入社会保障（养老、工伤、医疗）体系之中，但是在低价劳动力无限供给的局面下，社会保障无疑将加大农民工的劳动成本，削弱企业的竞争力，资本将外流到没有实行城乡社会保障的地区，地方政府的财税和就业受影响，因而地方政府从自身的利益和政绩考虑，政策同样趋向追求低成本的经济发展。有些政府官员怕提出的要求太多，吓跑外来投资者，制定政策的时候天平往往向资本方面倾斜。为外来农民工营造一个公平的就业环境，实践起来困难重重。

地方政府为了保护资本的利益，有些地方性法规甚至与国家法规相抵触。从 1990 年开始，国家对劳动者的保护建立了一系列的法律、法规体系，包括工伤赔偿的一系列法律法规及规章。《劳动法》出台后劳动和社会保障部就制定了工伤保险试行办法，对如何减少工伤发生，以及发生工伤后怎么赔偿，在法律法规上都界定得很清楚。但一些地方政府制定了歧视性的差别待遇，规定了当地工人和外来劳工不同的工伤赔偿标准，置国家的法律法规于不顾，以农民工的生命和身体为代价来发展当地经济。

4. 由于劳动力供求状况的改变，农民工开始具有了一定的谈判地位

由于资产专用性以及原有的市场渠道、关系网络等，“腾笼换鸟”、产业结构升级换代不可能一蹴而就，劳动密集型产业仍在市场上占有一定的份额，对非熟练工人的需求仍然呈上升趋势，在一定工资水平、福利待遇和工作生活条件下的劳动力供给必然出现短缺，几次“民工荒”就是证明。这种情况下，劳动与资本之间的关系发生了变化，农民工的谈判地位得到了提高。农民工谈判地位的增强取决于两方面的因素，一是劳动力供求状况的改变，二是农民工组织化程度的提高。2003 年开始一些发达地区企业出现的“民工荒”以及 2010 年新春伊始又出现的“民工荒”使人们必须正视下列问题：以牺牲环境和劳工权益为代价的低成本扩张的工业和经济发展的道路是否还能继续走下去？自改革开放以来，由于劳动力供求状况的改变，农民工近年来开始具有了一定的谈判地位，他们有可能通过“以脚投票”等各种手段来捍卫自己的合法权益，促使劳动力的价格向其真实价值调整。同时，企业从自身经济利益考虑，除了产业升级换代、加速产业结构调整外，也不得不注重改善工人劳动环境、提高工人工资待遇、加强工人的技能培训，提供一些最基本的福利，这就为经济发展方式的转变、以人为本的科学发展观的落实提供了契机。

但农民工的组织化程度仍然较低，许多农民工还被排斥在企业的工会之外，一些工会也没有起到维护工人（不仅是农民工）合法权益的作用，这是迫切需要解决的问题。

三、深化改革抑制全球化带来的负面影响

（一）对以往农村发展模式的总结与对未来农村新发展模式的展望

改革开放以来，中国采取的是增长导向的发展战略。回顾 30 多年的增长导向发展战略的实施，世人所公认的是，改革开放使中国取得了长足的进步，创造了中国经济的奇迹。但我们必须清醒地看到增长中产生的问题及一些深层次的矛盾。在这一融入全球化和经济增长的进程中，社会上一部分群体或个人享受到了改革和对外开放的收益，却不支付改革的成本。有相当一部分社会群体或个人要负担改革和对外开放的成本，却享受不到改革的收益。相当一部分社会群体和地区被排斥在全球化和现代化的增长进程之外。而中国大部分的农民、广大中西部的农村地区和作为弱质产业的农业就是处于这一进程的受损的一方。①近年来农民收入增长缓慢，城乡居民收入差距越来越大，成为社会收入差距扩大的主要原因，城乡综合基尼系数达到 0.42 以上。2009 年的城乡收入差距比已经达到 3.33：1，是改革开放以来城乡之间最大的收入差距，如考虑到城乡两种统计口径的不同以及社会福利方面的差距，城乡的收入差距大约为 6：1。②按照我国从 2009 年起实行的新扶贫标准，农民人均纯收入低于 1196 元为贫困人口，按照这一农村贫困标准测算，2008 年末我国农村贫困人口为 4007 万人。③近年来，随着城乡收入差距的拉大，农民在居民消费中的

比重也不断下降。农村地区市场消费的增长也相应低于城镇地区，农村地区在全国消费市场中的地位继续下降，严重制约了国内需求的扩大；2002 年，全社会消费品零售总额突破 4 万亿元大关，达到 40911 亿元，比 2001 年增长了 8.8%。其中，县及县以下地区消费品零售总额 15013 亿元，增长 6.8%，远低于城市消费品零售总额 10%的增长幅度。县及县以下地区在社会消费品零售总额中所占的比重仅为 36.7%，比上年又下降了 0.7 个百分点。如回顾历史，进行纵向比较，1985 年这一比重最高时曾经达到 56.5%，而当时城乡收入之比为 1.86∶1，是改革开放以后城乡收入比率最低的年份之一。[①] 2008 年农村人口占全国人口的比例是 54%，但县以下的社会消费品消费总额占全国的比例仅为 32%。城乡消费水平的差距持续扩大，1978 年城乡居民消费支出比为 2.68∶1，2008 年该数据变为 3.07∶1。农村居民平均消费倾向明显下降。

我国长期存在的城乡二元结构进一步固化，造成了要素市场的分割和单向流动。在农村，资本是稀缺生产要素，边际生产率高，对农民发展生产、增加收入会发挥重要作用，但长期实行的金融政策导致大量资金从农村流入城市。商业银行认为农村金融服务具有交易成本高、利润低的特点，因而它们不断从农村收缩营业网点。由于农民很难从正规金融机构获得贷款，他们不得不将金融需求转向非正规金融部门。如果大量的农村剩余劳动力不能和资本结合，创造就业的大量机会将会失去，农村的资源使用效率大大降低，农民的发展机会受到极大限制。

在农村，土地同样是稀缺的生产要素。但在将农用土地转为非农建设用地的征地过程中，稀缺的生产要素土地往往变成了廉价的公共产品，缺乏有效监督及模糊的农村集体土地产权制度方便了国内外企业与地方领导干部、村领导之间结成同盟。他们以低价从村民手中获得耕地，然后通过改变土地用途获得巨大利润，而那些曾经拥有这些耕地的村民却没有得到应有的补偿，则成为利益受损者。相对高素质的农村劳动者也是稀缺资源，但这部分劳动者也往往流向城市。

以往的实践证明，资源配置向大中城市和沿海地区倾斜，通过增加投资、扩大出口，在一段时期仍可维持经济的较快速增长。但现实提出的问题是：中国的资源配置是否还应着力向一部分地区（大城市和沿海地区）倾斜？国内外工商资本和金融资本与中国廉价的劳动力及廉价的土地相结合的进程是否还将延续下去？以牺牲环境和劳工权益为代价的低成本扩张的工业和经济发展的道路是否已走到头了？“三农”（农业、农村和农民）问题的根源在于现有的城乡

① 参见中国社会科学院农村发展研究所、国家统计局农村社会经济调查总队：《2002~2003 年：中国农村经济形势分析与预测》（农村经济绿皮书），社会科学文献出版社，2003 年 4 月。

二元经济结构、资源配置格局和国民收入分配格局。把相当一部分人口排斥在现代化进程之外的增长模式缺乏深厚的底蕴，难以长期持续下去。只有占中国人口大多数的农村人口的生活得到了改善，购买力得到了提高，国内消费市场才能启动，经济的增长才有坚实的底蕴。

回顾近年来中国共产党提出的方针、路线和政策，可以看出一条清晰的主线和轨迹，中国共产党和中国政府正在用科学的发展观来统领全局，高度关注社会公正问题，新的发展道路和发展模式正在逐步付诸实施。

中国农村和农业的发展战略必然要从属于国家宏观的经济社会发展战略（中国模式），这也就不难理解，为什么中国共产党和中国政府近年来将解决“三农”问题作为全党和全国工作的重中之重，现在又将社会主义新农村建设作为一项重大的历史任务提上了工作日程。

什么是农村发展新模式应遵循的基本原则呢？我们认为，第一，新模式要符合科学发展观、以建立一个和谐农村社会为目标作为农村发展的大前提。

第二，新模式要在开放的经济环境中、全球化背景下谈农村发展；中国农村的发展要更多地融入全球化的进程中，更大程度地对外开放，而不是走回头路。

第三，新模式要具有可持续性，是资源节约型和环境友好型的农村发展；这方面的政策要具有内在的动力，有可持续性。

中国农村发展的新模式的战略构想是支持导向的发展战略（Support-led Development Strategy）。面对经济全球化的挑战，在落实科学发展观时，我们可以有而且也应该采取支持导向的发展战略，将国民收入再分配向广大农民、中西部的农村倾斜，促进可持续的经济增长。什么是可持续的增长？即建立在公平分配基础上的增长，这实际上是发展的传统概念。从这个意义上讲，20多年来，中国实现了经济的高速增长，但在一定程度上还未实现真正意义上的发展，因为相当一部分的农村人口还未能享受到增长的收益。支持导向的发展战略，它不是坐等更高的经济增长率、更大的经济总量，而是直接通过公共支持计划来消除贫困、促进公平。后者显然与科学发展观、五个统筹的思想相一致。

扶持农业，关心农民的疾苦，关注农村的发展，走新的发展道路，促进公平分配基础上的可持续增长，统筹城乡经济社会发展，建设社会主义的新农村，使包括广大农民在内的全体国民分享现代化、经济全球化所带来的收益，这并不是慈悲为怀，推行善举和善政，而是符合社会发展规律的战略选择，不仅是解决公平问题，也是解决长远的效率问题，是解决“三农”问题的治本之策。2010年的“中央一号文件”把改善农村民生作为调整国民收入分配格局的重要内容，2010年温家宝总理在政府工作报告中强调“必须坚持发展经济与改善民生、维护社会公平正义的内在统一”，“把改善民生作为经济发展的出发点、落脚点和持久动力”，这是对支持导向的发展战略在政策层面的有力阐述。

（二）深化改革，抑制全球化带来的负面影响

回顾中国融入经济全球化的进程，可以看出中国农业与农村经济社会发展的一条清晰轨迹：在工业化、城镇化进程中，数以千万计的农村劳动力进入沿海地区和非农产业，大量的农村土地从农民集体所有变为国家所有，从农业用地变为非农建设用地。1987~2001 年，全国非农建设占用耕地 3394.6 万亩，其中 70%以上是征地，这就意味着至少有 2276 万亩耕地由原来的集体所有变性成了国家所有。据统计，1999 年、2000 年、2001 年全国招拍挂出让国有土地使用权，价款分别达到 114 亿元、246 亿元、492 亿元，2002 年仅前 5 个月就达到近 300 亿元，总计 1152 亿元。这些土地绝大部分都是国家从各农村集体经济组织征用来的集体土地。中国的对外开放和工业化进程，也就是资本与廉价的土地及廉价的劳动力相结合的进程。同时，土地财政也成为地方政府的重要收入来源，2010 年地方本级收入 40609.8 亿元，加上中央对地方税收返还和转移支付收入 32349.63 亿元，地方财政收入总量 72959.43 亿元，增长 19.3%。在地方财政收入之外，地方政府性基金本级收入 32606.37 亿元，完成预算的 201.9%。其中，国有土地使用权出让收入 29109.94 亿元，完成预算的 213.2%，主要是土地供应增加、地价总体水平上升以及收入管理加强等因素所致。地方的卖地收入（国有土地使用权出让收入）占地方财政收入总量的40%。①

在农业发展的进程中，工商资本（包括外来资本和本国资本）进入农业，通过反租倒包、连片租赁开发的形式，获取了大片农地的使用权，独立从事家庭经营的农户则变为雇佣农业工人，同样是资本与农用土地、雇佣劳动相结合的进程。一些本地资本所有者还进入农村上层建筑领域，与权力结合，成为新的社区领袖。

无论是在农村还是在农民工从事活动的非农领域，劳动都处于从属和被动的地位，资本处于统治和支配性的地位。

改革与开放应该是如影随形，同步发展。开放就是全球化，如果越来越大程度的开放没有伴随越来越深化的改革以及体制、机制和模式的创新，全球化带来的负面影响就不可能得到有效的抑制。我们的结论是：应对全球化的挑

---

① 参见财政部 2011 年 3 月 5 日在第十一届全国人民代表大会第四次会议上《关于 2010 年中央和地方预算执行情况与 2011 年中央和地方预算草案的报告》。

战，必须要深化经济体制和政治体制的改革。

1. 赋权于劳动者，提升劳动者的组织资本、社会资本和人力资本，增强其与资本的抗衡能力，使广大民众能动地参与全球化进程，实现社会公正

阿玛蒂亚·森曾指出："只说全球化使穷人变得越来越穷并不能解决问题。我们需要看到，创造财富的进程也能伴之以公平的分配。因而，我们需要营造一种鼓励大众参与全球化过程的氛围。"但是我们应该怎样和通过何种手段实现大众的参与呢？如何实现社会公正？如何使政府真正成为对人民负责的政府？如何改变政府的职能，使其财力、人力、物力真正用于公共服务领域，造福于广大农民群众？这就要建造有效的监督机制、群众的参与机制，其中一个重要的方面是大力发展农村的各类社会组织、社区组织、农民的合作社及协会等，提升农村弱势群体的社会资本和组织资本。多元化的社会组织的发育是和谐社会的一个重要标志。正如一些学者所指出的，社会管理体制演变的一个重要趋势，是介于政府与市场之间的民间组织，包括自治组织、行业组织、社会中介组织以及公益慈善和基层服务性组织在迅速发展。充分发挥这些组织在提供服务、协调利益等方面的积极作用是构建社会主义和谐社会的客观需要。乡镇政府应主动推进农村多元化组织的发育。温家宝同志曾指出，乡镇政府"在履行好政府职能的同时，要把不应该由政府承担的经济和社会事务交给市场、中介组织和村民自治组织"。[①] 斯蒂格利茨曾提出一个总量生产函数 $Q = F(A, K, L, H)$，其中，Q 是产出，K 是资本，L 是劳动，H 是人力资本，A 是一系列因子，包括信息、知识、社会和组织资本等，他认为这些因子构成了发达国家和发展中国家在产出上的主要差异。[②] 投资于社会资本、组织资本和人力资本，往往能得到更高的回报。在农村发育多元化组织的一个重要的方面是大力发展农村的非政府组织、社区、农民的合作社及协会等，提升农村弱势群体的社会资本和组织资本。除了通过促进农民合作社的发展提高农民进入市场的组织化程度外，还应提高农民在社会事务方面的组织化程度，这样不仅能提高群众对公共事务的参与度，使他们对行政管理机构的监督更为有效，再分配更为透明、公平，最终也将有利于增加产出、提高效率。没有农民组织化程度的提高，村民自治则无从谈起。

要加速建设农民群众政治民主权利的保障制度。正如温家宝总理所指出的，"没有村民自治，就不可能建成社会主义新农村。没有基层民主，就不可

---

① 温家宝：《不失时机推进农村综合改革 为社会主义新农村建设提供体制保障》，《求是》，2006年第18期。

② Joseph E. Stiglitz: Development Thinking at the Millennium, Annual World Bank Conference on Development Economics, 2000, p.19.

能有社会主义民主政治”。[①] 应尝试在乡、村两级的议政和行政之间建起一种有效的民主制衡机制。解决“老板（广大农民群众）缺位”的问题。可以借鉴有些地方的经验，做实村民代表大会制度，或成立村民理事会，将其塑造成行政村的议决机关，而原来的权力机关村委会则成为具体的执行机构，村庄的重大事项由村民代表会议商议决定后，交由村委会实施。这样，村代表不仅成了联系村集体和村民的纽带，而且也是村民参政议政的代理人。由村代会对执行机构（村委会）进行有效的监督和制约，防止违背民意、权力腐败等问题的发生，有助于克服村级组织行政化的倾向。如果这种体制能够成功，就可进一步把乡镇人民代表大会做实，由它来监督和制约乡镇政府的决策和行政。只有在乡村两级建立起有效的制衡机制，农村的公共财政体制才能真正落实，民主决策、民主管理、民主监督才不至于流于形式。农村基层才能真正做到“有人办事，有钱办事，有章理事”。

2. 面对农产品贸易自由化的冲击，要通过农民的组织创新来构建与农产品预警机制相匹配的制度平台

为保障中国的农产品有效供给和粮食安全，无论是按照保护价收购粮食，还是在猪肉价格下跌时增加政府的收储，都应有一定的数量限制，也就是如同欧盟那样的配额管理。但在中国存在大量小规模农户的情况下，配额如何确定，如何分配，相关政策措施如何具有可操作性？十五届三中全会通过的《中共中央关于农业和农村工作若干重大问题的决定》曾提出，“加强和改善国家对粮食这一特殊商品的宏观调控，保护农民积极性，保证供给和价格基本稳定”。国家宏观调控的“抓手”是什么？在农业生产中，建立什么样的机制来与农产品预警机制相匹配，在确保粮食安全和主要农产品的基本供给的同时又能增加农产品生产者的收入？答案是通过组织创新和构建制度平台来使农产品预警机制具有可操作性。应鼓励和支持以农产品生产为主业的专业种植、养殖农户组成农产品生产营销专业合作社，在条件成熟时将这样的合作社在更高层次组织合作社的联合社或协会，这样的合作组织和农产品行业协会在农产品生产和销售方面能达到较大规模，占有较大的市场份额，对市场信息的了解及对市场的预测也更容易。通过这种组织创新就能构建一个平台，使农民的专业合作社以及行业协会与政府有关部门以及农产品加工企业在农产品供求、配额管理及价格等方面协商对话、沟通信息，政府也就找到了进行宏观调控、优化资源配置的“抓手”，最终建立起政府、企业、农产品生产营销合作社联合社和农产品行业协会之间的平等的伙伴关系，这将是保障中国粮食安全和保障主要

---

① 温家宝：《不失时机推进农村综合改革 为社会主义新农村建设提供体制保障》，《求是》，2006年第18期。

农产品基本供给的重要制度安排。农民通过经济上的联合形成自己的组织，有利于在经济全球化、贸易自由化的进程中更好地捍卫自身的权益，这是一个不争的事实，欧美日本等发达国家的农业实践都证明了这一点。农民自己的合作经济组织将是政府有关部门在与国外进行农产品贸易谈判时持有的一个颇有分量的砝码。当然，全国层面的农民合作社体系的最终形成必将经过长期艰辛的努力。

3. 在初次分配中提高按劳分配的份额

在初次分配中同样要注重公平。只有在初次分配大体不产生系统性扭曲的情况下，运用再分配手段改变实际运行中产生的偏差可能才是有效的。① 在初次分配上，要遵循劳动力的市场供求规律，在此前提下使农民工的工资报酬能够随着国民经济的增长不断提高，其社会福利也能随着经济的发展而逐步得到保障。自 2008 年以来，我国实行了《劳动合同法》。这部法律在改善农民工就业环境方面确实发挥了重要作用。但是，在世界性金融危机冲击下，各地用工企业普遍感到劳动力成本的压力。解决农民工的就业条件与国家工业化、城镇化之间的矛盾就是要寻找到新的平衡点，在加速我国工业化和城镇化进程的同时使农民工能够充分分享到我国改革发展的成果。

4. 深化行政管理体制改革，转变政府职能

在经济全球化和中国现代化的进程中，政府和市场各自职能的定位问题始终是经济发展的一个关键问题。基层政府职能的定位问题尚未解决，资源的优化配置、精简机构、行政管理体制的改革等问题，都与之相关。要在获取和使用机会的能力培养上做到公平，首先要转变政府职能，推进县乡行政管理机构改革和财税体制的改革。政府转变职能则必然要放弃自己一部分配置资源的权力，政府要从原来很多情况下直接干预或者直接管理经济活动跳出来，要完整地认识并掌握政府的四项职能——经济调节、市场监管、公共管理和社会服务。政府不应直接参与资源的配置，直接干预经济活动，而应充分发挥市场在配置资源上所起的基础性作用，着力创造一个有利于资源优化配置的良好的制度环境。

政府的一项重要职能是维护社会的公平和正义。改革开放以前，中国政府扮演着全能型的政府角色，开放以后试图扮演经济型的政府。党中央提出构建社会主义和谐社会，把社会公正上升到社会主义本质的高度，预示着中国政府职能定位的回归。2004 年的中央一号文件明确指出，农民工对公共服务和社会福利的需求（国家应承担的部分）将由城市的公共财政加以解决。但企业应承担的部分怎么办？对于资本拥有者来说，尽一切可能来挤压劳动是一种理性

---

①《关注民生问题，构建和谐社会》，全国人大常委、中国人民大学郑功成教授做客人民网。

的选择。关键问题是政府要切实转换职能，确立科学的发展观和正确的政绩观，从与资本结盟转为公正的仲裁和协调资本与劳动之间的矛盾，保障劳动拥有者的合法权益，协调各方的利益关系。如果权力和资本结盟，政府就不可能维护公正，职能定位的回归也将落空。

政府职能能否改变，要看其行为能否受到有效制约：①树立正确的政绩观则需要进一步深化政治体制的改革，通过制度创新，建立新的干部考核与晋升机制，改变各级政府对上负责而不是对下负责的局面，在工作中真正体现向人民负责和向党的领导机关负责的一致性。②各个政府部门的职权、责任和财政预算相匹配，能公正地履行自己的职责，而不是追逐本部门利益。③政府部门及公务员的行为要受到政府之外的人大、政协、群众团体、媒体以及普通民众的有效监督、质询和问责。

政府官员树立科学的发展观和正确的政绩观的基础是共产主义的人生观和世界观，它与人的理念和价值观念密切相关。政策是由人来制定和执行的，而人则有自己的思想感情、立场观点和价值取向，并组成部门或集团。在社会的转型期，权力与资本在某些地方公然结盟，少数政府官员站在强势集团一边，肆无忌惮地剥夺弱势群体的经济利益，践踏他们的政治权利，这反映了这部分人的立场和价值观念。改革也是革命，必然触动现存的利益格局，如何一方面深化政治、经济和行政体制的改革，另一方面调动一切积极因素，减少既得利益集团对改革的阻力，保持社会的稳定，这是对执政能力的考验。

全球化背景下的中国农村发展最终是为了促进人类社会发展的终极目标——人类联合体的早日实现，在那里，“每个人的自由发展是一切人的自由发展的条件”（《共产党宣言》）。这应该是科学的发展观和以人为本的可持续发展战略的精髓，也是中国农村新的发展模式与社会主义新农村建设强调农民群众主体地位所蕴涵的基本理念和价值观念。

参考文献：

[1] 中共中央政策研究室农村组、中国农村杂志社编：《江总书记视察农村》，中国农业出版社，1998 年。

[2] 中国社会科学院农村发展研究所、国家统计局农村社会经济调查司：《1999~2000 年：中国农村经济形势分析与预测》（农村经济绿皮书），社会科学文献出版社，2000 年。

[3] 柯炳生等：《入世以来中国农业发展与新一轮谈判》，中国农业出版社，2005 年。

[4] 顾秀林：《转基因战争：21 世纪中国粮食安全保卫战》，知识产权出版社，2011 年。

[5] 中国社会科学院农村发展研究所、国家统计局农村社会经济调查司：《2010~2011 年：中国农村经济形势分析与预测》（农村经济绿皮书），社会科学文献出版社，2011 年。

第二章　全球化背景下中国现代农业的发展

本章着重介绍了中国农业生产的国际贸易环境与支持保护体系建设。

一、中国农业机械化水平的提升与现代农业发展

农业机械是建设现代农业的重要物质基础，农业机械化是农业现代化的基本内涵和重要标志。发达国家的发展经验表明，农业机械化是提高农业科技和装备水平的重要载体，是加快农业现代化的重要力量。中国政府一直以来也非常重视农业机械化在农业生产和发展中的重要作用，并已经将发展农业机械化列入了国家的支撑政策，鼓励农民和社会力量投资现代农业装备，并取得了多方面的成就和历史性进步，构建了一个符合中国国情的农业机械化发展体系，开创了一条具有中国特色农业机械化的发展道路。

（一）农业机械装备动力总量增长迅速，装备结构日益优化，为现代农业发展提供了坚实的物质基础

改革开放以来，中国的农业机械装备总量和装备水平取得了跨越式发展的伟大成就。农用机械总动力呈快速的持续逐年增长趋势（见图 2-1），由 1978 年的 11749.90 万千瓦快速增长到 2009 年的 87496.1 万千瓦，增长了 644.65%。其中，农用大中型拖拉机动力由 1978 年的 1755 万千瓦快速增加到 2009 年的 9772.60 万千瓦，增长了 456.84%；小型拖拉机动力由 1978 年的 1171.2 万千瓦高速增加到 2009 年的 16922.70 万千瓦，增长了 1344.90%；农用排灌柴油机动力由 1978 年的 2521.57 万千瓦快速增加到 2009 年的 6795.50 万千瓦，增长了 169.49%。高性能、大功率的田间作业动力机械和配套机具增长幅度较快，特别是大中型拖拉机、半喂入式水稻联合收割机、水稻插秧机、玉米收获机和保护性耕作机具的保有量有了大幅度增长，从而使得农用机械装备结构日益优化，2009 年拖拉机与农机具配套比达 1∶1.63。

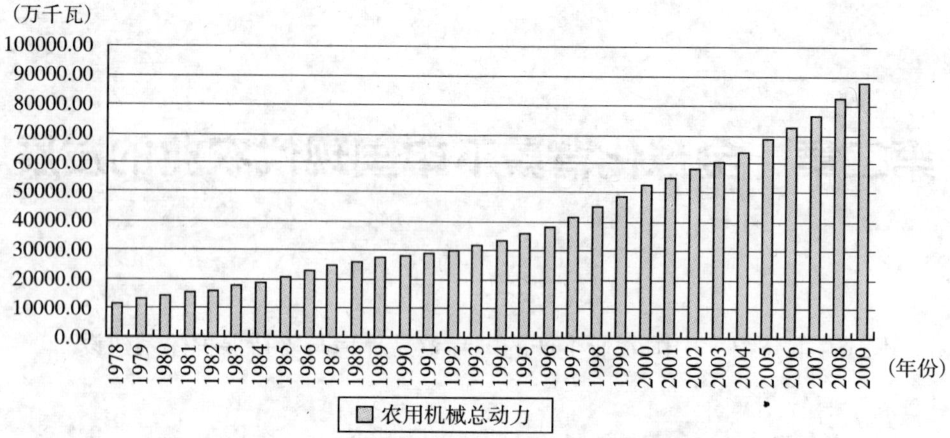

图 2-1　全国农用机械总动力变化趋势

资料来源：国家统计局：《中国农村统计年鉴》(2010)。

(二) 农业机械化水平显著提高，进入中级发展阶段，促进了农业生产方式和发展方式的重大变革

农业部 2007 年发布了《中国农业机械化水平评价发展阶段的划分标准》(2007 年 9 月 1 日开始实施)：如果耕种收综合机械化水平小于 40%，农业劳动力占全社会从业人员大于 40%，为农业机械化发展的初级阶段；如果耕种收综合机械化水平达 40%~70%，农业劳动力占全社会从业人员比重在 20%~40%，为农业机械化发展的中级阶段；如果耕种收综合机械化水平大于 70%，农业劳动力占全社会从业人员比重小于 20%的发展阶段，为农业机械化发展的高级阶段。

改革开放以来，中国农业机械化水平呈逐年上升趋势（见表 2-1），全国农作物耕种收综合机械化水平在 2009 年达到 48.7%，比 1978 年提高了近 30 个百分点，并于 2007 年首次超过 40%，为 42.47%。尤其是 2001 年以来，农业机械化水平得到显著提高，由 2001 年的 32.18%快速上升到 2009 年的 48.7%，上升了 16.52%，年均上升 1.84 个百分点，中国农业机械化发展迅速。其中，全国农作物机耕、机播和机收水平也呈现快速上升趋势，分别由 2001 年的 47.41%、26.06%、17.99%快速上升到 2009 年的 64.00%、40.00%、37.00%，分别上升了 16.59%、13.94%、19.01%，尤其是机收机械化发展更为迅速。同时，农业劳动力占全社会从业人员比重也呈快速的下降趋势（见图 2-2），由 1978 年的 70.87%快速下降到 2009 年的 36.00%，下降了 34.87%，年均下降 1.09 个百分点。根据上述农业机械化水平评价发展阶段的划分标准，中国的农业机械化发展在 2007 年就已经由初级阶段跨入了中级阶段，并呈现

逐年提升的趋势，这是中国农业机械化发展的一个重大转变，是站在新的历史起点上向新阶段迈进的重要标志，中国的农业机械化将会以更快的速度向更大规模、更广领域、更高质量、更高水平的方向发展。一方面，耕种收综合机械化水平跨过了40%的“门槛”，这表明，中国农业生产方式发生了有史以来机械化生产方式的比重大于传统生产方式比重的根本性变革，标志着在农业生产中，机械化生产方式已取得主导和支配地位；另一方面，农业劳动力占全社会从业人员的比重降低到40%以下，这表明，中国农业发展方式发生了重大转变，由原来的依赖、占用人力资源和畜力资源为主向依靠科学技术和现代农业装备为主转变。

表 2-1　中国农作物耕种收综合机械化水平

年份	机耕水平（%）	机播水平（%）	机收水平（%）	综合水平（%）
2001	47.41	26.06	17.99	32.18
2002	47.13	26.64	18.33	32.34
2003	46.84	26.71	19.02	32.46
2004	48.90	28.84	20.36	34.32
2005	50.15	30.26	22.63	35.93
2006	55.39	32.00	25.11	39.29
2007	58.89	34.43	28.62	42.47
2008	63.00	38.00	31.00	45.90
2009	64.00	40.00	37.00	48.70

注：机耕水平是指机耕面积占实际总耕地面积的比重，机播水平是指机播面积占总播种面积的比重，机收水平是指机收面积占总收获面积的比重，耕种收综合机械化水平为机耕、机播和机收的加权算术平均数，权重分别为0.4、0.3、0.3。

资料来源:《中国农业年鉴》(2002~2009)，2009年数据来源于“大力发展农业机械化生产，加快推进农业发展方式转变”（宗锦耀司长在全国农业机械化生产暨跨区作业工作会上的讲话，2010年4月13日）。

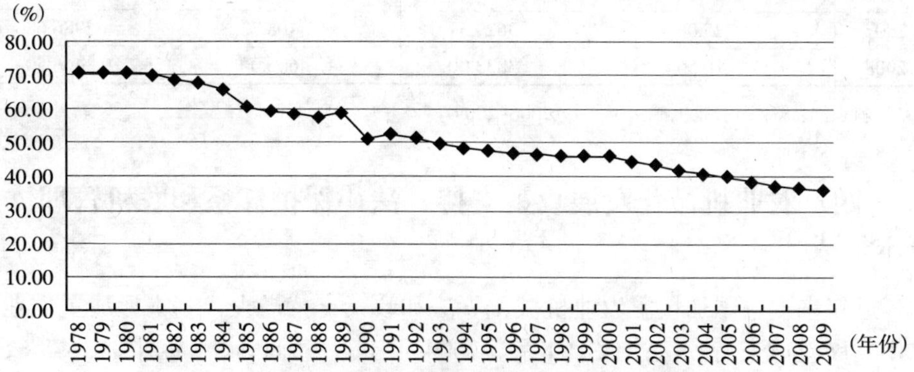

图 2-2　中国农业劳动力占全社会从业人员比重变化趋势

资料来源：国家统计局、人力资源与社会保障部:《中国劳动统计年鉴》(2010)。

（三）农机社会化服务组织不断发展壮大，成为促进现代农业发展的新型有生力量

改革开放以来，农业机械化作业服务组织、农机户、农机经营机构等新型社会化服务组织不断涌现和发展壮大，且呈增加趋势，经营效益逐年提高（见表 2–2）。截至 2008 年底，全国各级各类农机化作业服务组织 16.56 万个，农机户总数 3833 万个（其中专业户 422 万个）。已逐步形成了以乡镇和村级农机服务组织为龙头，农机大户为主体，农机户为基础，农机中介组织为纽带的农机社会化服务体系。农机合作社、农机作业股份公司等新型组织形式不断涌现，农机服务市场化、社会化、产业化进程明显加快，2007 年农机合作社、农机作业股份公司占全部农业机械化作业服务组织的 62.63%。2008 年，活跃在乡村的农机化服务人员达 4600 多万人，约占乡村人口的 5%，占农业劳动力的 13%，其中涌现了越来越多的农机作业能手、维修能手、经营能手，同时也催生了越来越多的种植大户和养殖大户。他们是新型职业农民的代表，已成为致富奔小康和发展现代农业、建设新农村的带头人，繁荣农村经济、推动农村社会进步的重要力量。2008 年，农机销售、作业、维修三大市场日益兴旺，全国农业机械化服务经营收益达 3466.5 亿元，农机作业服务已成为当前农民增收的一个重要渠道和新亮点，对农民增收的贡献率逐步提高。这些农机社会化服务组织在促进粮食增产、加快农村劳动力转移、加速农业和农机新技术推广、推进农业规模化经营和增加农民收入等方面发挥着越来越重要的作用。

表 2–2　中国农机化作业服务组织、服务人员与经营收益

年份	各级作业服务组织（万个）	农机户（万户）	农机化服务人员（万人）	经营收益（亿元）
2005	27.40	3358.90	4075.20	2606.10
2006	27.32	3474.79	4256.24	2829.31
2007	25.06	3629.51	4488.72	2986.68
2008	16.56	3833.00	4600.00	3466.50

资料来源：《中国农业机械化年鉴》（2006~2009）。

（四）农业机械化发展政策支持、法律保护体系和农机管理体系基本形成

近年来，中国加快了农业机械化立法和政策支持进程，基本形成了农业机械化发展政策支持和法律保护体系。2004 年 11 月 1 日，十届全国人大常委会第十次会议审议通过的《农业机械化促进法》正式实施，标志着我国农业机械化发展进入了依法促进的新阶段。2004 年中央一号文件将农机具购置补贴项

目上升为全国“两减免三补贴”重要支农惠农政策；2005 年和 2006 年中央一号文件又强调要继续增加农机具购置补贴资金，并要求地方财政也要根据当地财力和农业发展实际安排一定的农机具购置补贴资金；2008 年中央一号文件明确提出要“加快推进粮食作物生产全程机械化”。2009 年中央一号文件更是明确提出：“要加快推进农业机械化，启动农业机械化推进工程，提高农机推广服务和安全监理能力；对农机大户、种粮大户和农机服务组织购置大中型农机具，给予信贷支持；大规模增加农机具购置补贴，将先进适用、技术成熟、安全可靠、节能环保、服务到位的农机具纳入补贴目录，补贴范围覆盖全国所有农牧业县（场），带动农机普及应用和农机工业发展。”2010 年中央一号文件进一步增加了加快发展农业机械化的政策措施，明确指出：“要大力推广机械深松整地，支持秸秆还田、水稻育插秧等农机作业；进一步增加农机具购置补贴，扩大补贴种类，把牧业、林业和抗旱、节水机械设备纳入补贴范围；推广保护性耕作技术，实施旱作农业示范工程”。这些都为农业机械化快速发展创造了良好的政策环境，农业机械化发展已进入了快速发展的机遇期。

全国已形成了以农机行政管理为中心，以科研、鉴定、推广、培训、监理为支撑的农机管理体系。2007 年末，全国有农机化管理机构 31629 个，农机化教育、培训机构 2106 个，农机化科研机构 82 个，农机化试验鉴定机构 51 个，农机化技术推广机构 2464 个，农机化安全监理机构 2897 个。农机化系统管理、教育、科研、鉴定、推广、监理等人员总计约 21.13 万人，其中科技人员占 53.39%。全国每个省、地区和县基本上均设置有农机管理、技术推广和监理机构。

二、现代农产品流通体系建设与现代农业发展

（一）加快现代农产品流通体系建设，促进现代农业发展

农产品流通是联结中国小规模农户生产与居民家庭消费的关键环节，也是复杂的农业产业链条中不可或缺的重要环节，是农业服务业的核心内容和重要支撑，对中国现代农业的发展有着至关重要的作用。在当前扩大内需、转变经济发展方式、调整优化产业结构、农产品国际贸易竞争激烈和建设社会主义新农村等多重背景下，搞活农产品流通，加快建立现代新型农产品流通体系建设已成当务之急。

1. 农产品流通面临复杂多变和全新的国际国内环境

加快农产品流通体系建设是应对复杂多变和全新国际、国内环境的必然要

求。从国际环境来看，一方面，经济全球化不断发展，促使国际贸易结构、国际贸易方式、国际资本流动方向发生深刻变化，促使中国基于比较优势和竞争优势采取贸易战略性调整措施，形成适合自身实际的农产品贸易政策、市场化和国际化方略，进而引起中国农产品流通组织的结构性变革，推动农产品流通方式的多元化和现代化。同时，农产品国际贸易的非关税壁垒对农产品质量安全标准的要求越来越高，使得对农产品流通的要求也随着提高，要求加快新型农产品流通体系建设。另一方面，中国正式加入世界贸易组织后，一批跨国零售业巨头纷纷抢占中国农产品市场份额，其雄厚的经济实力，优越的配货渠道、分级加工、销售技术和先进的营销模式对我国传统的农产品营销方式和流通业态带来严峻挑战。跨国零售业巨头把整个农产品国际流通（尤其是物流）市场的竞争移植到了中国，使得中国农产品流通面临国际竞争的压力加大。

从国内环境来看，首先，中国20世纪70年代开始的农村改革，使中国农业发展已经从主要依靠自然资源和劳动力转向主要依靠技术进步和制度创新，农产品生产也从总量不足的供给制约转为局部结构过剩的需求制约，农业的进一步发展由资源约束转为资源和市场双重约束，主要矛盾已从生产领域转向市场流通领域。其次，随着人们传统生活习惯的改变，居民食品消费越来越要求安全、卫生、营养、优质和方便，这对农产品流通的规模、频率和质量安全都有了更高要求。最后，随着中国经济的迅速发展、城市化水平的提高以及国际贸易的大幅增加，形成了巨大的农产品物流，客观上要求摆脱集贸式的农副产品批发市场原始形态，减少农产品流通过程中的损耗和成本，降低农产品流通市场风险，大力发展期货市场与无形市场，形成有效率的农产品现代市场运作形式与市场组织力量。

2. 加快现代农产品流通体系建设是实现农业增产增效、农民增收的有效途径

20世纪90年代以来，中国农业与农村经济发展进入了一个崭新阶段，其中的一个重要特征就是农产品供求关系发展了极大变化，农产品的生产供应能力大幅度提高。但由于农业生产的市场体系不健全，市场引导生产的能力低下，以致出现了农产品普遍供过于求、价格持续低迷、农民收入增长缓慢等问题。尤其是，随着中国农业商品化和市场化程度的不断提高，农产品产销之间出现失衡，生产与流通之间的矛盾日益突出：一是微观的单个农户家庭难以独立承担起日益发展的农产品市场化的发展任务，它们进入流通领域基本上是散兵游勇、各自为战，难以适应市场快速变化的需要。二是传统的农产品流通组织、服务组织和流通渠道难以适应农村经济迅速发展和开放的需要，难以适应未来市场发展趋势的需求。农民流通合作经济组织不仅数量少，规模也很小，实力很弱，市场覆盖率低。三是产销一体化组织利益协调机制不完善，使得农民的利益难以得到有效保护。

可见，农产品的流通问题已成为当前制约中国现代农业发展、结构调整和农民收入增长的一个重要的关键因素。因此，在越来越开放、越来越复杂多变的市场环境下，要确保农业生产健康发展和农业生产者的持续收入增长，就必须要加快产品流通形式的创新，实现农业合作组织、农产品批发市场和产销一体化组织等流通组织的规模经营、机制转换和结构优化，引进现代流通方式和交易手段，形成结构合理、功能完备、高效运行的农产品流通体系，以有效地联结产销关系。新型农产品流通体系的建设，将有利于实现农业的产业化，延长农业产业链条，实现农产品流通服务环节的增值，提升农业产业化的水平，促进农业产业的升级优化，转变农业经济的发展方式；有利于减少流通环节，减少流通损失，降低流通成本和交易成本，提高农民收入；有利于促进农民合作经济组织发展，提高农业的组织化程度；有利于提高农产品质量标准，增强农产品国际竞争力。

（二）中国农产品流通的主要形式与体系建设

经济的改革与发展，使中国农产品流通体系初步形成了以集贸市场为基础，以批发市场为中心，以农民经纪人、运销商贩、农村合作经济组织、供销社、连锁店、超市、加工企业等为主体的农产品流通格局和流通销售体系，基本建立了以下五种农产品的流通模式：

1. 直销型流通模式

这是农产品最原始、最初级的流通形式，主要是农户、农产品生产基地自己闯市场，找销路、搞运销，将农产品配送到批发市场或者消费者。这种流通模式具有积极性、自主性、灵活性的特点，但适用范围较小，农户的组织化程度低，比较分散，市场不确定性高，信誉度低。

2. 契约型流通模式

主要是企业尤其是农产品加工企业（大多数属于农业产业化的龙头企业）通过合同订单，向农民收购农产品，经过加工包装后再配送给零售商销售或者消费者，即企业与农户或合作社之间通过契约形式加以联结，农户提供农产品，由合作社或加工企业负责进入市场。产品可以直接进入市场，也可以经过加工再进入市场。具体实践中主要有以下几种形式，一是“农户+运销企业”，二是“农户+加工企业”，三是“企业+合作社”模式。从农产品流通角度来看，通过龙头企业进行初级产品加工、保鲜、包装，农产品附加值明显提高，由于龙头企业有更充分的市场信息和更多的技术信息，它们也可以对农户的生产进行针对性指导，这对农户调整产业和产品结构、提高生产技术水平大有帮助。但因农户的力量单薄，以致农户同企业谈判中始终处于弱势地位，农民的利益容易受到侵害。另外，企业与农户之间的利益联结关系非常松散，契约约束比较脆弱，常常会出现违约现象。

3. 联盟型流通模式

主要是指以农产品批发市场为中心，由它把农产品生产者与批发商、零售商、运输商、加工保鲜企业等，通过利益联结和优势互补形成战略联盟。农产品批发市场是在农村集市贸易基础上建立和发展起来的，有两个层次：一是作为农产品集散地分布在农村乡镇的农产品集市中心，其主要功能是为农产品生产者、加工者、批发商建立一个交易平台；二是作为农产品批发零售地分布在城市的农产品批发中心，其主要功能是为农产品批发商、加工者、分销商、零售商、运输商建立一个交易平台。这种模式能通过联结各方力量培育市场，形成产品集散、信息发布、价格形成中心，促进农产品储存、加工、交易、集散、物流配送等功能的实现，为各流通主体建立了公共交易平台，使交易双方有了更多的可选择性。但批发市场的功能尚未得到健全和发挥，限制了其引领农业发展的作用。

4. 以连锁超市为龙头的生产基地及联合采购型流通模式

主要是以连锁超市为中心，采取以下三种具体形式来促进农产品流通：一是连锁超市通过建立农产品收购基地的方法，直接从农产品产地收购农产品。即连锁超市公司建立一些样板基地示范，带动农民按照超市销售农产品的标准（包括种子、肥料、农药、种植方法等）来组织生产和收购。二是连锁超市通过农村经纪人向农民收购。三是连锁超市与农产品批发市场联合起来，将批发市场转化为连锁超市的农产品（特别是鲜活农产品）配送中心。这种利用连锁超市等现代流通企业规模化的网络和销售，直接组织农产品的产业化发展，加快发展现代农业的进程。这种模式也是促进“订单农业”的一种有效方式。连锁超市与农产品批发市场的联合，既节省了物流配送的投资成本，也加快了鲜活农产品周转速度，降低损耗，提高流通效率和收益。通过这种结合，使连锁超市以规模化的销售网络，起到农产品市场流通组织者和引导者的作用。

5. 以农民专业合作经济组织为载体的合作型流通模式

主要是通过建立和发展农民专业合作社将从事同类农产品生产经营的农民组织起来，架起一家一户小生产与大市场的桥梁。近年来，为适应市场和农户生产经营需要以及自身发展的需求，农民专业合作经济组织的服务内容已经涵盖了农业产业链的多数环节，在农资供应、良种引进和培育、科技服务与培训、市场供求与经营信息服务、病虫害鼠害防疫防治技术指导和服务、市场拓展和建立稳定的购销关系等方面的作用越来越突出。在形式多样的各类农民专业合作经济组织中，最为成功的是流通领域的农民专业合作社，它们通过直接从事农产品流通、组建大型农产品加工和流通企业及兴办各类农产品批发市场等形式创新农产品流通方式和途径，不断促进农产品流通体系建设：向农民提供新型技术服务和市场信息，提高农产品产量，提升农产品品质，为农产品进入流通体系打好基础；充分发挥农民专业合作社经济实体的营销优势，下连农民、上连批发市场或经销商，通过签订长期协议等方式稳定购销关系，组织农民按需安排生产；分散的农户通过专业合作社组织起来，形成了强大的谈判力量和聚集规模效益，简化了合同履行的对象和线路，节约了签约、执行和监督契约的成本，保障了农民利益；合作社作为“中介”，能够对分散农户的机会主义行为进行监督和约束，制约龙头企业的违约行为。

（三）中国农产品流通体系建设的政策支持与措施

改革开放尤其是进入21世纪以来，党和国家非常重视农产品流通体系的建设，把“开拓农村市场，搞活农产品流通，健全农产品市场体系”作为增加农民收入、促进农业和农村经济发展的重要措施。

1. 相关文件中“农产品流通市场体系”的政策内容

在近几年下发的中央相关文件以及决定中，赋予了“农产品流通市场体系”建设更新、更详细的政策内容和主要政府措施。党的十七届三中全会《关于推进农村改革发展若干重大问题的决定》明确提出，“要大力发展农产品现代流通方式，推进农村流通现代，加强农产品批发市场网络建设；加快建设现代粮食物流体系和鲜活农产品冷链物流系统；长期实行绿色通道政策，加快形成流通成本低、运行效率高的农产品营销网络”。2009年中央一号文件强调，“推进大型粮食物流节点、农产品冷链系统和生鲜农产品配送中心建设；支持大型连锁超市和农产品流通企业开展农超对接，建设农产品直接采购基地；长期实行并逐步完善鲜活农产品运销绿色通道政策”。2010年中央一号文件更是提出，“要大力发展农产品大市场大流通；全面推进双百市场工程和农超对接，重点扶持农产品生产基地与大型连锁超市、学校及大企业等产销对接；加快发展农产品期货市场；发展农业会展经济，支持农产品营销；大力培育农村经纪人”。温家宝总理在2010年的政府工作报告中提出，“加强农产品流通体系建设，积极开展农超对接，畅通鲜活农产品运输绿色通道”。“十二五”规划纲要也明确指出，“推动农产品、大宗矿产品、重要工业品等重点领域物流发展；积极发展农产品流通服务，加快建设流通成本低、运行效率高的农产品营销网络”。

2. 建立和健全农产品市场体系建设

2007年中央一号文件明确指出：发达的农产品物流业和完善的农产品市场体系，是现代农业的重要保障。一是全面展开“双百市场工程”（2006年开始实施）：国家通过安排财政资金，以补助或贴息的方式，重点改造100家大型农产品批发市场、着力培育100家大型农产品流通企业。2009年中央财政安排专项资金，对600家农产品批发市场和农贸市场的790个项目建设进行扶持，其中包括冷链物流、质量安全可追溯、废弃物处理、安全监控系统建设等，这些市场年交易额超过5200亿元，带动就业上百万人，在促进农民增收、改善农产品流通环境、带动民间投资方面发挥了积极作用。

二是积极开展农产品农超对接和发展“订单农业”。推动发展一批综合超市、食品超市等国内外大型连锁企业农产品直接采购基地，与农民或农民合作组织建立长期的产销联盟。推动和扩大“订单农业”发展，建立集农产品生产、加工、包装、销售为一体的新型农产品供应链，建立稳定的购销关系，促进农民增收。2009年中央财政安排专项资金，在17个省、区、市支持了205个农超对接项目，带动社会投资40亿元，直接受益的农民专业合作社社员达11万人。

三是启动农产品现代流通综合试点工作。为加快农产品现代流通体系建设，2011年4月，商务部、财政部联合印发《关于2011年开展农产品现代流通综合试点有关问题的通知》（以下简称《通知》），决定在江苏、浙江、安徽、江西、河南、湖南、四川、陕西等省开展农产品现代流通综合试点，探索建立完善高效率、低成本、低损耗、安全通畅的农产品现代流通体系。并且，《通知》确定了2011年农产品现代流通综合试点工作三项任务：第一，加强农产品流通基础设施建设；第二，打造稳定的现代化农产品流通产销链条；第三，推行农产品品牌化和包装化。

四是积极培育农产品流通主体。培育农村经纪人、发展农民专业合作组织。以专业合作社为依托，推进农业标准示范基地的建设，支持专业合作社与农产品交易市场、连锁超市、农产品加工企业的对接，支持供销合作社农资经营企业农资供应及农技服务的有机结合，提升助农增收水平。

3. 农产品流通的政府宏观调控体系基本建立

调控的主要手段包括建立农产品市场信息定期发布制度、重要农产品储备制度、农产品风险基金制度、粮食收购保护价制度和重要农产品进出口调节政策等。逐步完善和落实加快农产品流通体系建设的配套扶持政策，引导财税、金融、保险机构加大支持力度，吸引社会资金投入农产品流通基础设施建设。

三、农业组织化与现代农业发展

农业组织化是在市场经济体制下，农民为获得最大农业经济效益，在农业产业化背景下，遵照家庭承包责任制的制度约束，进行农业微观经营主体再造的过程（郭利京、许玉贵，2007），其目的是要实现内部经济资源的最优化配置和生产经营成本的节约，从而使组织处于有利的市场竞争地位，实现最大化利润（薛晓鸽，2007）。农业组织化是相对于分散的农民从事农业生产的一种集中，是相对于有限的资源分散使用的一种整合，是相对于单个的农业生产经营者进入社会化大市场的一种拓展，主要包括三个方面的内容：一是建立和发展新的农业组织以完善农业组织体系；二是优化农业组织的联结机制与工作机制以提高组织化水平；三是加强对农业组织化的管理以改进组织的利益分配。在全球化发展的背景下，中国农业组织化的发展具有深刻的内在机理和宏观的外部环境，在国家宏观政策的推动和支持下得到了迅速发展，也呈现出多种多样的发展模式。在当前转变农业经济发展方式、调整优化农业产业结构、全球化进程加速等多重背景下，提高农业组织化程度、加快农业组织化创新发展步伐势在必行。

（一）农户家庭经营的多重困境要求加快农业组织化创新发展

改革开放以来，中国政府一直在追求“现代农业”，并在 20 世纪 70 年代末创立了一种全新的农村经营组织制度——农户家庭承包经营制，这项制度变革极大地促进了农业发展，取得了举世瞩目的政策效果。但同时也留下了农户经营规模细小化的“后遗症”（何秀荣，2009），以致中国在农业现代化的进程中遇到了最棘手的问题：如何将大量分散和独立生产经营的小规模农户与国内外大市场实现无缝对接？这是一个亟待解决的现实问题，也是一个必须要加快步伐解决的关键问题。因为小规模农户的家庭经营因缺乏有效组织使得现代农业的发展处于多重困境：一是信息来源少，信息滞后，信息不对称问题严重，难以对市场行情做出准确判断和精准预测；二是经营手段和经营方式落后，停留在低水平状态，难以做出科学的、正确的生产经营决策；三是投资能力弱小，金融知识缺乏，难以获得国家的正规信贷支持；四是经营规模太小，难以降低生产成本和进入市场的交易成本；五是力量单薄和缺乏有效联合，难以抵抗巨大的自然风险、市场风险和社会风险；六是分散经营、各自为战的农户直接参与市场活动，难以形成规模经济；七是对国家政策了解不够，自身素质低，经济实力弱，难以有效保护自身的合法权益；八是农业产业组织和农民组织结构落后，难以提高农户的国际、国内市场竞争力，难以与新贸易保护主义相抗衡。

（二）农业分工深化与专业化发展要求加快农业组织化创新发展

市场经济是以社会化大生产和社会分工为基础的产物。农业是社会化大生产和社会分工的组成部分，因此，农业内部的分工与专业化、农业与外部的分工协作，既是农业经济协调发展的必要条件，也是增强农业经济发展和市场竞争力的基础。尤其是在分散独立的农户小规模家庭经营的情况下，没有农户的合作生产、联合销售、集体维权，以及农户与外部力量的联合与对接，就没有农民生产经营的凝聚力，没有农业产业化的推动力，没有农民在市场上的竞争力。在中国的农业和农村领域，农业分工的深化和专业化发展主要表现在三个方面：①产业链多样化，即从育种到初级农产品，经过农产品加工、营销，最终产品到达消费者手中，每一种最终产品都有一个产业链，产业链的种类数增加了；②同一产业链延伸导致产品多样化，从种子、初级产品到中间产品再到最终产品；③农业职能多样化，农业分为了生产、加工、经营和服务等多种职能。每一产业链、产品和职能都开始专业化，这些都要求农业突破家庭组织的范围限制，要求更大范围的生产要素组合，要求有效率的组织形式，提高农业组织化水平。

（三）复杂多变的国际贸易与竞争环境要求加快农业组织化创新发展

随着全球化的快速发展、范围拓展和深度延伸，尤其是国际金融危机影响的加深，当前中国现代农业发展面临着复杂多变的国际贸易环境和竞争环境，这也迫切要求中国加快农业组织化的创新发展。首先，农业组织化发展尤其是农民组织化的发展可以为中国农业发展争取更好更有利的国际环境。人类已经进入了一个在经济上高度全球化的时代，几乎没有任何国家的农业能够置身于不受国际影响的“世外桃源”。因此，在农产品贸易的国际谈判中为本国农业的发展争取一个好的条件就成了各国政府极力争取的首要目标。但是各国政府能否成功地做到这一点，除了熟悉世界贸易组织的规则以及必要的谈判技巧外，还需要看这个国家是否存在着强大的农民组织、看农业生产和流通组织化程度的高低。其次，全球化尤其是加入世界贸易组织对中国农业带来的挑战，有来自发达国家的农业资源比较优势和技术，但更主要的挑战是来自发达国家农业经营的组织优势，以及农户对各种农业资源合理有效的利用与分配。农业竞争在一定程度上还是各国或者地区农户的竞争，农户处于怎样的生产经营状态，以及进入怎样市场形态，农业的生产经营方式和进入市场的组织形式，直接影响着生产效率和交易成本，所有这些都是决定农产品竞争力的基本因素。最后，中国农业的对外开放和农产品贸易面临较多的不确定性和重重制约，如当前生物能源发展越来越显著地影响国际农产品贸易格局，可能使中国利用两个市场、两个资源来实现农业结构升级和战略性调整的空间变小；发达国家对农产品提供巨额补贴和竞相提高农业保护水平，严重扭曲和恶化了国际农产品贸易环境；技术壁垒、绿色壁垒、严格的食品标签制度以及严格复杂的合格评定程度和质量认证制度等，也在一定程度上限制了中国农业的对外开放和农产品贸易；外商直接投资集中投资于中国的农产品加工业、农产品零售企业、种子企业等，给中国农业带来了较大的冲击。这些复杂多变的国际贸易环境和竞争环境给中国农业组织化发展带来了重重挑战。

（四）加快农业组织化创新发展具有重要的战略意义和实践意义

由上述分析可知，如何在小规模农户家庭经营的基础上，把分散的农户组织起来，把土地、资金、信息、科技、劳动力等农业经营资源在一定范围内有效整合、配置，形成有竞争力的农业组织群体和组织形式，由此克服小农户所固有的缺陷，创新农业组织化发展模式和方式，提高农业组织化程度，是当前中国现代农业发展的必然选择和必要选择，对中国现代农业发展具有重要的战略意义和实践意义。只有在有效组织的基础上，分户经营的农民才能形成较强的聚合力，扩展其生存发展空间。它有利于把分散的千家万户的小生产与统一的大市场衔接起来，畅通农业生产与流通的良性循环；有利于实现农业生产的规模化、标准化、集约化经营，推进现代农业发展；有利于提高农业劳动生产率、降低生产成本和交易成本，增强抗风险能力，增加农民收入；有利于促进农业生产分工的深化，提高专业化生产程度，调整和优化农业经济结构；有利于适应农业国际化要求，提高农业的国际竞争力；有利于对接上国家在新农村建设中的资金投入和政策投入，把新农村建设的各项工作落到实处，形成支持农业发展的长效机制，切实保护农民的合法权益。

四、农产品质量提升与现代农业发展

农产品质量是现代农业发展的重要内容和主要标志，“民以食为天，食以安为先”，农产品的质量水平与管理水平不仅关系到人民群众的日常生产乃至生命安全，而且关系到构建社会主义和谐社会和全面建设小康社会的大局。因此，随着农业现代化进程的加快，迫切要求农产品生产必须由数量型向数量与质量并重型转变，农业生产管理必须由偏重数量向更加注重质量安全管理转变，大力推进农业标准化和农业产业化，大幅度提高农产品质量水平，从而全面提高农业的综合生产能力和市场竞争力。

（一）农产品质量问题越来越突出和严重

从某种意义而言，现代农业及其产业化发展，一方面在大幅度提高了农产品的产量水平、农业综合生产能力和效率；另一方面也给农产品和食品的质量安全带来了空前的压力，农产品质量事件频频发生，农产品质量问题越来越突出和严重。近年来发生的"瘦肉精"中毒事件、农药残留超标事件、违法添加各种防腐剂事件，农产品/食品中重金属、亚硝酸盐、人工激素、合成色素等各类有毒有害物质超标严重等，使得中国农产品的质量安全问题日益凸显。尤其是在有些地区，由于经济、科技、管理和农民素质低下等原因，普遍存在过量施用和滥用农业化学品现象，以致有些农产品出现高度的农残超标率。2006年发生的"红心鸭蛋事件"、"多宝鱼事件"，2008年的"三鹿奶粉事件"，2010年初的"海南毒豇豆事件"等，更加凸显了农产品质量问题的严重性和复杂性。

（二）提升农产品质量水平促进现代农业发展

1. 消费者对农产品质量的要求越来越高

随着中国经济的持续高速增长，城乡居民的收入水平逐年增加，生活水平逐年提高，消费者更加注重生存价值（尤其是在经历过"非典"、禽流感、汶川和玉树大地震等自然灾害后），食品安全意识增强，对优质、安全、营养的食用农产品需求也就不断增大，消费者对农产品的质量要求也越来越高，并且这种趋势由原来的大中城市逐步向农村市场扩展。

2. 农业国际竞争力的提升要求提高农产品质量

随着全球化进程的加快，尤其是中国加入世界贸易组织后，面对国际、国内两个市场，提高农产品国际竞争能力成为当前农业发展的一个重要任务。国际农产品贸易竞争，不但是价格的竞争，更是质量和信誉的竞争。同时，受贸易保护主义的影响，发达国家采取的农产品技术性贸易措施越来越多，越来越严格，以致中国一些农产品受质量等因素的影响，而被拒收、扣留、退货、销毁和中止合同。如日本2006年5月实施的"肯定列表制度"，通过对食品、农产品中农业化学品残留物的限制做出新规定，大幅提高了农产品、食品的门槛。一些发达国家往往以保护人体和动植物健康与安全为由，设置技术性贸易壁垒，加大了我国农产品出口难度。近年来，世界贸易组织涉农通报量呈上升趋势，比例越来越高。2009年，世界贸易组织各成员共发出技术性贸易壁垒（TBT）通报1890项，发出卫生与植物卫生措施（SPS）通报1108项，其中，有600多项TBT通报与农业和食品相关，SPS通报则大部分均与农业和食品相关。在这些通报中，有48个成员发出的200多项SPS通报和160多项TBT通报与中国农产品出口贸易相关。[①]

---

① 郭林宇、戚亚梅、万靓军：《农产品技术性贸易措施实施及影响分析》，《世界农业》，2010年第8期。

可见，消费者需求导向的转变、农业现代化发展的内在要求以及国际环境都要求提高农产品质量水平，增强农产品市场竞争力。这有利于推进农业产业结构调整和提高农业整体效益；有利于增加农民收入和社会稳定，提高广大人民群众生活质量和生命健康；有利于生态环境的改善和农业的可持续发展。

（三）中国农产品质量安全状况不断改善，总体安全，优质安全的品牌农产品发展迅速

近几年来，中国农产品质量安全水平稳中有升，并且保持在较高水平。农业部的农产品质量安全例行监测结果显示，2009 年蔬菜、畜产品、水产品合格率分别达到 96.4%、99.5%和 97.2%，无公害农产品、绿色食品、有机农产品合格率分别达到 99.1%、98.8%和 100%，农产品质量安全总体保持较高水平；2010 年前三个季度蔬菜、禽产品和水产品总体合格率分别为 96.6%、99.6%和 96.3%，农产品质量安全总体继续向好。同时，中国出口农产品始终保持了较高的质量安全水平。2004 年以来，中国出口到美国、日本、欧盟等国家和地区的农产品合格率均在 99%以上，而且对欧盟和日本的食品出口合格率始终高达 99.8%以上。

（四）优质安全的品牌农产品发展迅速

无公害农产品、绿色食品和有机农产品等优质安全的品牌农产品发展迅速，优质品牌农产品市场占有率稳步提高。这些产品的开发均实行“环境有监测、操作有规程、生产有记录、产品有检验、上市有标识”的全程标准化生产模式，提高了农产品质量安全水平，实现了农产品质量可追溯。农业部统计数据显示，截至 2010 年底，我国获得“三品一标”[①] 认证的农产品已超过 8 万个，其中，无公害农产品 5.7 万多个，绿色食品 1.7 万多个，农业系统认证的有机农产品接近 7000 个，登记保护的地域特色地理标志农产品近 600 个。据统计，已通过认证登记的“三品一标”农产品已超过食用农产品商品量的三成，认定产地占食用农产品产地总面积 30%以上。2010 年全国“三品一标”年销售额突破 4000 亿元，出口额接近 40 亿美元。

（五）农产品质量安全与管理水平提升的政策措施

中国政府高度重视农产品质量安全工作，始终把提升农产品质量安全水平作为一项重要任务全力推进。从 2001 年开始，政府开始组织实施“无公害食

---

① “三品一标”是指全程标准化生产的无公害农产品、绿色食品、有机农产品认证和农产品地理标志。

品行动计划”，同时，还建立并严格实施食品质量安全市场准入制度（包括生产许可制度、强制检验制度和市场准入标志制度），取得了明显成效。积极推进农业标准化工作，加快标准制修订工作，积极采用国际标准，大力实施农业标准化示范，加大农业标准化扶持力度。“十一五”期间共制定农业国家标准和行业标准 1800 多项，农业国家标准和行业标准总数已累计达到 4500 多项，农业标准体系逐步建立完善。2004 年以来，农业部对主要农产品质量安全追溯制度进行了积极探索。《农产品质量安全法》于 2006 年 11 月 1 日起正式实施，标志着农产品质量安全工作进入法制化轨道，也为发展高产、优质、高效、生态、安全的现代农业提供了法律支撑和保障作用。2006 年 8 月，国家正式启动实施了《全国农产品质量安全检验检测体系建设规划（2006~2010 年）》，安排专项资金，加大农产品质量安全检验检测体系建设投入，总投资 50 多亿元。2007 年组织开展了包括农产品在内的“产品质量和食品安全专项整治”，2008 年又开展了“保质量、保安全、助奥运——农产品质量安全保障行动”。到 2010 年，国家投资已建设省（部）级、县级农产品质检中心（站、所）1017 个，其中县级农产品质检站建设项目 936 个。

五、中国农业生产的国际贸易环境与支持保护体系建设

农业发展离不开政府的支持和保护，这是一种普遍的国际现象。无论是发达国家还是发展中国家，都对农业采取了各种支持和保护措施，建立了促进本国农业快速可持续发展的支持和保护体系。尤其是在全球金融危机冲击、农业生产的国际贸易环境愈来愈复杂多变、自然灾害频发、贸易保护主义有所抬头的形势下，各国或者地区为了实现本国农产品贸易的利益最大化，都纷纷借助于关税、各种非关税壁垒和其他名义来实现农产品的贸易保护，建立、健全和完善本国农业生产的支持与保护体系。中国是一个农业大国，在全球化的进程中和世界贸易组织框架内积极参与和扩大农产品国际贸易，有效利用国际和国内两个市场和两种资源，提高了农业资源的配置效率，促进了中国农产品贸易的大发展、农民增收和农业的可持续发展。这是中国 30 年改革开放的实践所证明了的重要经验。但同时，在全球化进程中伴随着中国经济与世界市场的全面融合和接轨，中国农业与世界农业的关联度不断提高和强化，中国农业发展也面临着全新和复杂多变的市场环境与制度环境所带来的重大挑战。

（一）中国农业生产面临复杂多变的国际贸易和竞争环境

伴随着全球化尤其是经济全球化的迅速发展，国际贸易规模不断扩大，贸

易自由化进程加快，然而贸易保护主义也有所抬头，其影响依然很大。尤其是在金融危机的影响下，国际贸易保护主义进一步升温，已从发达国家蔓延到发展中国家，中国农产品出口遭遇越来越多的贸易壁垒，中国农业生产和发展面临着越来越复杂多变的国家贸易环境和竞争环境，突出表现在：

1. 国际贸易保护主义进一步升温和蔓延

在全球金融危机的影响下，全球贸易下滑，经济失衡加剧，增速放缓，经济衰退风险加大，导致国际贸易保护主义进一步升温和蔓延，贸易争端愈演愈烈。

2. 更加多样化、综合化和隐性化的农产品贸易壁垒

随着国际经济与贸易进入贸易摩擦高发期，中国农产品贸易面临着越来越多的障碍，从传统的关税壁垒转向非关税壁垒，从数量限制转向技术性措施，从反倾销、保障措施、特别保障措施等贸易救济措施转向检验检疫、技术标准、质量认证、知识产权保护、环境保护、劳动保护、国民健康标准等新型贸易壁垒。其中，技术性贸易壁垒（TBT）和动植物检疫措施（SPS）已成为制约中国农产品出口的最大障碍。同时，在世界贸易组织机制约束下，农民品领域实施新一轮贸易保护主义的手段也越来越多地转向更具综合性和隐蔽性的支持和保护手段。综合性主要表现在各国都把金融危机影响下的经济刺激计划、经济发展和调整战略、产业政策、促进就业等与贸易保护结合起来。隐蔽性是指各国或者地区以劳动保护、环境保护、知识产权、社会责任等理由发起贸易措施，具有很大的隐蔽性和欺骗性。典型的例子就是目前盛行的道德贸易壁垒(包括关于人的劳动环境、劳动条件以及劳工权利的社会责任标准，关于动物生存权利和福利的动物福利标准，如 SA8000 标准）和知识产权壁垒（如日本 2004 年 4 月开始实施的《种苗修正案》）。

3. 中国农业国际贸易的竞争环境依然极不公平

这主要表现为，长期以来发达国家持续性对其农业发展和贸易提供巨额国内补贴、出口补贴和出口信贷，这使国际农产品贸易被严重扭曲，公平合理的农业国际贸易竞争环境难以维系，严重冲击和损害了其他国家特别是广大发展中国家的农业生产和发展。

（二）完善和强化农业支持保护制度与体系建设，促进中国现代农业快速健康可持续发展

综上分析，中国的农产品贸易及农业发展正处于复杂多变的国家贸易环境和竞争环境中，这势必会对中国的农产品贸易和农业发展造成不利影响：影响农产品贸易的规模，限制了农产品出口的扩大，使农产品对外贸易出现持续逆差；影响农产品贸易的流向和出口集中地；降低中国农产品的出口竞争力，制

约农产品比较优势的发挥，对农产品生产和市场直接造成压力；中国农产品贸易和生产的国际环境与贸易条件进一步恶化，不利于中国农产品进入发达国家市场，从而使得贸易利益受损，社会福利减少。因此，中国在农业的开放中也要高度重视，甚至比任何发达国家更加重视对农业的大力支持和合理有效的保护。

1. 坚持“全面支持保护农业”的发展理念

完善和强化农业支持保护制度，构建合理有效的农业支持保护体系，就需要从发展理念着手，坚持“全面支持保护农业”的发展理念，把支持保护农业、构建合理有效的农业支持保护体系作为今后实施贸易战略、制定和调整贸易政策的重要内容，作为新阶段促进农业增效、农民增收、加快建设社会主义新农村的一项重大战略任务。为此，中国必须一改传统的农业支持保护政策体系，转而走向以贸易促进、食物安全、科技推广、资源和环境保护、区域协调发展、城乡一体化为主要内容的农业支持保护模式。当前最重要的一项基础工作，就是要抓紧研究和启动中国农业支持保护的整体战略，避免在经济全球化进程中处于被动地位。

2. 加快农业经济结构调整，转变农业经济发展方式，推进农业转型升级

当前中国农产品贸易的持续逆差，以及农产品贸易摩擦的频发和升温，其中的一个重要原因就是国内农业产业结构的趋同、产业链和价值链的低端锁定。因此，为促进农业的快速、健康、可持续发展，就必须加快调整农业经济结构、转变农业经济发展方式，这是中国应对日益复杂多变的农产品国际贸易环境和竞争环境的根本出路，也是中国必须要面对的长期战略性任务。调整农业经济结构、转变农业经济发展方式是一项系统工程，需要主动顺应城乡统筹发展趋势和现代农业发展规律，加快推动农业产业发展由主要追求数量扩张向注重质量、效益和生态转变；产业结构从由以生产为主向研发、生产、初精深加工、流通、服务联动发展转变；农业发展方式由主要依靠物质投入向依靠科技进步、培养新型农民、提高农业劳动者素质转变；农业经营方式由小规模分散经营向规模适度化、集约化、合作化、产业化经营转变。

3. 健全和完善农业支持保护制度，提高农业支持保护政策效率

要把“科学设计和完善农业支持保护制度”作为推进农村改革创新、加快农村制度建设、发展现代农业、促进农产品贸易的一项重要内容，具体包括：一是调整和优化农业支持保护结构，重点加大对农业科技研发推广、农业生产性和公共服务性基础设施建设、水土保持与环境保护、食品安全和动物福利、新型农民培养和劳动者素质提高的投入，增强财政和信贷对这些方面的支持。二是健全和完善农业投入保障制度，调整财政支出、固定资产投资、信贷投放结构，在逐步提高财政支农支出增量占财政总支出增量比重的基础上，对农业总投入的范围和内容进行合理界定，避免造成农业总投入“虚高”。三是健全和完善农业补贴制度，扩大补贴范围，提高补贴标准，完善与农业生产资料价格上涨挂钩的农资综合补贴动态调整机制。按照“存量不动、增量倾斜”的原则，新增农业补贴适当向种粮大户、农民专业合作社倾斜。逐步完善适合牧区、林区、垦区特点的农业补贴政策。四是健全和完善农产品价格保护制度，围绕理顺比价关系，推动建立粮食等主要农产品价格形成机制，进一步完善重点粮食品种最低收购价政策，完善其他主要农产品价格保护办法。充实主要农产品储备，优化农产品进出口和吞吐调节机制，保持农产品价格合理水平。五是健全和完善农业生态环境补偿制度，形成有利于保护耕地、水域、森林、草原、湿地等自然资源和农业物种资源的激励机制。

4. 建立和完善农业支持保护体系的运行机制

农业支持保护是一项复杂的系统工程，需要围绕有关政策措施制定、实施、协调、评价等多个环节，不断完善运行机制。一是要建立农业生产和贸易各经济主体广泛参与的农业支持保护政策决策机制，为他们有效参与政策决策提供平台和机会，以使其利益诉求能得以反映和实现。二是要完善政策实施责任机制，每一项具体的支持和保护政策，都要明确具体的实施主体，并且规定实施主体的责任义务，确保政策措施落实到位。三是要完善支持保护政策效果监督评价机制，加强对支持保护政策效果的跟踪评价，不断修订支持保护措施。四是要完善政策实施的协调机制和保障机制。

参考文献：

[1] 郭利京、许玉贵：《农业微观经营主体再造——农业组织化》，《现代农业装备》，2007年第2期。

[2] 薛晓鸽：《谁来组织农民发展现代农业——再论农业组织化的实现形式》，《农业科技与信息》，2007年第6期。

[3] 何秀荣：《公司农场：中国农业微观组织的未来选择？》，《中国农村经济》，2009年第11期。

第三章　全球化与中国农产品国际贸易、农业的比较优势及其国际竞争力

一、全球化与中国农产品的国际贸易

全球化为中国农产品贸易的发展带来了难得的机遇，尤其是 2001 年 12 月中国正式加入世界贸易组织，为农产品进一步开拓国际市场和利用国外资源开辟了更加广阔的空间，农产品的国际市场国内化程度与国内市场国际化程度日益增强，农产品的对外开放程度明显提高。

（一）农产品贸易高速增长，贸易规模增长态势明显

与中国对外贸易高速增长保持一致，中国农产品（按中国的农产品定义，包括水产品）贸易也得到快速发展，贸易规模总体呈现出增长态势（见表 3–1）。1998~2009 年中国农产品对外贸易继续保持增长态势，农产品进出口总额、出口额和进口额均连续 12 年呈现快速增长趋势，并于 2008 年分别创历史最高水平。进出口总额由 1998 年的 221.4 亿美元增加到 2009 年的 913.5 亿美元，年均增长 26.05%；出口总额由 1998 年的 138.1 亿美元增加到 2009 年的 391.8 亿美元，年均增长 15.31%；进口总额由 1998 年的 83.2 亿美元增加到 2009 年的 521.7 亿美元，年均增长 43.92%。

表 3–1　中国农产品进出口贸易额及其增长

年份	进出口数额（亿美元）				进出口增长率（%）		
	进出口	出口	进口	贸易平衡	进出口	出口	进口
1998	221.4	138.1	83.2	54.9	–11.0	–7.5	–16.5
1999	216.3	134.7	81.6	53.1	–2.3	–2.5	–1.9
2000	268.2	156.2	112.0	44.2	24.0	16.0	37.3
2001	279.1	160.7	118.3	42.4	4.1	2.9	5.6
2002	305.8	181.4	124.4	57.0	9.6	12.9	5.2
2003	403.6	214.3	189.3	25.0	32.0	18.1	52.2
2004	514.2	233.9	280.3	–46.4	27.4	9.1	48.1

续表

年份	进出口数额（亿美元）				进出口增长率（%）		
	进出口	出口	进口	贸易平衡	进出口	出口	进口
2005	558.3	271.8	286.5	−14.7	8.6	16.2	2.2
2006	630.2	310.3	319.9	−9.6	12.9	14.2	11.7
2007	781.0	370.1	410.8	−40.7	23.0	17.8	28.1
2008	991.6	405.0	586.6	−181.6	27.0	9.4	42.8
2009	913.5	391.8	521.7	−129.9	−7.3	−2.5	−10.5

资料来源：根据国家海关信息中心有关数据整理。

如果以 2001 年 11 月中国正式加入世界贸易组织为分界点，中国农产品贸易上升幅度更加明显。加入世界贸易组织前（1998~2001 年）农产品进出口额、出口额和进口额的年均增幅分别仅为 6.52%、4.09%和 10.55%，而加入世界贸易组织后（2002~2009 年）的年均增幅分别上升为 24.84%、14.50%和 39.92%，分别是加入世界贸易组织前的 3.81 倍、3.55 倍和 3.78 倍。这说明，中国加入世界贸易组织后在全球化的影响下，中国农产品的贸易规模扩大了。2004 年中国农产品进出口总额突破了 500 亿美元大关，已跨入世界农产品贸易大国的行列。世界贸易组织最新统计资料显示，2006 年中国是位于欧盟、美国之后的世界第三大农产品贸易体，并以较快的增长速度发展。2000~2006 年及 2006 年世界农产品贸易额年增长率分别为 4%和 6%，同期中国农产品贸易额年增长率分别为 15.2%和 12.9%。

（二）农产品国际贸易出现了进口增长快于出口增长的趋势，持续六年逆差

按照中国农产品的定义（包括水产品），2003 年以前中国农产品贸易一直是顺差，2002 年、2003 年农产品净出口额分别达 57 亿美元和 25 亿美元，但在 2004 年出现逆差（逆差额为 46.4 亿美元），并从此开始连续 6 年出现逆差，2005 年和 2006 年逆差减少，但 2007 年逆差有明显增大，2008 年逆差快速扩大，逆差额达 181.6 亿元，成为中国历史上农产品对外贸易逆差最大的年份。2009 年中国农产品贸易逆差与 2008 年前相比仍大幅扩大，为 129.9 亿美元，同比下降 28.47%（见图 3–1）。中国农产品贸易持续逆差并日益扩大，全球化的影响较大，并在中国正式加入世界贸易组织后的两年后出现，这反映了在全球化的背景下，加入世界贸易组织对中国农产品贸易的冲击影响逐步显现，并呈现出一种常态化趋势。因此，中国政府如何有效地防止农产品贸易逆差过大，遏制这种常态化趋势，是一项艰巨任务。

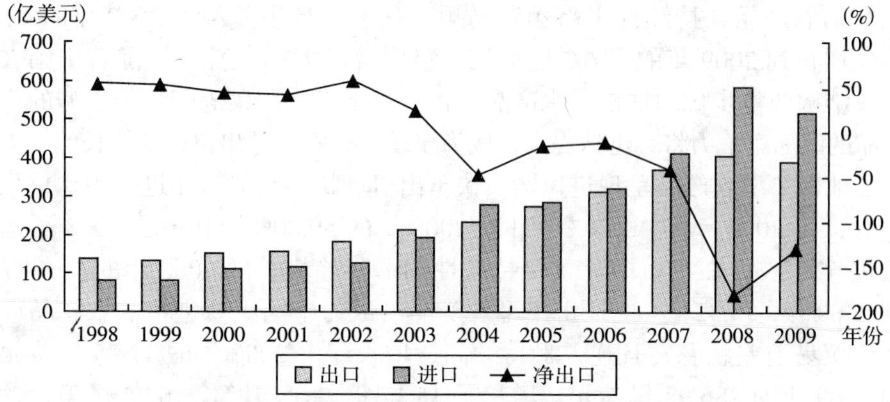

图 3-1　中国农产品贸易进出口额和净出口趋势

资料来源：根据国家海关信息中心有关数据整理。

（三）中国农产品进出口的资源禀赋特征

总体来看（见图 3-2），劳动密集型产品在农产品出口中保持着增长优势，在出口中比重呈稳定的上升趋势，由 2000 年的 59.06%上升到 2009 年的 64.34%，其中在 2004 年达最大比重 66.69%；在进口中比重呈下降趋势，由 2000 年的 44.11%下降到 2009 年的 26.05%。劳动密集型农产品已成为中国主

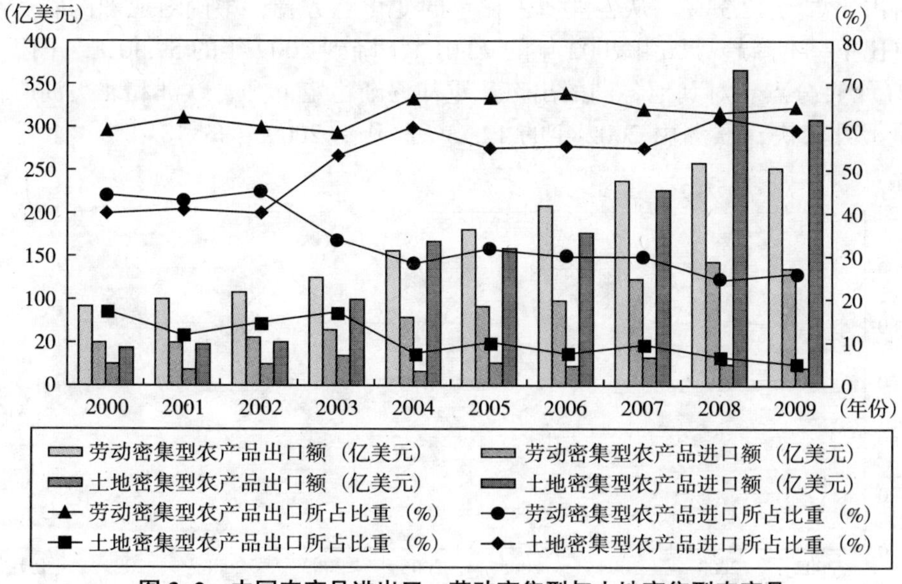

图 3-2　中国农产品进出口：劳动密集型与土地密集型农产品

注：劳动密集型产品主要包括蔬菜、水果、水产品、畜产品；土地密集型产品主要包括粮食、油料、棉花等大宗农产品。

资料来源：根据国家海关信息中心有关数据整理。

要出口的农产品，持续处于高额贸易顺差状态，且顺差额由 2000 年的 42.85 亿美元增长到 2009 年的 116.2 亿美元，年均增长 7.34 亿美元。随着中国农产品出口结构调整步伐的加快，水产品、畜禽、水果、蔬菜等劳动密集型的优势农产品的国际竞争力将会迅速提高，成为拉动中国农产品出口持续增长的主力。

土地密集型农产品呈现进口增长快于出口增长的趋势，在进口中比重呈上升趋势，由 2000 年的 40.17%上升到 2009 年的 59.00%，其中在 2008 年达最大比重 62.13%；在出口中比重呈持续性的下降趋势，由 2000 年的 17.44%下降到 2009 年的 5.32%。土地密集型农产品已成为中国主要进口的农产品，持续处于贸易逆差状态，且逆差额持续高速增长，由 2000 年的 17.75 亿美元增长到 2009 年的 286.97 亿美元，增长了 15.17 倍，年均增长 26.92 亿美元，在 2008 年贸易逆差高达 337.6 亿美元。

（四）中国农产品贸易具有较高的“洲域市场集中度”

从中国农产品出口的分洲结构特征来看，中国农产品出口市场主要集中在亚洲、欧洲和北美洲（见图 3–3）。其中，亚洲国家和地区是中国农产品出口最主要的贸易伙伴，2002~2009 年年均所占比重为 63.8%，在 2002 年比重高达 72.01%，过度集中于亚洲；欧洲国家和地区是中国农产品出口第二位的贸易伙伴，2002~2009 年年均所占比重为 16.7%；其次为北美洲国家和地区，年均所占比重为 12.33%。从各洲所占比重的变化趋势看，中国对亚洲的农产品出口比重呈下降趋势，由 2002 年的 72.01%下降到 2009 年的 59.30%，下降了 12.71 个百分点。对其他各洲的出口比重却逐渐稳定上升，欧洲和北美洲所占比重上升较快，欧洲由 2002 年的 12.73%上升到 2009 年的 18.46%，上升了

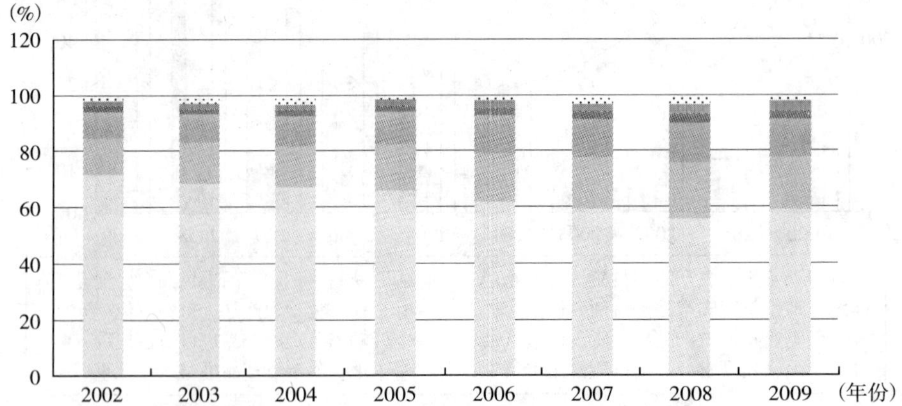

图 3–3 中国农产品出口各洲所占比重变化趋势

资料来源：国家商务部：《中国进出口月度统计报告（农产品）》相关年份 12 月数据。

5.73 个百分点；北美洲由 2002 年的 9.98%上升到 2009 年的 13.68%，上升了 3.7 个百分点；同期，其他三洲也均有小幅的上升，南美洲上升了 1.49 个百分点，非洲上升了 1.56 个百分点，大洋洲上升了 0.89 个百分点。这说明中国农产品出口对亚洲过度集中的现象有所改善，而对其他各洲呈现出了良好的成长性，中国农产品出口的洲域市场集中度呈下降趋势。

从中国农产品进口的分洲结构特征来看，中国农产品进口市场主要集中在北美洲、南美洲和亚洲，这三个洲所占比重近 80%，且这三个洲的进口所占比重波动较大，欧洲、大洋洲和非洲所占比重总体上呈下降趋势（见图 3-4）。其中，美洲（尤其是北美洲）国家和地区是中国农产品进口最主要的贸易伙伴，2004~2009 年年均所占比重为 55.62%，在 2008 年比重高达 60.83%，在一定程度上集中于美洲地区。亚洲国家和地区是中国农产品进口第二位的贸易伙伴，2004~2009 年年均所占比重为 21.86%。从各洲所占比重的变化趋势看，中国从北美洲、南美洲和亚洲进口的农产品所占比重波动较大，北美洲所占比重呈现先递减后递增的趋势，南美洲和亚洲所占比重呈现先递增后递减的趋势。中国从欧洲、大洋洲和非洲进口的农产品所占比重总体上呈下降趋势。同时，从总体上来看，中国从各洲进口的农产品所占比重在观察时段内的变化幅度均不大，这反映出了中国农产品进口洲际结构的长期相对稳定性。

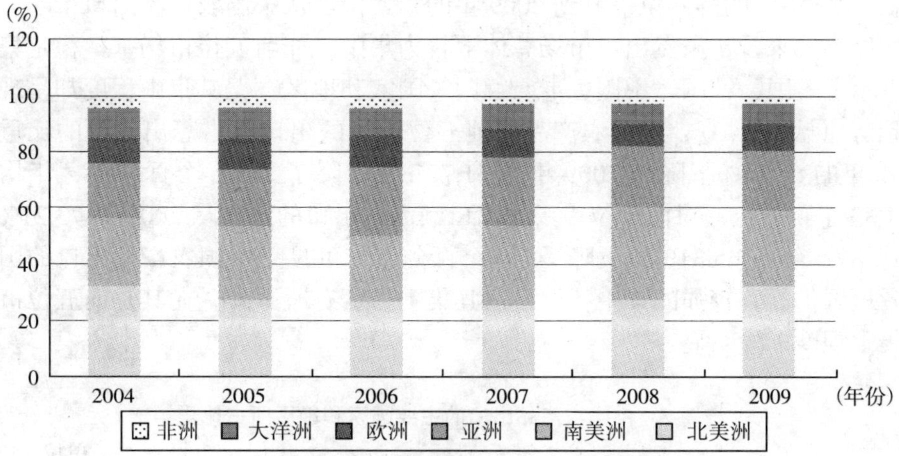

图 3-4　中国农产品进口各洲所占比重变化趋势

资料来源：国家商务部：《中国进出口月度统计报告（农产品）》相关年份 12 月数据。

从中国对各洲农产品进出口所占比重的均值比较来看（见表 3-2），中国农产品出口的洲际结构差异较大，各洲所占比重差异悬殊，具有过度集中于亚洲的显著倾向，虽然亚洲所占比重呈持续下降趋势，但仍然没有改变其过度集中的长期趋势。中国农产品进口的洲际结构则具有一定程度的相对平衡性，尤其是在亚洲、北美洲和南美洲之间，欧洲和大洋洲之间。

表 3–2 中国对各洲农产品进出口所占比重均值比较

单位：%

	亚洲	北美洲	南美洲	欧洲	大洋洲	非洲
出口所占比重（%）	63.80	12.33	2.15	16.70	1.43	3.03
进口所占比重（%）	28.57	28.57	27.05	10.41	9.12	2.81

资料来源：根据国家商务部《中国进出口月度统计报告（农产品）》相关年份的数据计算整理。

（五）中国农产品贸易具有较高的"国家和地区市场集中度"

从中国农产品出口的主要国家和地区结构特征来看，虽然中国农产品远销230多个国家和地区，但主要农产品的出口市场还是较为集中和稳定，始终以日本、美国、韩国、中国香港、德国、马来西亚、俄罗斯联邦、印度尼西亚、荷兰、加拿大等为主（见表3–3）。其中，日本是中国农产品出口的最大市场，持续居于第一位，2009年中国农产品对日本市场的出口额达76.87亿美元，占总出口额的19.62%。虽然日本仍是中国农产品出口的最大市场，但其出口额所占比重呈现下降趋势，由2001年的35.57%下降到2009年的19.62%，下降了15.95个百分点。中国农产品对美国出口所占比重不断趋于上升，由2001年的7.58%上升到2009年的12.00%，上升了近5个百分点，相应的，其位次也就由2001年的第四位上升到2009年的第二位。从中国农产品出口市场的集中程度趋势来看，虽然出口市场总体上较为集中，如前五位市场基本稳定集中于日本、美国、韩国、中国香港、德国等国家和地区，但其集中程度却呈现下降趋势（见表3–3），中国农产品对前五位市场的出口额占总出口额的比重从2001年的68.18%下降到2009年的51.72%，下降了16.46个百分点，年均下降1.83个百分点；对前十位市场的出口额占总出口的比重从2001年73.21%下降到2009年的65.31%，下降了7.9个百分点。可见，中国农产品出口的国家或者地区仍具有较强的集中特征，但其集中程度有所下降，尤其是前五位市场的集中程度下降明显。

表 3–3 中国农产品出口的主要国家和地区所占比重

单位：%

2001年		2003年		2005年		2007年		2009年	
日本	35.57	日本	28.21	日本	29.30	日本	22.56	日本	19.62
中国香港	11.74	韩国	11.97	韩国	10.48	美国	11.85	美国	12.00
韩国	10.19	中国香港	10.32	美国	10.45	韩国	9.73	中国香港	9.08
美国	7.58	美国	9.57	中国香港	9.73	中国香港	8.25	韩国	7.23
德国	3.10	马来西亚	3.13	德国	3.43	德国	3.71	德国	3.79
荷兰	2.40	德国	2.84	俄罗斯联邦	2.68	俄罗斯联邦	3.31	马来西亚	3.13

续表

2001年		2003年		2005年		2007年		2009年	
马来西亚	2.33	俄罗斯联邦	2.65	马来西亚	2.55	马来西亚	2.85	俄罗斯联邦	3.04
印度尼西亚	1.76	荷兰	1.68	荷兰	1.98	荷兰	2.68	印度尼西亚	2.67
俄罗斯联邦	1.54	越南	1.48	印度尼西亚	1.54	印度尼西亚	2.44	越南	2.41
意大利	1.48	菲律宾	1.36	英国	1.44	中国台湾	1.65	荷兰	2.34
Σ5	68.18	63.20		63.39		56.10		51.72	
Σ10	77.69	73.21		73.58		69.03		65.31	

资料来源：根据国家商务部《中国进出口月度统计报告（农产品）》相关年份的数据计算整理。

值得注意的是，中国一些农产品出口已经形成了多元化的市场格局，率先打入发达国家或者地区和新兴市场：大宗粮食产品首次实现对中国台湾地区出口，还远销到非洲、西亚等地区的市场，突破了原来以日、韩、东南亚为主的市场格局；水果对北美、欧洲、拉美出口实现新突破。

从中国农产品进口的主要国家或地区结构特征来看，虽然中国农产品进口的国家和地区也达200多个，但主要农产品的进口市场也较为集中和稳定，始终以美国、巴西、阿根廷、澳大利亚、马来西亚、加拿大、印度尼西亚、泰国、俄罗斯联邦等为主（见表3-4）。其中，美国是中国农产品进口的最大市场，持续居于第一位，但其所占比重自2004年以来基本处于稳定的水平。中国农产品进口的第二大市场是巴西，其所占比重与美国相比却处于上升趋势，由2004年的10.15%上升到2009年的16.18%，上升了6个百分点。从中国农产品进口市场的集中程度趋势来看，不仅进口市场较为集中和稳定，而且其集中程度的趋势也处于稳定水平（见表3-4），前五位市场所占的比重在2004~2009年基本上处于56%~66%的水平，前十位市场所占的比重基本上处于74%~80%的水平。可见，中国农产品进口的国家和地区较为集中和稳定，其集中程度也较为稳定。

表3-4　中国农产品进口的主要国家和地区所占比重

单位：%

2004年		2005年		2006年		2007年		2008年		2009年	
美国	27.43	美国	23.46	美国	23.73	美国	22.22	美国	24.54	美国	26.83
巴西	10.15	巴西	10.51	巴西	11.89	阿根廷	12.61	巴西	14.99	巴西	16.18
阿根廷	9.64	阿根廷	10.45	阿根廷	8.41	巴西	11.74	阿根廷	14.36	阿根廷	6.69
澳大利亚	8.69	澳大利亚	8.40	澳大利亚	7.26	马来西亚	7.35	马来西亚	6.93	马来西亚	5.70
加拿大	5.14	马来西亚	4.68	马来西亚	5.36	澳大利亚	6.36	澳大利亚	5.00	加拿大	5.08
马来西亚	5.13	俄罗斯联邦	4.02	俄罗斯联邦	4.03	印度尼西亚	4.40	印度尼西亚	4.49	澳大利亚	4.77
泰国	3.48	加拿大	4.00	泰国	4.03	俄罗斯联邦	3.51	加拿大	3.01	印度尼西亚	4.31

续表

2004 年		2005 年		2006 年		2007 年		2008 年		2009 年	
印度尼西亚	3.13	泰国	3.42	印度尼西亚	3.90	泰国	3.29	印度	2.74	泰国	3.38
俄罗斯联邦	3.04	印度尼西亚	3.22	印度	3.63	印度	3.15	法国	2.44	新西兰	2.59
新西兰	2.8	秘鲁	2.61	加拿大	2.52	加拿大	3.03	俄罗斯联邦	2.26	俄罗斯联邦	2.47
Σ5	61.05	57.50		56.65		60.28		65.82		60.48	
Σ10	78.63	74.77		74.76		77.66		80.76		78.00	

资料来源：根据国家商务部《中国进出口月度统计报告（农产品）》相关年份的数据计算整理。

（六）中国农产品贸易的国内区域结构

从中国农产品进出口的国内三大区域（东部地区、中部地区和西部地区①）结构特征来看，中国农产品贸易仍以东部地区为主（见表 3-5）。2002~2009 年，东部地区农产品出口额所占比重维持在 75%~81%，占中国农产品出口总额的 3/4 多，且每年所占比重增减的波动幅度不大。2009 年东部地区农产品出口额所占比重为 78.11%，分别是中部地区和西部地区的 7.61 倍和 6.72 倍。中部地区农产品出口额所占比重呈小幅下降趋势，由 2002 年的 13.35%下降到 2009 年的 10.26%，下降了 3 个百分点；西部地区农产品出口额所占比重呈现稳定的小幅上升趋势，由 2002 年的 9.50%上升到 2009 年的 11.63%，上升了 2.13 个百分点，西部地区农产品出口额所占比重在 2007 年首次赶超了中部地区，西部地区的出口有了明显的改善。2004~2009 年，东部地区农产品进口额所占比重维持在 88%~92%，总体上呈小幅下降趋势，由 2004 年的 91.31%下降到 2009 年的 88.32%，2009 年东部地区农产品进口额为 460.83 亿美元，分别是中部地区（30.74 亿美元）和西部地区（30.19 亿美元）的 14.99 倍和 15.27 倍。中部地区农产品进口额所占比重在 2004~2009 年呈现出小幅波动的变化趋势（先下降后上升），而西部地区却呈现稳步的小幅上升趋势，由 2004 年的 3.77%稳步上升到 2009 年的 5.79%，上升了近 2 个百分点，西部地区农产品进口所占比重在 2006 年开始超过中部地区所占比重。可见，中国农产品进出口的国内三大区域市场高度集中，且具有较强的稳定性，三大区域农产品进出口额所占比重的年际变化不大。

① 东部地区包括北京、上海、河北、辽宁、天津、山东、江苏、浙江、福建、广东、海南；中部地区包括江西、湖南、湖北、河南、安徽、山西、吉林、黑龙江；西部地区包括重庆、四川、云南、贵州、西藏、陕西、甘肃、宁夏、青海、新疆、广西、内蒙古。

表 3-5 三大区域进出口所占比重

单位：%

项目＼年份	2002	2003	2004	2005	2006	2007	2008	2009
东部出口所占比重	77.15	75.61	80.98	79.47	80.40	79.39	77.70	78.11
中部出口所占比重	13.35	15.17	9.78	10.94	10.42	9.71	10.65	10.26
西部出口所占比重	9.50	9.22	9.24	9.59	9.18	10.90	11.65	11.63
东部进口所占比重	—	—	91.31	91.18	90.67	90.81	90.48	88.32
中部进口所占比重	—	—	4.92	4.55	4.65	4.41	4.19	5.89
西部进口所占比重	—	—	3.77	4.27	4.68	4.78	5.33	5.79

资料来源：根据国家商务部《中国进出口月度统计报告（农产品）》相关年份的数据计算整理。

从中国农产品进出口的省域结构特征来看，中国农产品出口主要集中在山东、广东、辽宁、浙江、福建、江苏、上海、北京、河北等省（直辖市）（见表 3-6），中国农产品进口主要集中在山东、广东、江苏、浙江、上海、北京、天津、辽宁、河北等省（直辖市）（见表 3-7），这些省（直辖市）均属于东部地区，即中国农产品进出口额所占比重的前十位基本上都集中于东部地区。从中国农产品进出口额前五位和前十位出口省份所占比重的变化趋势来看，出口额所占比重总体上均呈现出小幅的递减趋势，前五位省份所占比重由 2004 年的 64.62%下降到 2009 年的 61.57%，前十位省份所占比重由 2004 年的 80.64%下降到 2009 年的 77.47%。进口额所占比重呈持续的小幅下降趋势，前五位省份所占比重由 2004 年的 71.53%下降到 2009 年的 65.86%，下降了近 6 个百分

表 3-6 中国农产品出口主要省（区）所占比重

单位：%

2002 年		2004 年		2006 年		2008 年		2009 年	
山东	21.78	山东	24.20	山东	26.08	山东	24.80	山东	24.90
广东	14.89	广东	14.91	广东	12.41	广东	11.51	广东	12.45
浙江	8.55	浙江	9.69	浙江	8.66	辽宁	8.34	福建	8.73
辽宁	8.00	辽宁	8.08	辽宁	7.78	浙江	8.33	辽宁	7.82
福建	7.19	福建	7.74	福建	7.77	福建	7.55	浙江	7.67
吉林	5.67	江苏	3.79	江苏	4.45	江苏	4.92	江苏	5.02
北京	4.25	北京	3.77	北京	4.14	北京	3.28	上海	3.09
江苏	3.64	上海	3.38	上海	3.41	上海	3.24	北京	2.71
上海	3.41	河北	2.98	河北	2.71	吉林	2.64	河北	2.60
河北	2.94	吉林	2.10	吉林	2.58	河北	2.49	云南	2.48
Σ5	60.41	64.62		62.70		60.53		61.57	
Σ10	80.32	80.64		79.99		77.10		77.47	

资料来源：根据国家商务部《中国进出口月度统计报告（农产品）》相关年份的数据计算整理。

表 3–7 中国农产品进口主要省（区）所占比重

单位：%

2004 年		2005 年		2006 年		2007 年		2008 年		2009 年	
北京	21.28	北京	17.96	山东	18.81	山东	16.20	北京	16.26	山东	16.08
广东	16.35	山东	17.53	广东	14.84	广东	15.25	山东	15.13	广东	15.32
山东	15.76	广东	13.55	北京	13.52	江苏	13.66	广东	14.17	江苏	12.76
江苏	10.00	江苏	10.85	江苏	12.24	上海	12.45	上海	11.98	上海	11.86
上海	8.14	上海	9.98	上海	10.39	北京	10.86	江苏	10.45	北京	9.84
辽宁	5.47	辽宁	5.27	浙江	5.55	浙江	6.27	浙江	6.03	浙江	5.15
浙江	4.88	浙江	5.26	辽宁	4.18	天津	4.87	天津	5.07	福建	5.02
福建	3.74	福建	4.24	天津	4.29	福建	4.09	福建	4.19	天津	4.77
天津	3.31	天津	3.89	福建	4.00	辽宁	3.93	河北	3.71	辽宁	3.91
河北	2.22	河北	2.55	广西	2.95	河北	3.12	辽宁	3.39	河北	3.47
Σ5	71.53	69.87		69.80		68.42		67.99		65.86	
Σ10	91.15	91.08		90.77		90.70		90.38		88.18	

资料来源：根据国家商务部《中国进出口月度统计报告（农产品）》相关年份的数据计算整理。

点；前十位省份所占比重由 2004 年的 91.15%下降到 2009 年的 88.18%。虽然前五位和前十位省份的进出口额所占比重的下降幅度都不是很大，但这表明中国农产品出口的国内省域集中度呈下降的态势，农产品进出口正在向全国其他省份扩张。

具体到省份，山东是中国农产品出口最多的省份，也是农产品出口增速最快的省份，自 2000 年就超过广东省成为我国最大的农产品出口省，一直持续保持着快速的和强劲的增长势头。山东省农产品出口额由 2002 年的 39.24 亿美元高速增加到 2009 年的 97.66 亿美元，年均增长 21.27%。山东省农产品出口额所占比重总体上呈上升趋势，由 2002 年的 21.78%上升到 2009 年的 24.90%，其中，2006 年其所占比重高达 26.08%。这表明山东省作为沿海经济发达地区，拥有雄厚的农业生产实力，其农产品具备了较强的市场竞争能力。

二、全球化与中国农业比较优势及其国际竞争力

在全球化的背景下和进程中，农产品国际贸易可以为贸易各方带来收益，从而提高农业的国际竞争力。有些国家的农业和农村发展会从全球化中受益，有些国家则从中受损；有的国家受益多，有的受益少。其中的决定因素正是不同国家或者地区具有不同的农业比较优势（胡必亮，2007）。目前，各国或者地区在全球化过程中都在通过不同方式寻找和充分利用这些比较优势，并发挥后

发优势作用，以增强其农业国际竞争力。我们采用显性比较优势指数（RCA）和贸易竞争力指数（TC）来分析中国农产品贸易的总量显性比较优势和分类显性比较优势，以探讨中国农产品比较优势发挥和国际竞争力的动态变化情况。

1. 中国农产品显性比较优势的分析

显示性比较优势指数是巴拉萨（Balassa，1965）提出的用于衡量一国或者地区某一产业或者产品在国际贸易中所具有的比较优势。显性比较优势是指一个国家或者地区某类产品出口额占该国或者地区出口总值的份额与世界该类产品出口额占世界出口份额的比率，其基本的计算公式为：

$$RCA_{ik} = \frac{EX_i^k}{EX_i} / \frac{EX_w^k}{EX_w}$$

式中，RCA_{ik} 为 i 国（或地区）k 产业或产品的显性比较优势；EX_i^k 为 i 国（或地区）k 产业或产品的出口额，EX_i 为 i 国（或地区）的总出口额；EX_w^k 为世界 k 产业或产品的出口额，EX_w 为世界总出口额。

该指数现在已经成了衡量某国（或地区）农产品在国际贸易中比较优势的一种常用方法，用来测定某国（或地区）农产品在国际贸易出口格局中的地位，从而据此指数的大小确定某国（或地区）农产品在国际贸易中的竞争优势和竞争力。

如果 RCA > 1，表示某国（或地区）农产品（或某类农产品）的生产和贸易方面具有与其他国家或者地区相比的相对优势，RCA 值越大，显性比较优势也就越大，竞争力也就越强。

如果 RCA < 1，表示某国（或地区）农产品（或某类农产品）的生产和贸易方面具有与其他国家或者地区相比的相对劣势，即具有显性比较劣势，RCA 值越小，显性比较劣势也就越大，竞争力也就越低。

显性比较优势是动态变化的，当 RCA 值上升时，表示某国（或地区）农产品出口的国际竞争力正上升，优势越来越明显，反之亦然。动态显性比较优势可以用动态比较优势指数（DRCA）来衡量。它是指一个时段内的 RCA 指数与前一时段 RCA 指数之比，它能较好地反映出某国（或地区）农产品显性比较优势的调整与变迁。如果 DRCA > 1，表明某国（或地区）农产品的显性比较优势在提升；如果 DRCA < 1，表明其比较优势在弱化。

对中国 1990~2008 年农产品的 RCA 和 DRCA 计算结果显示（见图 3-5）：1990 年以来，尤其是加入世界贸易组织以来，中国农产品出口大幅增长，但其显性比较优势整体上呈下降趋势，由 1990 年的 1.69 下降到 2008 年的 0.34，降幅达 79.88%，年均下降 4.21%。其中，在 1990~1997 年，中国农产品的 RCA 值均大于 1，表明在这期间中国农产品在国际上还具有一定的比较竞争优势，但从 1998 年以后，RCA 值均小于 1 且曲折性地不断下降，这说明中国农产品在国际竞争中处于比较劣势且呈不断恶化趋势。从中国农产品的 DRCA 变化趋势来看，DRCA 也呈现整体上的小幅下降趋势，DRCA 只有在 1993 年、1999 年和 2000 年大于 1，其他年份的值均小于 1。这表明，中国农产品出口具有较弱的比较优势，且呈现不断下降的趋势，比较优势在不断趋于弱化。

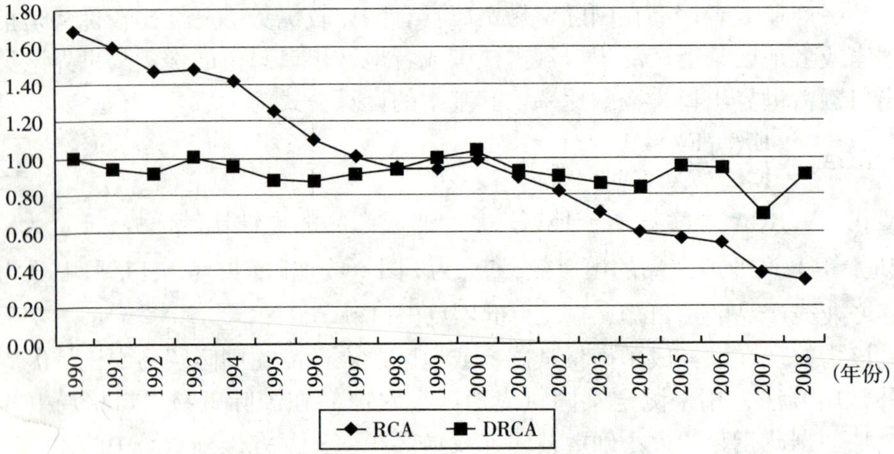

图 3-5 中国农产品出口的显性比较优势

资料来源：国家统计局：《国际统计年鉴》相关年份，中国统计出版社。

2. 中国农产品的竞争力分析

贸易竞争力指数（TC）通常是指一国（或地区）某类产品的净出口与该类产品贸易总额的比率，用来反映该类产品的出口竞争力，其基本的计算公式为：

$$TC_{ik} = \frac{EX_i^k - IM_i^k}{EX_i^k + IM_i^k}$$

式中，TC_{ik} 为 i 国（或地区）k 产业或产品的贸易竞争力指数，EX_i^k 为 i 国（或地区）k 产业或产品的出口额，IM_i^k 为 i 国（或地区）k 产业或产品的进口额。

该指数与 RCA 指数的一个不同之处在于考虑了一国（或地区）某种产品的进口与出口的相互关系。TC 指数介于-1（表示此类产品只有进口没有出口）和 1（表示此类产品只有出口没有进口）之间。一般认为，如果 $0.8 \leqslant TC < 1$，表示该类产品具有非常明显的竞争优势，$0.5 \leqslant TC < 0.8$，表示该类产品具有较明显的竞争优势，$0 < TC < 0.5$，表示该类产品具有竞争优势但并不明显；如果 TC 趋近于 0，表示该类产品的竞争力呈现中性，即与国际平均水平相当；如果 $-1 < TC \leqslant -0.8$，表示该类产品处于非常明显的竞争劣势，$-0.8 < TC \leqslant -0.5$，表示该类产品处于较明显的竞争劣势，$-0.5 < TC < 0$，表示该类产品处于不太明显的竞争劣势（李晓钟，2004）。

我们采用 TC 指数对中国 2000~2009 年中国主要农产品的出口竞争力进行了计算（见表 3–8）。结果显示：中国农产品出口的竞争力整体上呈下降趋势，其贸易竞争力指数由 2000 年的 0.16 下降到 2009 年的–0.14。其中，2000~2003 年由 0.16 下降到 0.06，表明这一阶段中国农产品处于微弱的竞争优势。2004 年起中国农产品总体 TC 指数由正值转为负值，2005 年这一数值有所上升但依然小于 0，说明中国的农产品自 2004 年开始处于微弱的竞争劣势。总之，尽管 20 世纪 90 年代后期以来中国农产品贸易得到快速发展，但总体竞争力不强，呈下降趋势。

表 3–8　中国主要农产品的贸易竞争力指数

类别 \ 年份	2000	2001	2002	2003	2004	2005	2006	2007	2008	2009
农产品	0.16	0.15	0.19	0.06	–0.09	–0.03	–0.02	–0.05	–0.18	–0.14
劳动密集型农产品	0.30	0.33	0.32	0.32	0.32	0.33	0.37	0.32	0.28	0.30
蔬菜	0.93	0.93	0.94	0.95	0.95	0.96	0.97	0.97	0.97	0.97
水果	0.33	0.40	0.44	0.47	0.48	0.51	0.53	0.59	0.56	0.40
水产品	–0.01	–0.02	–0.06	–0.10	–0.12	–0.08	–0.10	–0.23	–0.28	–0.26
畜产品	0.35	0.38	0.35	0.37	0.37	0.31	0.37	0.35	0.32	0.34
土地密集型农产品	–0.25	–0.43	–0.30	–0.46	–1.00	–1.00	–0.76	–0.73	–0.86	–0.87
粮食	0.48	0.27	0.55	0.71	–0.45	0.04	0.16	0.61	–0.59	–0.10
食用油籽	–0.69	–0.69	–0.62	–0.75	–0.79	–0.79	–0.80	–0.84	–0.88	–0.90
棉花	0.56	–0.01	–0.05	–0.80	–0.99	–0.99	–0.99	–0.98	0.98	0.98
植物油	–0.77	–0.72	–0.89	–0.94	–0.95	–0.87	–0.84	–0.94	–0.91	–0.95
食糖	–0.18	–0.70	–0.50	–0.71	–0.83	–0.55	–0.80	–0.77	–0.83	–0.84

具体到各类主要农产品，TC 指数的变化比较复杂：劳动密集型农产品的竞争力整体上显著强于土地密集型农产品，劳动密集型农产品在 2000~2009 年的 TC 指数处于区间 $0 < TC < 0.4$，表明中国的劳动密集型农产品具有竞争优势但并不明显；同期土地密集型农产品的 TC 指数均小于 0 而且逐年下降，由 2000 年的–0.25 下降到 2009 年的–0.87，这表明中国的土地密集型农产品具有竞争劣势且呈现逐步增强趋势，由一般竞争劣势上升为明显的竞争劣势，在 2004 年、2005 年其 TC 值为–1，竞争劣势非常明显，基本上全是进口，其受外来竞争的冲击相当大，自身竞争力非常薄弱。进一步地分析可得知，蔬菜、水果和畜产品的 TC 指数全为正值，这说明中国这三类劳动密集型农产品具有一定程度上的竞争力，蔬菜的竞争力最强（具有非常明显的竞争优势），水果次之（具有较明显的竞争优势），畜产品的竞争力较小（具有微弱的竞争优势）。但同时也可以明显地观察到，蔬菜和水果的国际贸易竞争力呈逐年增强

趋势，TC 指数分别由 2000 年的 0.93、0.33 上升到 2009 年的最大值 0.97 和 2007 年的最大值 0.59，且水果的竞争力增强趋势要大于蔬菜的增强趋势；而畜产品的国际贸易竞争力保持稳定。水产品的 TC 指数全为负值且逐年下降，由 2000 年的–0.01 下降到 2009 年的–0.26，这表明中国的水产品具有竞争劣势且呈现逐步增强趋势。

粮食的 TC 指数变化较为复杂，处于波动状态，在 2000~2003 年其 TC 指数为正值，且呈现出明显的竞争优势，但在 2004 年转为负值，达–0.45，呈现出微弱的竞争劣势，在 2005 年又转为正值且于 2007 年达 0.61，又表现出明显的竞争优势，但好景不长，其 TC 指数在 2008 年又转入负值持续到 2009 年，表现出微弱的竞争劣势。但总体来看，其 TC 值在 2000~2009 年的均值为 0.17，为正值。所以，中国的粮食产品整体上具有微弱的竞争优势，但在有些年份表现出有较强的竞争力，这样的竞争力格局可能是由于粮食产品中大米、小麦、玉米、豆类和薯类竞争力结构不平衡和差异所造成的。食用油籽和植物油的 TC 指数均为负值（$-1 < TC \leqslant -0.6$），这表明中国的这两类土地密集型农产品具有较为明显的竞争劣势，且呈逐步增强趋势，由明显的竞争劣势上升为非常明显的竞争劣势。比较来看，植物油的 TC 指数值从 2004 年开始趋近于–1，其竞争劣势整体上要强于食用油籽。棉花的 TC 指数除了 2000 年为正值（0.56）外均为负值且呈逐年下降趋势，这表明中国的棉花贸易竞争力处于弱势地位，由 2000 年的具有较为明显的竞争优势地位转变到 2003 年开始具有的非常明显的竞争劣势地位，这种地位保持了较长的一段时期，具有相当程度上的稳定性（在 2004~2009 年其 TC 值均在 0.98 及以上水平）。食糖的 TC 指数在考察期内均为负值且呈逐年下降趋势，由 2000 年的–0.18 下降到 2009 年的–0.84，这表明中国的食糖贸易竞争力处于劣势地位并逐步加深，至 2008 年就开始置于非常明显的竞争劣势地位。

综上所述，从中国农产品的整体国际贸易竞争力呈现中性，劳动密集型农产品的竞争力整体上显著强于土地密集型农产品，具体的主要农产品的竞争优势降序顺序为：蔬菜>水果>畜产品>粮食>水产品>棉花>食糖>食用油籽>植物油（见表 3–9）。

表 3–9　中国主要农产品的贸易竞争力指数均值与竞争力状况

	TC 指数均值	竞争力状况
农产品	0.01	竞争力呈现中性，即与国际平均水平相当
劳动密集型农产品	0.32	微弱的竞争优势
蔬菜	0.96	非常明显的竞争优势
水果	0.47	微弱的竞争优势
水产品	–0.13	微弱的竞争劣势

续表

	TC 指数均值	竞争力状况
畜产品	0.35	微弱的竞争优势
土地密集型农产品	–0.67	较明显的竞争劣势
粮食	0.17	微弱的竞争优势，但有些年份具有较强竞争优势
食用油籽	–0.77	较明显的竞争劣势
棉花	–0.62	较明显的竞争劣势
植物油	–0.88	非常明显的竞争劣势
食糖	–0.67	较明显的竞争劣势

三、全球化与中国农业生产结构及其布局调整

从全球化对一国或者地区经济社会发展影响的阶段性和范围性来看，全球化对中国农业的影响可分为短期、中期和长期三类：①短期影响：中国农产品贸易数量和结构的变动；②中期影响：农业产业结构的优化、转型升级和空间布局调整；③长期影响：农业经济发展方式的转变。在上述三种影响的作用下，全球化不仅会对中国的农业生产、农产品价格、农村就业和农民增收产生深刻的影响，而且还会对中国的农业经济体制改革、政策调整、经济发展方式转变产生深刻的影响。本部分的主要内容就是要分析全球化对中国农业生产（产品）结构调整和优化、农业区域化布局和专业化生产的影响。

（一）主要农产品生产结构的变动

在全球化的影响下，20 世纪 80 年代以来，中国主要农产品的播种面积发生了显著变化，从而促进了中国主要农产品生产结构的优化和升级（见表 3–10）。土地密集型农产品播种面积的变化较为复杂，粮食作物的播种面积所占比重呈稳定的持续下降趋势，由 1980 年的 80.09%下降到 2008 年的 68.34%，下降了 11.75 个百分点。经济作物的播种面积所占比重总体上呈上升趋势，其中棉花和油料的播种面积在波动变化中趋于小幅上升，但上升的幅度均不大，分别由 1980 年的 3.36%、5.42%上升到 2008 年的 3.68%和 8.21%；糖料的播种面积所占比重整体上呈上升趋势，由 1980 年的 0.63%上升到 2008 年的 1.27%。劳动密集型农产品的播种面积所占比重呈稳定的快速上升趋势，蔬菜和水果的种植面积所占比重分别由 1980 年的 2.16%、1.22%逐年稳步上升到 2008 年的 11.44%、6.87%，上升趋势非常显著。水产品的养殖面积也呈现出了快速上升趋势，总体上由 1980 年的 2997.70 千公顷上升到 2008 年 6549.90

千公顷，并于 2005 年其养殖面积达历史最高值 7558.20 千公顷。可见，在全球化的影响下，劳动密集型农产品种植和养殖面积不断扩大，中国主要农产品的生产结构得到了改善和优化。

表 3-10　中国主要农产品播种面积变化趋势

类型 / 品种 / 年份	土地密集型农产品				劳动密集型农产品		
	粮食（%）	棉花（%）	油料（%）	糖料（%）	蔬菜（%）	水果（%）	水产品（千公顷）
1980	80.09	3.36	5.42	0.63	2.16	1.22	2997.70
1985	75.78	3.58	8.22	1.06	3.31	1.90	3964.50
1990	76.48	3.77	7.35	1.13	4.27	3.49	4258.70
1991	75.08	4.37	7.71	1.30	4.38	3.56	4276.80
1992	74.20	4.59	7.71	1.28	4.72	3.90	4474.80
1993	74.80	3.37	7.54	1.14	5.47	4.35	4718.90
1994	73.90	3.73	8.15	1.18	6.02	4.90	5083.40
1995	73.43	3.62	8.74	1.21	6.35	5.40	5385.30
1996	73.86	3.10	8.24	1.21	6.88	5.61	5654.40
1997	73.33	2.92	8.04	1.25	7.33	5.62	5900.80
1998	73.08	2.86	8.30	1.27	7.90	5.48	6068.60
1999	72.37	2.38	8.89	1.05	8.54	5.54	6277.10
2000	69.39	2.59	9.85	0.97	9.75	5.71	6508.00
2001	68.13	3.09	9.40	1.06	10.53	5.81	6686.30
2002	67.18	2.71	9.55	1.21	11.22	5.88	6854.40
2003	65.22	3.35	9.84	1.09	11.78	6.19	7141.60
2004	66.17	3.71	9.40	1.02	11.44	6.36	7347.10
2005	67.07	3.26	9.21	1.01	11.40	6.45	7558.20
2006	68.98	3.82	7.72	1.03	10.94	6.65	5525.50
2007	68.84	3.86	7.37	1.17	11.29	6.82	5745.10
2008	68.34	3.68	8.21	1.27	11.44	6.87	6549.90

注：粮食、棉花、油料、糖料、蔬菜、水果等农产品为其播种面积占农作物总播种面积比重，水产品为其中养殖面积的绝对数。

资料来源：国家统计局：《中国统计年鉴》（2009）、《中国农村统计年鉴》（2009）。

根据改革开放以来中国各主要农产品播种面积的线性变化趋势，可以将各种主要农产品的变化趋势分为稳定增加型、波动增加型、快速增加型、稳定减少型、波动减少型五种类型（见表 3-11）。

表 3-11　中国主要农产品播种面积变化的类型划分

类型	基本特点	主要农产品
稳定增加型	播种面积数量变化幅度很小，整体呈略微增加趋势，没有明显的波动变化趋势	豆类、糖料
波动增加型	播种面积波动变化大，存在着明显的“峰”和“谷”，但整体呈增加趋势	油料、玉米、棉花
快速增加型	播种面积数量变化幅度很大，整体呈明显的持续上升趋势	蔬菜、水果、水产品、畜产品
稳定减少型	播种面积数量变化幅度很小，整体呈略微减少趋势，没有明显的波动变化趋势	薯类
波动减少型	播种面积波动变化大，存在着明显的“峰”和“谷”，但整体呈减少趋势	稻谷、小麦

（二）四大区域主要农产品生产结构的变化

从四大区域① 主要农产品生产结构的变化来看，东部沿海地区农业生产受比较利益影响，以高附加价值的劳动密集型农产品生产为主，粮食等大宗土地密集型农产品生产退出，促进了农业生产结构的调整和优化。各区域主要农产品生产结构变化的具体分析如下：

1. 粮食作物

四大区域粮食作物播种面积均呈整体减少趋势（见图 3-6），1980~2008 年东部地区、东北地区、中部地区和西部地区分别减少了 28052.4 千公顷、2678.954 千公顷、18112.41 千公顷和 20214.99 千公顷。显然，东部地区的减少量明显高于其他三大区域。分阶段看，四大区域粮食作物播种面积变化均可分为两个阶段：1980~1995 年和 1996~2008 年，四大区域粮食播种面积在 1980~2008 年间均呈快速减少趋势，东部地区减少了 21714.2 千公顷、占总减少面积的 77.41%，西部地区减少了 18847 千公顷，占总减少面积的 93.23%，而东北地区（6987 千公顷）和中部地区（18242.8 千公顷）的减少面积分别高于 1980~2008 年的总减少面积。1996~2008 年，四大区域粮食作物播种面积出现了不同的变化趋势，东部地区和西部地区均呈稳定的持续减少趋势；东北地区呈稳定的逐年小幅增加趋势，由 1996 年的 14476.4 千公顷增加到 2008 年的 18416.05 千公顷，增加了 3939.65 千公顷；中部地区却表现出了基本稳定不变的趋势。

① 这里的四大区域是指东部地区，包括北京、上海、天津、河北、山东、江苏、浙江、福建、广东、海南；东北地区，包括辽宁、吉林、黑龙江；中部地区，包括江西、湖南、湖北、山西、河南、安徽；西部地区，包括重庆、四川、云南、贵州、西藏、陕西、甘肃、宁夏、青海、新疆、广西、内蒙古。

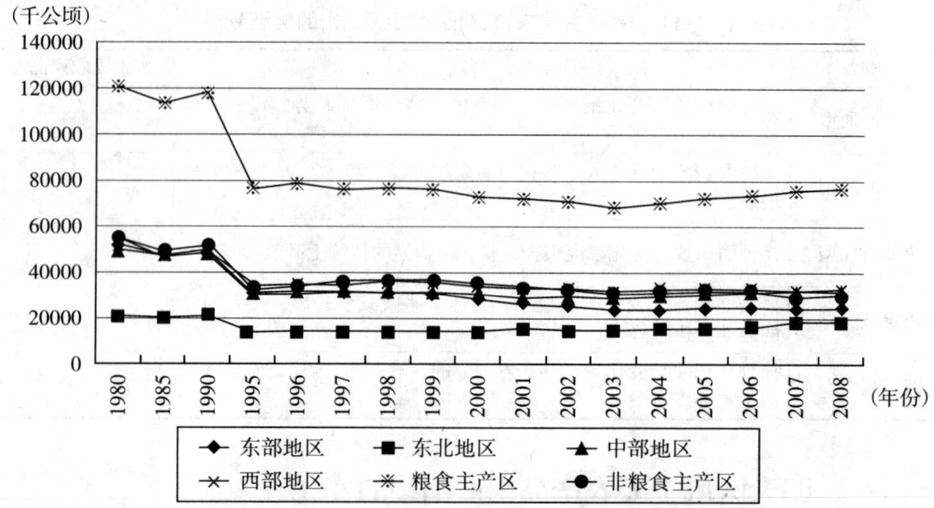

图 3-6 中国各区域粮食作物播种面积变化趋势

资料来源：国家统计局：《中国统计年鉴》(2009)、《中国农村统计年鉴》(2009)。

从粮食主产区和非粮食主产区[①]粮食作物播种面积的变化来看，两大区域整体上均呈减少趋势。分阶段看，1980~1995 年两大区域均呈快速减少趋势，此后非粮食主产区呈稳定的逐年小幅减少趋势，而粮食主产区却呈现先减少后增加的趋势，1996~2003 年间逐年减少，2004~2008 年却呈稳定的逐年增加趋势，由 2004 年的 70387.52 千公顷增加到 2008 年的 76716.9 千公顷，增加了 6329.3 千公顷，年均增加 1265.88 千公顷。

从各区域粮食作物播种面积占全国粮食作物播种面积的比重（以下简称所占比重）的变化来看（见图 3-7），东部地区所占比重呈稳定的逐年下降趋势，由 1980 年的 29.87%下降到 2008 年的 22.92%，下降了 6.95 个百分点。东北地区所占比重呈稳定的逐年上升趋势，由 1980 年的 12.00%上升到 2008 年的 17.24%，上升了 5.24 个百分点。中部地区和西部地区所占比重在小幅增减的波动变化中基本保持在相对稳定的水平上。从粮食主产区和非产区所占比重的变化来看，粮食主产区所占比重整体呈稳定的上升趋势，由 1980 年的 68.63% 上升到 2008 年的 71.84%，而非粮食主产区所占比重却呈整体下降的趋势，由 1980 年的 31.37%下降到 2008 年的 28.16%。

从粮食生产的省域层次来看，1980~2008 年中国各省区粮食生产呈现出以下变动趋势：①粮食主产省区内部的生产格局已发生一定改变。河南、黑龙

---

① 粮食主产区包括河北、内蒙古、辽宁、吉林、黑龙江、江苏、安徽、江西、山东、河南、湖南、湖北、四川；非粮食主产区包括北京、上海、天津、浙江、广东、福建、海南、山西、广西、重庆、贵州、云南、西藏、陕西、甘肃、青海、宁夏、新疆。

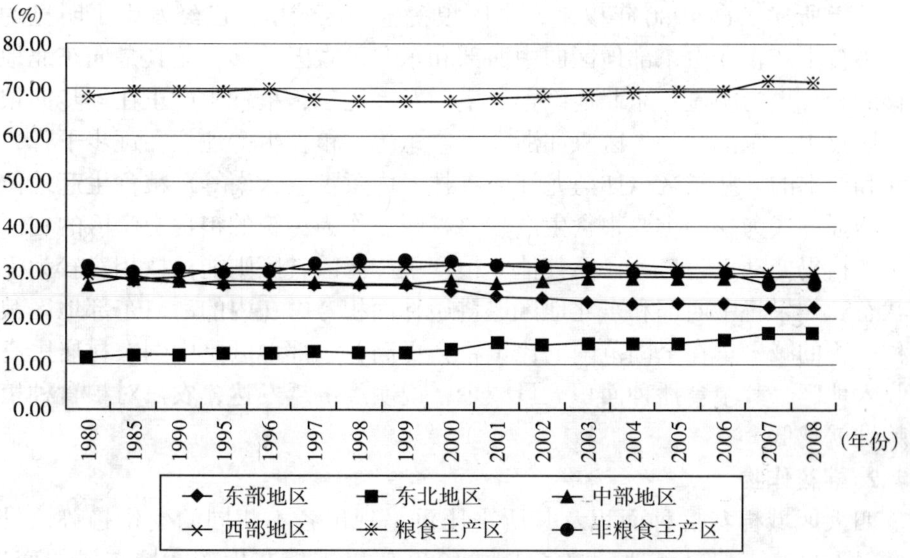

图 3–7　中国各区域粮食作物播种面积所占比重变化趋势

资料来源：国家统计局：《中国统计年鉴》(2009)、《中国农村统计年鉴》(2009)。

江、内蒙古、吉林、安徽五省区粮食播种面积占全国粮食播种面积的比重呈现出明显的上升趋势，尤其是黑龙江和内蒙古上升尤为明显，分别由 1980 年的 6.24%、3.31%上升到 2008 年的 10.29%和 4.92%。江西、辽宁两省所占比重尽管也表现出一定的上升态势，但上升得更为缓慢和平稳。但其他省份如河北、江苏、山东、湖南、湖北、四川则出现了不同程度的下降趋势，以四川和山东的下降尤为明显，分别由 1980 年的 9.00%、7.23%下降到 2008 年的 6.02%和 6.51%；相比较而言，湖北和湖南两省所占比重下降较为平缓，且湖北下降幅度较湖南更大。需要说明的是，尽管四川和山东两省的粮食播种面积所占比重在下降，但两省在 2008 年仍然分别位于全国各省区粮食生产的第五位和第三位。如此变化使得中国粮食作物播种面积第一大省也发生了变化：在 1997 年以前四川为第一大省，1997~2006 年河南为第一大省，2007 年黑龙江省开始取代河南成为第一大省，其所占比重也历史性地突破了 10%，于 2008 年达 10.29%。②非粮食主产区省区粮食播种面积所占比重的变化相对较为平稳，但表现出不同的变化趋势。浙江、广东、陕西、福建、天津、上海、北京、广西、重庆、新疆十省市所占比重不断下降，尤以浙江和广东两省的下降较为明显，分别由 1980 年的 2.92%、4.54%下降到 2008 年的 1.19%和 2.34%；山西、海南、甘肃、宁夏、青海、西藏六省区所占比重相对稳定；值得关注的是，贵州和云南两省区所占比重在不断上升，到 2008 年，两省区的粮食播种面积所占比重分别达 2.73%和 3.84%。

综上所述，自1980年以来，中国粮食生产区域格局已经发生了明显的变化：粮食生产正在由东部地区向中西部和东北部省区转移，尤其是向东北地区转移的趋势更为明显，东北地区粮食生产发展迅猛；粮食生产正在逐步向粮食主产区集中。东部一些省区（如浙江、广东等）粮食生产地位在逐步下降，而东北和西部的一些省区（如黑龙江、吉林、内蒙古、云南等）粮食生产地位在不断增强，成为新的重要粮食生产主要省区。作为传统的粮食主产区的省区粮食生产格局变动更为显著，而其他非粮食主产区的省区则能保持相对较为平稳的状态。如果将中西部和东北地区退耕还林面积考虑在内的话，东部地区粮食播种面积的减少量在全国范围的比重将会更高，东部地区是中国农村居民高人均收入地区，其粮食播种面积大量减少，说明经济越发达，农户对粮食种植的依赖性就越低。

2. 棉花作物

四大区域棉花播种面积及其所占比重呈现出各不相同的变化趋势（见图3–8、图3–9），但显著地反映了中国1980年以来棉花生产区域布局的变迁。东北地区棉花的播种面积及其所占比重均呈持续的快速下降趋势，到2008年分别仅为3.79千公顷和0.07%，所占比重非常小（后续分析中可忽略不计）。东部地区和中部地区棉花的播种面积及其所占比重整体上均呈下降趋势，播种面积分别由1980年的3206.5千公顷、3081.2千公顷下降到2008年的1971.42千公顷和1877.73千公顷，分别下降了38.52%和39.06%；播种面积所占比重分别由1980年的43.45%、41.75%下降到2008年34.26%、33.04%，分别下降了9.19%和9.12%。比较来看，东部地区和中部地区棉花的播种面积及其所占

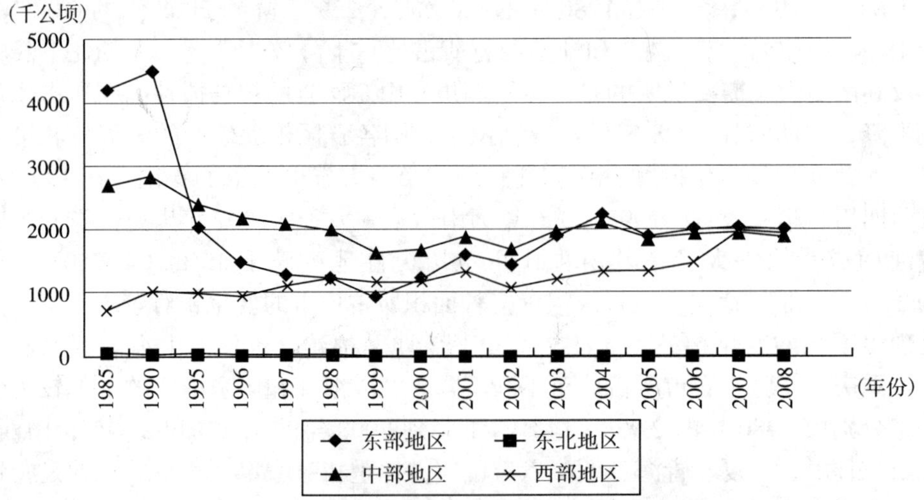

图3–8　中国四大区域棉花播种面积变化趋势

资料来源：国家统计局：《中国统计年鉴》(2009)、《中国农村统计年鉴》(2009)。

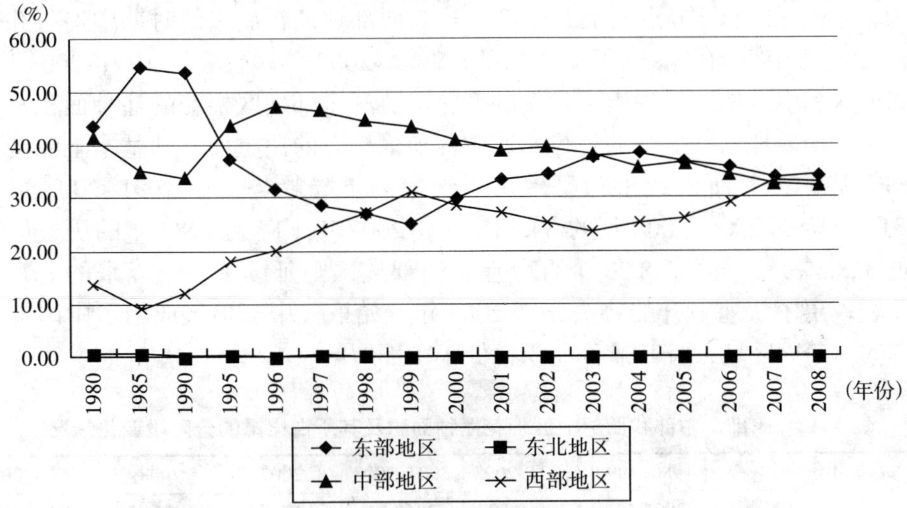

图 3-9　中国四大区域棉花播种面积所占比重变化趋势

资料来源：国家统计局：《中国统计年鉴》(2009)、《中国农村统计年鉴》(2009)。

比重的变动趋势总体上基本趋于一致，但东部地区的波动变化要强于中部地区。西部地区棉花的播种面积及其所占比重均呈整体的上升趋势，分别由1980 年的 1035 千公顷、14.02%上升到 2008 年的 1901.21 千公顷、33.04%，播种面积上升了 83.69%，所占比重上升了 19.02%。显然，西部地区棉花的播种面积及其所占比重的变动幅度要远高于东部地区和中部地区，这说明西部地区的棉花生产发展迅速。

分阶段看，东部、中部和西部三大区域棉花生产布局的变迁可分为三个阶段（见图 3-8、图 3-9 和表 3-12）：1980~1990 年东部地区棉花的播种面积及其所占比重均高于中部地区和西部地区，播种面积分别高出 1066.97 千公顷和 3041.4 千公顷，所占比重分别高出 13.68%和 38.66%。显然，在此期间，东部地区的棉花生产占据了半壁江山，处于绝对优势地位。1991~2003 年，较之于 1980~1990 年，东部地区棉花的播种面积及其所占比重趋于减少；中部地区棉花的播种面积趋于减少，但所占比重却趋于上升；西部地区呈现出播种面积及其所占比重“双增长”的趋势。但总体来看，中部地区棉花播种面积及其所占比重均高于东部地区和西部地区，播种面积分别高出 481.99 千公顷和 816.94 千公顷，所占比重分别高出 11.02%和 16.97%。显然，在此期间，中国棉花生产的重心开始趋移于中部地区，使得该地区具有了一定的优于东部地区的生产优势，具有了显著的优于西部地区的生产优势。值得关注的是，在此期间，虽然从平均量上来看，西部地区的两项指标均低于中部地区，但西部地区棉花的播种面积在趋于不断增加，所占比重也不断趋于上升且其上升幅度远高于中部地区，高出 7.3 个百分点的上升幅度，这为西部地区在后来的时期中追赶并于 2007 年超过中部地区奠定了良好基础。2004~2008 年，较之于 1991~2003 年，东部地区和中部地区呈现出了相反的变化趋势，东部地区棉花的播种面积及其所占比重均表现出了上升的趋势；而中部地区棉花的比重面积则基本上保持不变的趋势，但其所占比重却呈现出了快速的下降趋势，由 1991~2003 年的 42.81%下降到 2004~2008 年的 34.58%（在 2008 年下降到 1980 年的历史最低比重 32.63%），下降了 8.23 个百分点；西部地区则延续了一直以来的上升趋势，表现出了快速上升的势头，于 2007 年开始取代中部地区成为了中国棉花生产的第二大区域，且其播种面积稍低于东部地区。

表 3-12　东部、中部和西部地区棉花播种面积及其所占比重的分阶段变化情况

年份		1980~1990	1991~2003	2004~2008	2007	2008	1980~2008
播种面积（千公顷）	东部地区	3971.47	1460.23	2019.63	1997.25	1971.42	−38.52%
	中部地区	2874.5	1942.22	1945.51	1947.78	1877.73	−39.06%
	西部地区	930.067	1125.28	1600.02	1979.45	1901.21	+83.69%
所占比重（%）	东部地区	50.57	31.79	35.89	33.70	34.26	−9.19%
	中部地区	36.89	42.81	34.58	32.87	32.63	−9.12%
	西部地区	11.91	25.13	29.47	33.40	33.04	+19.02%

纵观近 30 年来中国棉花生产区域布局的变迁情况可以看出，中国棉花主产区经历了由东部地区向中部地区、再向西部地区迁移的过程，并于 2007 年开始形成了东部地区、中部地区和西部地区“三足鼎立”的态势。

3. 油料作物

四大区域油料作物播种面积及其所占比重呈现出各不相同的变化趋势（见图 3-10、图 3-11）。无论是从播种面积来看，还是从播种面积所占全国比重来看，中部地区的油料作物生产在全国都占据绝对优势地位，中部地区油料作物的播种面积在波动变化中整体上呈增加趋势，由 1980 年的 3719.2 千公顷增加到 2008 年的 5587.89 千公顷，增加了 1868.69 千公顷，增长了 50.24%；其所占比重呈稳定的上升趋势，由 1980 年的 31.27%上升到 2008 年 43.57%，上升了 12.30%，其中，1980~1997 年表现出了快速上升的趋势，其后就持续地处于小幅波动的稳定状态。西部地区油料作物的播种面积及其所占比重整体上呈增加趋势，但其上升幅度较小，其所占比重仅上升了 1.68 个百分点。东部地区和东北地区油料作物的播种面积及其所占比重均呈下降趋势，播种面积分别由 1980 年的 3534.5 千公顷、1100.2 千公顷下降到 2008 年的 2583.46 千公顷、598.45 千公顷，所占比重由 1980 年的 29.72%、9.25%下降到 2008 年的 20.14%、4.67%，但相对来说，东北地区两项指标的下降幅度均要小于东部地区。

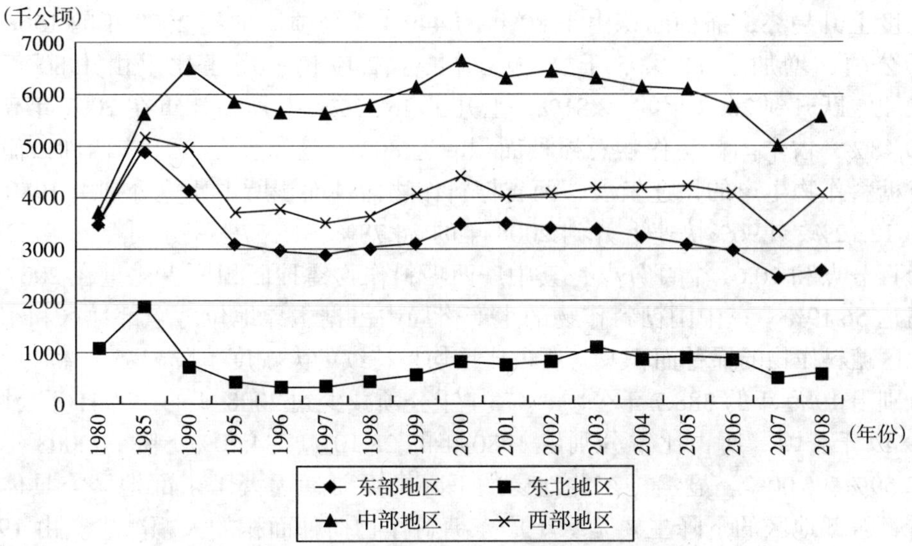

图 3-10　中国四大区域油料作物播种面积变化趋势

资料来源：国家统计局：《中国统计年鉴》(2009)、《中国农村统计年鉴》(2009)。

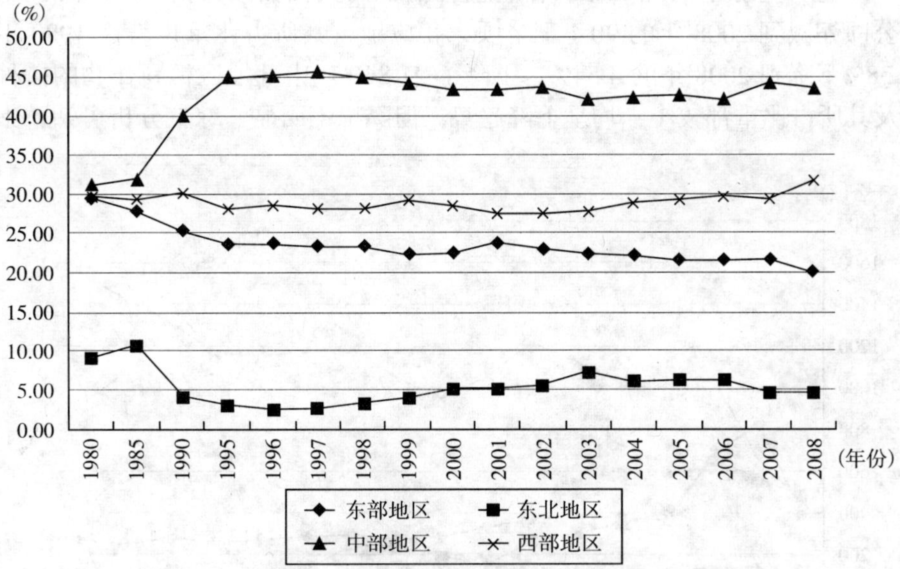

图 3-11　中国四大区域油料作物播种面积所占比重变化趋势

资料来源：国家统计局：《中国统计年鉴》(2009)、《中国农村统计年鉴》(2009)。

4. 糖料作物

四大区域糖料作物播种面积及其所占比重呈现出三种不同的变化趋势（见图 3-12、图 3-13）。西部地区糖料作物的播种面积及其所占比重均呈快速的大幅度上升趋势，播种面积由 1980 年的 449.3 千公顷增加到 2008 年的 1568.35 千公顷，增加了 1119.05 千公顷，增长了 2.49 倍；所占比重由 1980 年的 32.49%跃升到 2008 年的 78.81%，上升了 46.32%，其所占比重在 2007 年高达 79.48%，占全国糖料作物总播种面积的近 80%。这主要是缘于广西和云南两省糖料作物生产的快速发展，两省糖料作物播种面积所占比重分别由 1980 年的 12.12%、4.96%快速上升到 2008 年的 54.78%、15.57%，分别上升了 42.66 个百分点和 10.61 个百分点，其中广西糖料作物播种面积所占比重在 2007 年高达 56.19%，在中国糖料作物的生产格局中占据主导地位。东部地区和东北地区糖料作物的播种面积及其所占比重均呈持续的大幅度下降趋势，播种面积分别由 1980 年的 388.7 千公顷、473.1 千公顷减少到 2008 年的 270.41 千公顷、99.49 千公顷，所占比重分别由 1980 年的 28.10%、34.20%下降到 2008 年的 13.59%、5.00%。显然，东北地区的下降幅度要远远大于东部地区。具体来看，东部地区的下降主要是缘于广东糖料作物播种面积的大幅减少，由 1985 年的 640.7 千公顷减少到 2008 年的 149.68 千公顷，相应地其所占比重也就由 1985 年的 28.00%下降到 2008 年的 7.52%，下降了 20.48 个百分点。东北地区的下降主要是缘于黑龙江糖料作物播种面积的大幅缩减，由 1980 年的 364.9 千公顷缩减到 2008 年的 90.4 千公顷，相应地，其所占比重也就由 1980 年的 26.38%下降到 2008 年的 4.54%，下降了 21.84%。中部地区糖料作物的播种面积及其所占比重都较小，均呈下降趋势，但降幅不明显。综上分析可知，中国

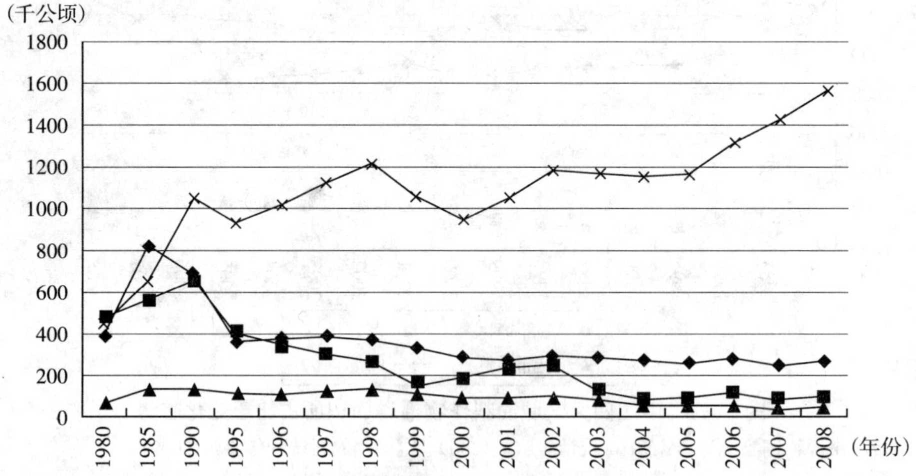

图 3-12　中国四大区域糖料作物播种面积变化趋势

资料来源：国家统计局：《中国统计年鉴》（2009）、《中国农村统计年鉴》（2009）。

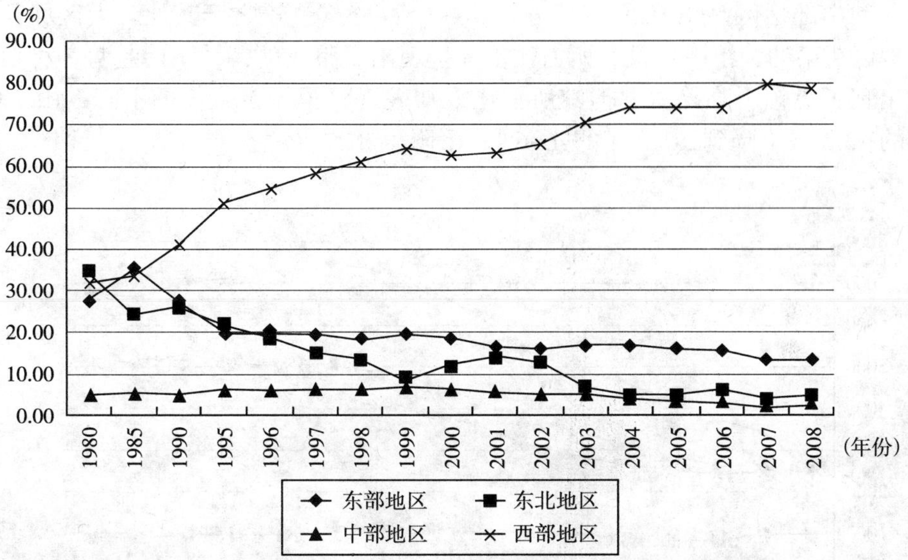

图 3–13　中国四大区域糖料作物播种面积所占比重变化趋势

资料来源：国家统计局：《中国统计年鉴》(2009)、《中国农村统计年鉴》(2009)。

糖料作物生产的区域布局经历了由东部地区和东北地区向西部地区的转移，目前的糖料生产高度集中于西部地区，尤其是广西和云南两省。

5. 蔬菜生产布局

四大区域蔬菜的种植面积及其所占比重也呈现出三种不同的变化趋势（见图 3–14、图 3–15）。东部地区的种植面积及其所占比重均呈整体上的增加趋势，种植面积由 1985 年的 2471.1 千公顷增加到 2008 年的 6757.54 千公顷，增加了 4286.44 千公顷，年均增幅为 186.37 千公顷；所占比重由 1985 年的 34.66%上升了 2008 年的 37.80%，上升了 3.14 个百分点。但分阶段看，东部地区的种植面积及其所占比重均呈现了先快速增加或上升，后缓慢减少或下降的趋势，其中种植面积由 1985 年的 2471.1 千公顷快速且以较大的幅度增加到 2003 年的 7509.93 千公顷，增加了 5038.83 千公顷，年均增幅达 279.94 千公顷；然后由 2004 年开始呈现小幅下降趋势，一直下降到 2008 年的 6757.54 千公顷。所占比重由 1985 年的 34.66%小幅上升到 2002 年的 41.97%，上升了 7.31 个百分点；然后由 2003 年开始呈小幅下降趋势，下降到 2008 年的 37.80%。中部地区和西部地区蔬菜的种植面积均呈快速的大幅度增加趋势，分别由 1985 年的 2002.6 千公顷、1713 千公顷增加到 2008 年的 5205.17 千公顷、5027.35 千公顷，分别增加了 3202.57 千公顷和 3314.35 千公顷。中部地区蔬菜种植面积所占比重呈小幅上升趋势，仅上升了 1.03 个百分点，而西部地区所占比重却表现出了较大幅度的上升趋势，上升了 4.03 个百分点，分别比东部地区和中部地区高出 0.89 个百分点和 3 个百分点。较之于其他三大区域，东北地区蔬菜的种植面积及其所占比重却呈现出了整体的持续下降趋势，种植面积出现了小幅下降趋势，但其所占比重却表现除了较大幅度的下降，由 1985 年的 13.23%下降到 2008 年的 4.96%，下降了 8.27 个百分点。

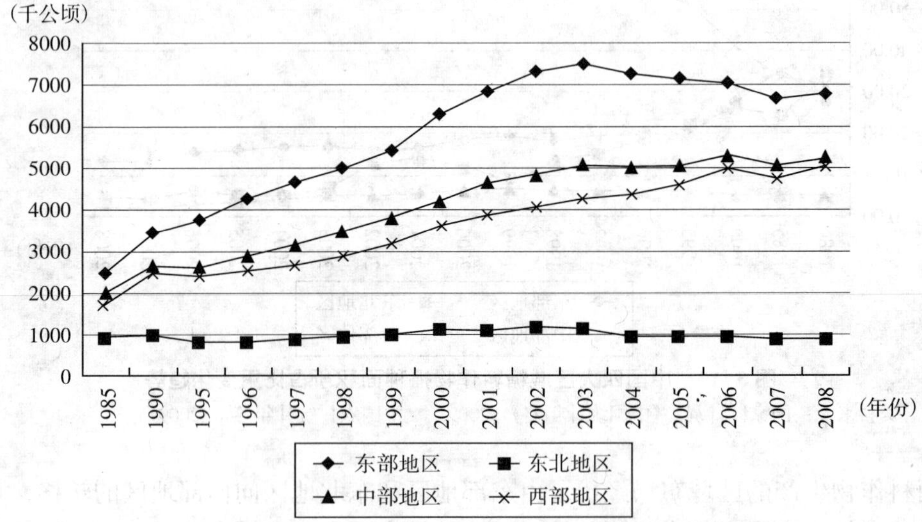

图 3-14　中国四大区域蔬菜种植面积变化趋势

资料来源：国家统计局：《中国统计年鉴》（2009）、《中国农村统计年鉴》（2009）。

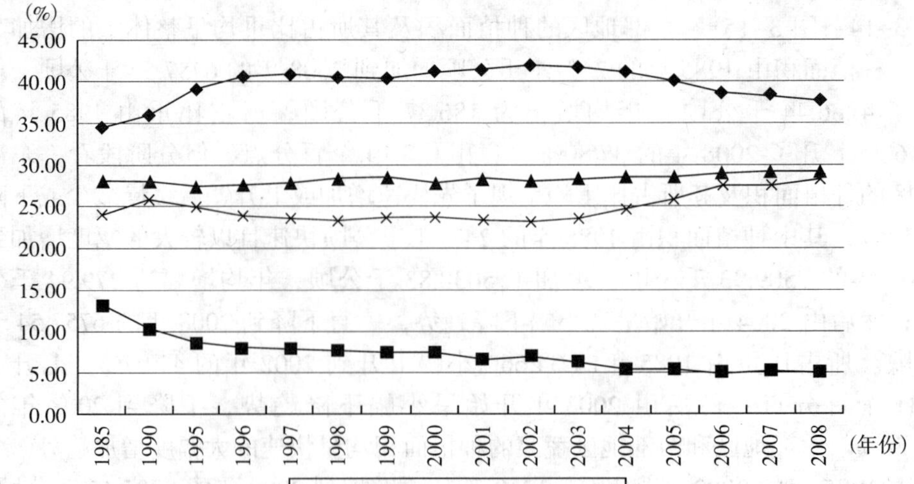

图 3-15　中国四大区域蔬菜种植面积所占比重变化趋势

资料来源：国家统计局：《中国统计年鉴》（2009）、《中国农村统计年鉴》（2009）。

综上分析可知，中国蔬菜生产的主要区域集中于东部地区，其次为中部地区和西部地区，这三大区域蔬菜的种植面积及其所占比重均呈上升趋势，这表明这三大区域的蔬菜生产集中程度越来越高。而东北地区蔬菜的种植面积及其所占比重均呈下降趋势，这表明该地区的蔬菜生产逐步向东部地区、中部地区和西部地区转移，且向西部地区转移的趋势更为明显。

6. 水果生产布局

尽管中国水果生产的种植面积自改革开放以来一直处于稳定的持续高速增长趋势，由 1980 年的 1782.70 千公顷增加到 2008 年的 10734.26 千公顷，增加了 8951.56 千公顷，年均增加 319.70 千公顷。但四大区域水果的种植面积及其所占比重也呈现出较为不同的复杂变化趋势（见图 3–16、图 3–17）。东部地区水果的种植面积呈整体上的上升趋势，由 1980 年的 1049.40 千公顷增加到 2008 年的 4047.82 千公顷，增加了 2998.42 千公顷；但其种植面积所占的比重却呈整体上的下降趋势，由 1980 年的 39.24%下降到 2008 年的 37.71%，仅下降了 1.53 个百分点，但这表明了东部地区的水果生产在全国格局中的地位在逐渐下降。分阶段看，东部地区的水果生产呈现出了“快速发展，占据主导地位→缓慢发展，维持主导地位→逐步衰退，失去主导地区”的演变趋势。1980~1990 年，东部地区水果的种植面积呈现快速增加趋势，由 1980 年的 1049.40 千公顷快速增加到 1990 年的 3989.40 千公顷，10 年间增加了 2940 千公顷，年均增加 294 千公顷；相应地，其所占比重也由 1980 年的 39.24%快速上升到 1990 年的 51.36%，上升了 12.12 个百分点，年均上升 1.21 个百分点。在这一时期，中国的水果生产快速集中于东部地区，并逐步占据了主导地位。1991~2005 年，东部地区水果的种植面积呈小幅的波动变化趋势，基本维持在稳定的种植水平上，但其所占比重却表现出了逐步下降的趋势，这表明该时期东部地区的水果生产发展缓慢，在竭力地维持其所占据的主导地位。从 2006 年开始，东部地区的水果生产就步入衰退发展的时期，种植面积及其所占比重均呈持续的下降趋势，在 2008 年，西部地区水果的种植面积及其所占比重均超越了东部地区，取代其占据了中国水果生产的主导地位。

东北地区和中部地区水果的生产表现出了与东部地区相似的变化趋势，但其变动幅度要小于东部地区。东北地区水果的种植面积除个别年份的增加外，整体上维持在稳定的种植水平，但其所占比重却呈现出了持续性的下降趋势，由 1980 年的 15.93%稳步下降到 2008 年的 3.99%，下降了 11.94 个百分点。这表明，东北地区的水果生产在逐步地向外转移。中部地区水果的种植面积呈稳步的增加趋势，由 1980 年的 607.90 千公顷增加到 2008 年的 2002.14%，增加了 1394.24 千公顷；但其所占比重却表现出了稳定的下降趋势，由 1980 年的 22.73%下降到 2008 年的 18.65%。可见，中部地区的水果生产虽然有着大规模

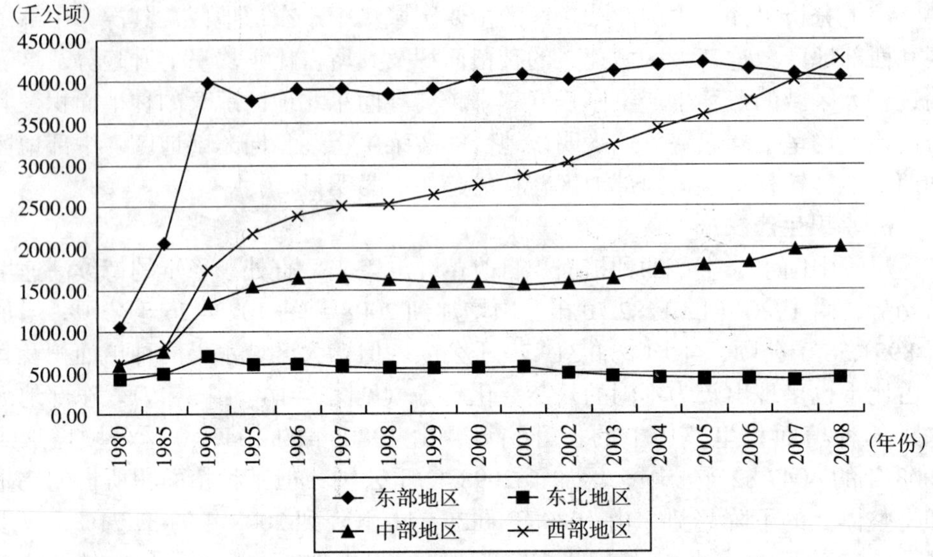

图 3-16 中国四大区域水果种植面积变化趋势

资料来源：国家统计局：《中国统计年鉴》(2009)、《中国农村统计年鉴》(2009)。

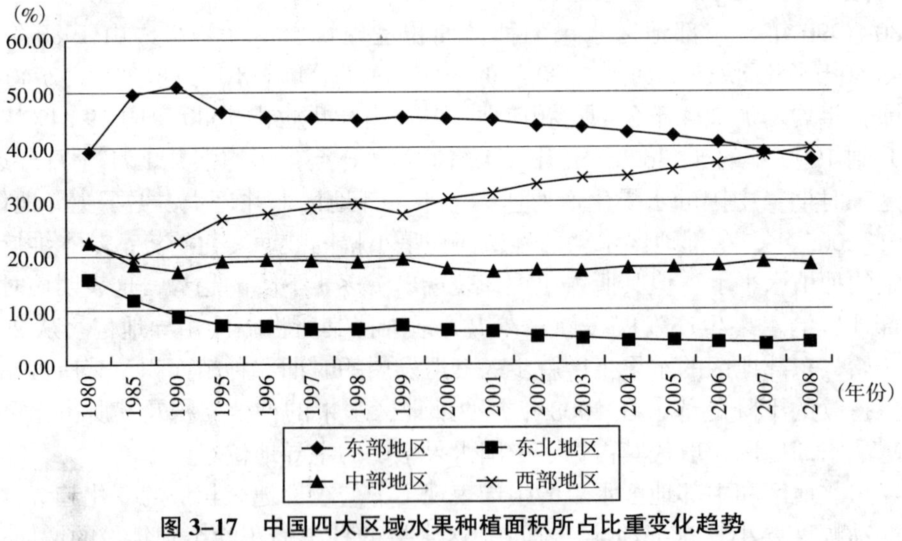

图 3-17 中国四大区域水果种植面积所占比重变化趋势

资料来源：国家统计局：《中国统计年鉴》(2009)、《中国农村统计年鉴》(2009)。

的种植面积，但其在全国水果的生产格局中的地位呈下降趋势。

较之于其他三大区域，西部地区水果的种植面积及其所占比重均呈现出了快速的逐年上升趋势，发展非常迅速，发展势头非常强劲。其种植面积由1980年的590.9千公顷增加到2008年的4256.27千公顷，年均增加130.91千公顷，增加速度较为迅速。相应地，其所占比重也由1980年的22.10%快速上升到 2008 年的 39.65%，上升了 17.55 个百分点。可见，中国的水果生产逐渐地由东部地区、东北地区和中部地区向西部地区转移，东部地区的水果生产优势正在逐步丧失，东北地区和中部地区的水果生产在全国生产格局中的地位呈逐步下降趋势，而西部地区的地位却表现出了强劲的上升趋势。

四、全球化与中国农业生产的地区专业化和产业地理集中

依据比较优势理论和竞争力理论，生产的区域布局是影响产业或产品比较优势发挥和竞争力提升的一个重要因素，合理的区域布局不仅有助于产业或产品、区域的比较优势，提升竞争力，而且专业化的区域布局还能发挥产业或产品的规模效应，从而降低生产成本，最终有利于产业和产品竞争力的增强和提升。由上述分析可知，自 20 世纪 80 年代以来，中国主要农产品生产的空间格局在全球化和市场化力量的共同影响下发生了显著变化，这可以从主要农产品生产的产业地理集中指数和地区专业化指数的动态变化得到反映。以下我们就主要通过产业地理集中指数和地区专业化指数的动态变化，对中国主要农产品（粮食、棉花、油料、糖料、蔬菜和水果）的区域布局变化进行分析，以探索中国主要农产品生产的区域布局是否呈现出优化和专业化的趋势，以及其动态的变化趋势。

（一）地区专业化和产业地理集中的概念界定及其测度

衡量经济活动空间集聚特征的角度主要有三类：①地区的专业化水平：主要衡量一个地区经济结构相对于其他地区而言的差异性。理论上来说，地区专业化是指某一地区专门生产某一产业或者产品，而在实证分析中，地区专业化主要是考察一个地区在特定行业中所占的份额与其他地区相比是否相对大一些的问题。②产业的地理集中程度：主要衡量一个产业在空间上集中的程度，它是从产业的区位角度来考察空间分布特点。③整个经济的集聚水平：指所有产业活动（而非一个产业）在空间上的集中程度。需要说明的是，虽然地区专业化和产业地理集中均能反映产业的空间集聚状况，两者有密切相关性，地区专业化实际上是产业集中在空间上的特殊表现，是产业活动空间上的分离过程。但实际上，产业地理集中问题源于区位理论，而地方专业化问题源于贸易理论，两者在统计上还是有一定差别的，产业地理集中考察的是一个产业在空间上的分布情况，是以区域作为自变量，是相对国家或者区域市场份额而言的。而地区专业化衡量的是特定地区中产业的分布情况，是以产业作为自变量，是相对产业市场份额的标准分布而言的。因此，在产业或者产品的区域布局研究

中，专业化分析最好与地理集中指标结合起来使用，同样，在考察产业的地理集中状况时，还必须同时分析该产业的空间集聚情况。

测度产业地理集中和地区专业化的方法和指标有很多。目前，国内外学术界度量产业地理集中的方法和指标主要有：标准差系数、集中率、产业空间（地理）集中指数、地理联系率、区位基尼系数、绝对集中率和相对集中率、产业空间集聚指数、产业空间分散度指数等。度量地区专业化的方法和指标主要有：产业集中度指标（SCR_n 指数、SHHI 指数和区域商指数）、区位商指数、部门内贸易指数、克鲁格曼专业化指数、专业化偏差指数等（魏后凯，2006）；产业地理集中与地区专业化通常可运用绝对指标或者相对指标来度量，绝对指标是基于绝对市场份额而言的，相对指标是相对市场份额而言的。对于地区专业化，则主要采取相对指标来度量，对于产业地理集中，我们主要采用绝对指标和相对指标的结合来度量。因此，基于度量指标数据的可得性和分析的方便，我们选取区位商指数作为度量中国主要农产品生产的地区专业化指标，选取绝对集中率和相对集中率作为度量中国主要农产品的产业地理集中指标。基本指标说明如下：

1. 区位商指数

区位商又称专业化率，是长期以来得到广泛应用的衡量地区专业化的重要指标。它是某地区某产业部门在全国该产业部门的比重与该地区整个产业占全国产业比重之比。其应用范围不断得到拓展，应用到农产品生产的地区专业化，其基本计算公式为：

$$LQ_i^k = \frac{L_i^k}{L_i}/\frac{L_j}{L} = \frac{LK_i^k}{L_j}/\frac{L_i}{L} = \frac{S_i^k}{S_i}$$

其中，LQ_i^k 为地区 i 农产品 k 的区位商或者专业化率，L_i^k 为地区 i 农产品 k 的播种面积，L_i 为地区 i 农作物的总播种面积，L_j 为全国农产品 k 的播种面积，L 为全国农作物的总播种面积。S_i^k 为地区 i 农产品 k 的播种面积在全国农产品 k 的总播种面积中所占的份额，S_i 为地区 i 农作物的总播种面积在全国农作物总播种面积的比重（下同）。

一般认为，如果 $LQ_i^k > 1$，表明该农产品除地区内消费外，还可以向地区外输出，属于专业化部门；如果 $LQ_i^k < 1$，表明该农产品不能满足地区内需要，需要从地区外调入，属于非专业化部门；如果 $LQ_i^k = 1$，表明该农产品供需平衡。所以，只有 LQ_i^k 值大于 1 的农产品才能构成地区的专门化农产品。LQ_i^k 值越大，说明该农产品的地区专业化程度越高，反之亦然。同时，一般来说，将 $LQ_i^k \geqslant 2$ 的地区 i 视为生产农产品 k 的高度专业化地区，将 $1 \leqslant LQ_i^k < 2$ 的地区 i 视为生产农产品 k 的中度专业化地区，将 $0.5 \leqslant LQ_i^k < 1$ 的地区 i 视为生产

农产品 k 的低度专业化地区，将 $LQ_i^k < 0.5$ 的地区 i 视为生产农产品 k 的非专业化地区。

2. 绝对集中率和相对集中率

①绝对集中率（CIP_k^A）：其计算公式为：

$$CIP_k^A = \sqrt{\frac{H}{N}} = \sqrt{\frac{\sum_{i=1}^{n}(S_i^k)^2}{N}}$$

其中，H 为赫芬达尔指数，当所有地区都具有相同的份额时，该指数为1/N，表示分布绝对平均；当产业完全集中在某一个地区时，该指数为$(1/N)^{\frac{1}{2}}$。

②相对集中率（CIP_k^R），其计算公式为：

$$CIP_k^R = \sqrt{\frac{\sum_{i=1}^{n}(S_i^k - S_i)^2}{N}}$$

$$S_i = \frac{\sum_{k=1}^{k} x_{ik}}{\sum_{i=1}^{n}\sum_{k=1}^{k} x_{ik}}$$

其中，S_i^k 为地区 i 农产品 k 的播种面积在全国总播种面积中所占的份额，S_i 为地区 i 农作物的总播种面积在全国农作物总播种面积的比重。

该指数是建立在地区产业份额差异之基础上的，当某产业的空间分布与整个产业的空间分布相一致时，该指数取值为零，相对集中率指标排除了地理单元大小的影响，因此，我们可以使用该指标来分析非规模因素对产业地理集中的影响。

（二）中国主要农产品产业地理集中的时空特征分析

采用全国及 31 个省、区、市 1980~2008 年主要农产品的播种面积数据进行分析，可以发现中国主要农产品生产的地理集中呈现以下几个显著特点：

1. 主要农产品呈现出明显的地理集中现象

通过 1980~2008 年各主要农产品播种面积的 CR_3 均值及其变化趋势、相对地理集中指数的变化可以发现，中国主要农产品的生产表现出明显的地理集中现象（见表 3-13、图 3-18）：①按 CR_3 分类，前三位地理集中率在 30%以下的只有 3 个，占样本分析农产品数的 25%；而前三位地理集中率在 40%以上的农产品个数为 5 个，分别是水产品、小麦、豆类、棉花、糖料，占样本分析农产品数的 41.67%，其中棉花和糖料的前三位地理集中率均超过 50%，分别达 53.44%和 64.62%。②从 CR_3 的变化趋势来看，在 12 种样本农产品中，有 8 种农产品均呈显著的产业地理集中趋势，占 66.67%，其中有 3 种农产品（小麦、油料、糖料）呈逐年上升趋势，2 种农产品（蔬菜、棉花）呈整体上的上升趋势，3 种农产品（稻谷、豆类、薯类）呈阶段性的上升趋势（一般发生在 20 世纪 90 年代末和 21 世纪初）。③土地密集型农产品的产业地理集中程度要高于劳动密集型农产品。四种土地密集型农产品的 CR_3 均呈逐年或整体上的上升趋势，而四种密集型农产品中有三种的 CR_3 呈逐年或整体上的下降趋势，只有蔬菜的 CR_3 呈上升趋势，而且还是整体上的小幅上升趋势。④从主要农产品的相对地理集中指数变化来看，有 6 种农产品（小麦、薯类、糖料、油料、棉花、蔬菜）呈现出上升趋势，具有显著的产业地理集中趋势，占 11 种样本农产品的 54.55%。

表 3-13 中国主要农产品的 CR_3 及其变化趋势（1980~2008）

		CR_3（%）	变化趋势
劳动密集型农产品	蔬菜	24.60	整体上的小幅上升趋势
	水果	32.03	逐年下降趋势
	水产品	42.16	波动变化中呈下降趋势
	畜产品	29.01	波动变化中呈小幅下降趋势
土地密集型农产品	粮食	23.65	整体上呈上升趋势，1997 年开始呈大幅上升趋势
	稻谷	32.11	整体上呈下降趋势，但 1998 年开始呈逐年上升趋势
	小麦	42.27	逐年上升趋势
	玉米	31.54	大幅波动变化中呈小幅下降趋势
	豆类	42.26	U 形变化趋势（1997 年开始呈逐年上升趋势）
	薯类	30.56	整体上呈下降趋势，但 2003 年开始呈逐年上升趋势
	棉花	53.44	整体上呈上升趋势
	油料	28.69	逐年上升趋势
	糖料	64.62	逐年上升趋势

注：因水产品的养殖面积数据难以获得，畜产品没有面积数据，故而这两种农产品的相关指标度量采用总产量指标。

2. 主要农产品生产呈现出绝对地理集中现象

在分析农产品生产的地理集中时，不能忽视所考察的地理单元的规模大小。通过对绝对地理集中指数和相对地理集中指数进行排序，我们将主要农产品分为绝对地理集中产品和相对地理集中产品。“绝对地理集中”是指在不考虑规模大小的情况下，少数地区集中了一个农产品生产的很大份额；“相对地理集中”是指某些产业经济活动的空间分布不同于整个产业活动的空间分布形式（Midelfart-Knarvik，2000）。综合图 3-18 和图 3-19 的变化趋势来看，中国

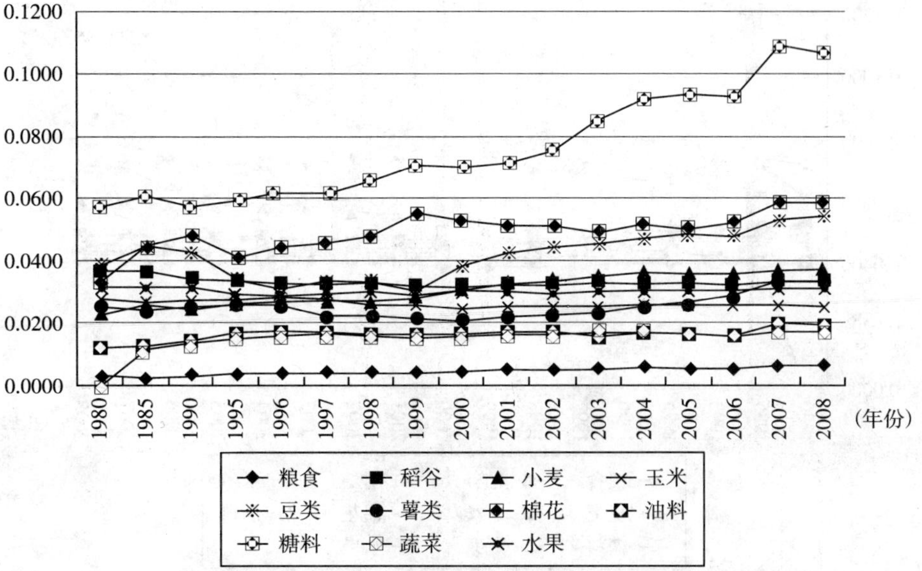

图 3-18　主要农产品的相对产业地理集中指数变化趋势

资料来源：国家统计局：《中国统计年鉴》(2009)、《中国农村统计年鉴》(2009)。

主要农产品生产的绝对地理集中和相对地理集中趋势差异较大，但均表现出了同向变化的趋势（薯类除外），且各种主要农产品生产的绝对地理集中指数排序均高于相对地理集中指数的排序。这表明，中国主要农产品的生产呈现出绝对地理集中现象。特别要说明的是，薯类生产的绝对地理集中和相对地理集中呈反方向的变化趋势，其相对地理集中呈整体上的上升趋势，但其绝对地理集中呈整体上的下降趋势，以至两者之间的趋势差异趋于下降，但其绝对地理集中指数排序仍然均高于相对地理集中指数。所以，薯类生产也呈绝对地理集中现象。

3. 主要农产品生产呈现显著的中度和高度地理集中现象

以产业地理集中指数进行排序，我们可以将主要农产品分为三种类型：高度地理集中型农产品（CIP ≥ 0.05）、中度地理集中型农产品（0.03 ≤ CIP < 0.05）和低度地理集中型农产品（CIP < 0.03）。[①] 按照这一标准，对 2008 年中国主要农产品生产的产业地理集中程度进行分类排序（见表 3-14）。

糖料作物生产的产业地理集中特征异常显著，其产业地理集中指数远高于其他农产品，是唯一一种产业地理集中指数超过 0.1 的农产品。相应地，其产

① Ellision and Glaeser（1997）将地理集中度指数分为三个区间：若指数在［0.05，+∞］区间，表示产业在地区上的分布聚集程度最高；若指数在［0.02，0.05］区间，表示产业在区域上的分布较平均；若指数小于 0.02，则表示产业没有地方化的现象。借鉴该方法，我们对计算出来的 CIP 指数做了上述的标准划分。

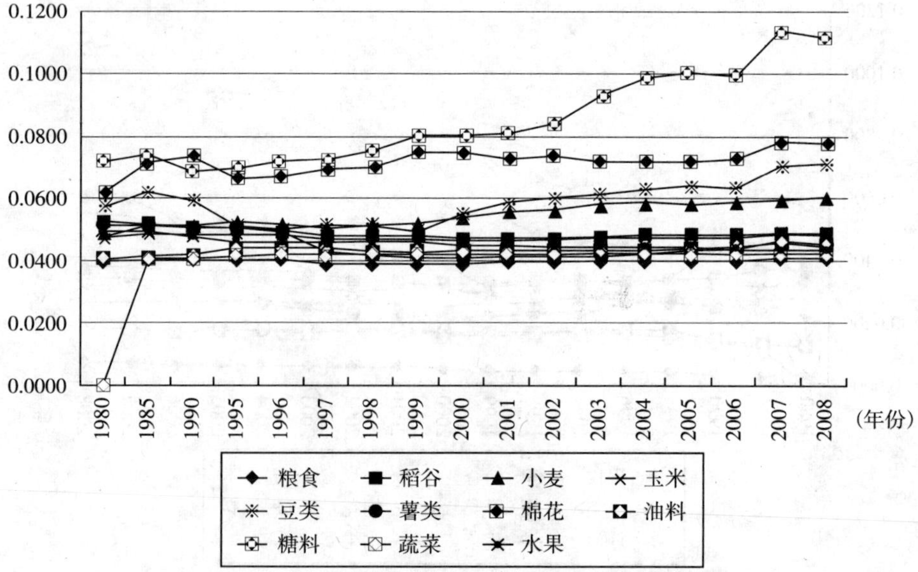

图 3-19 主要农产品的绝对产业地理集中指数变化趋势

资料来源：国家统计局：《中国统计年鉴》(2009)、《中国农村统计年鉴》(2009)。

表 3-14 2008 年中国主要农产品产业地理集中程度的分类排序

地理集中各类型	农产品	地理集中指数（CIP）	CR_1（%）	CR_3（%）
高度地理集中型	小麦	0.0508	22.27（河南）	47.43
	豆类	0.0629	35.69（黑龙江）	53.06
	棉花	0.0679	29.87（新疆）	57.30
	糖料	0.1089	54.78（广西）	77.87
中度地理集中型	稻谷	0.0411	13.45（湖南）	32.76
	玉米	0.0368	12.03（黑龙江）	31.45
	薯类	0.0392	13.37（四川）	31.67
	油料	0.0325	11.84（河南）	31.49
	水果	0.0373	9.89（河北）	28.55
低度地理集中型	蔬菜	0.0294	9.65（山东）	25.46

注：地理集中指数（CIP）、绝对地理集中指数（CIP_k^A）和相对地理集中指数（CIP_k^R）的算数平均数。

业集中率 CR_3 也为最高，在 2007 年更是达到了 79.11%。棉花、豆类、小麦生产的产业地理集中程度也普遍较高，2000 年以来，这三类农产品生产的产业地理集中率均高于 40%，其中棉花生产的 CIP 均高于 50%。以上四类农产品均属于典型的高度产业地理集中型农产品。

稻谷、玉米、薯类、油料、水果生产的产业地理集中指数均高于 0.03，这表明这五种农产品的生产呈现出中度产业地理集中现象。除水果的 CR_3 低于

30%外，其他四种农产品的 CR_3 均高于 30%，也属于中等水平。

蔬菜生产的产业地理集中指数最低，为 0.0294，低于低度产业地理集中临界值。这表明蔬菜生产的产业地理集中特征不是很明显，属低度产业地理集中型农产品。同时，蔬菜生产的产业地理集中率也明显偏低，2008 年其 CR_3 仅为 25.46%。但从 2000 年以来的变化趋势来看，其 CIP 值逐年上升，这表明蔬菜生产已呈现出逐步向中度产业地理集中发展。

4. 有些农产品生产的产业地理集中表现出明显的地区性垄断特征

从中国主要农产品生产的 CR_1 值、CR_3 值及其变化趋势来看，有些农产品生产的产业地理集中表现出明显的地区性垄断特征（见表 3-14）。1980~2008 年，小麦、豆类、棉花、油料、糖料五种农产品生产的 CR_1 值、CR_3 值均呈稳定上升态势，说明这些农产品的生产有明显向第一位和前三位省区市集中的趋势。而且，这五种农产品生产的第一位和前三位省区基本上比较稳定，有些地区的生产规模还得到了进一步的扩大，这表明最初形成的产业地理集中程度有自我强化的趋势。具体来说，小麦生产主要集中于河南、山东、河北三省区；豆类生产主要集中于黑龙江、内蒙古、安徽、河南、河北、山东六省区；棉花生产主要集中于新疆、河南、山东、河北、湖北五省区；油料生产主要集中于河南、湖北、四川、安徽、山东五省区；糖料生产主要集中于广西、云南、广东、黑龙江四省区。2008 年，在我们所考察的 10 种主要农产品中，有 8 种农产品的 CR_1 大于 10%，占 80%；有 4 种农产品的 CR_1 大于 20%，占 40%。第一集中地（CR_1）最高的农产品是棉花，其播种面积所占比重高达 54.78%，集中地是新疆；其次是豆类生产，其播种面积所占比重为 35.69%，集中地是黑龙江。值得关注的是，在 2008 年，有两个省区分别在两种农产品的生产上处于第一位，河南在小麦和油料的生产上处于第一位，黑龙江在豆类和玉米的生产上处于第一位。

（三）中国主要农产品生产的地区专业化分析

一般来说，LQ_i^k 值越大，说明该农产品的地区专业化程度越高，反之亦然。将 $LQ_i^k \geq 2$ 的地区 i 视为生产农产品 k 的高度专业化地区，将 $1.5 \leq LQ_i^k < 2$ 的地区 i 视为生产农产品 k 的中度专业化地区，将 $1 \leq LQ_i^k < 1.5$ 的地区 i 视为生产农产品 k 的低度专业化地区，将 $LQ_i^k < 1$ 的地区 i 视为生产农产品 k 的非专业化地区。按照这一标准，中国 1980~2008 年六大农产品生产的 LQ_i^k 值及其专业化程度的动态变化趋势（见表 3-15），将中国六大农产品 2008 年的地区专业化指数分类排序（见表 3-16）。

表3-15 1980~2008年各区域主要农产品地区专业化指数（LQ_i^k）的变化趋势

		1980年	1990年	2000年	2008年	变化			
		A	B	C	D	B–A	C–B	D–C	D–A
粮食	粮食主产区	0.99	1.01	1.01	1.05	0.02	0.00	0.04	0.05
	非粮食主产区	1.02	0.97	0.98	0.90	–0.05	0.01	–0.08	–0.12
	东部地区	0.99	0.98	0.98	0.94	–0.01	0.00	–0.04	–0.05
	东北地区	1.05	1.12	1.20	1.30	0.07	0.08	0.10	0.24
	中部地区	0.94	0.95	0.94	0.98	0.01	–0.01	0.04	0.03
	西部地区	1.05	1.02	1.01	0.95	–0.03	–0.02	–0.06	–0.11
棉花	东部地区	1.44	1.83	1.12	1.41	0.39	–0.71	0.29	–0.03
	东北地区	0.07	0.03	0.02	0.00	–0.04	–0.01	–0.01	–0.06
	中部地区	1.40	1.10	1.36	1.08	–0.29	0.25	–0.27	–0.31
	西部地区	0.49	0.42	0.90	1.03	–0.07	0.48	0.12	0.53
油料	东部地区	0.98	0.86	0.84	0.83	–0.12	–0.02	–0.02	–0.16
	东北地区	0.81	0.39	0.48	0.35	–0.42	0.10	–0.13	–0.46
	中部地区	1.05	1.31	1.43	1.45	0.26	0.12	0.02	0.40
	西部地区	1.04	1.04	0.91	0.98	0.00	–0.14	0.07	–0.06
糖料	东部地区	0.93	0.92	0.70	0.56	–0.01	–0.22	–0.15	–0.37
	东北地区	3.00	2.37	1.09	0.38	–0.63	–1.28	–0.72	–2.62
	中部地区	0.17	0.18	0.21	0.09	0.00	0.03	–0.12	–0.09
	西部地区	1.14	1.43	1.98	2.45	0.29	0.55	0.47	1.31
蔬菜	东部地区	0.00	1.23	1.53	1.55	1.23	0.31	0.02	1.55
	东北地区	0.00	0.94	0.66	0.37	0.94	–0.28	–0.29	0.37
	中部地区	0.00	0.91	0.91	0.97	0.91	0.00	0.05	0.97
	西部地区	0.00	0.89	0.75	0.87	0.89	–0.14	0.12	0.87
水果	东部地区	1.30	1.75	1.68	1.55	0.45	–0.07	–0.14	0.25
	东北地区	1.40	0.81	0.56	0.30	–0.58	–0.26	–0.26	–1.10
	中部地区	0.76	0.56	0.58	0.62	–0.20	0.02	0.04	–0.14
	西部地区	0.78	0.77	0.97	1.23	–0.01	0.20	0.26	0.45

表3-16 2008年中国主要农产品地区专业化指数（LQ_i^k）的分类排序

	高度专业化地区	中度专业化地区	低度专业化地区	地区专业化率（%）
粮食	—	—	黑龙江、吉林、山西、辽宁、内蒙古、陕西、安徽、西藏、河北、江苏、北京、甘肃、重庆、宁夏、四川	48.39
棉花	新疆、天津、山东、河北、湖北	—	安徽、河南、江苏	25.81
油料	青海、湖北	江西、湖南	四川、河南、西藏、安徽、内蒙古、贵州、甘肃	35.48

续表

	高度专业化地区	中度专业化地区	低度专业化地区	地区专业化率（%）
糖料	广西、海南、云南	—	新疆、山东	16.13
蔬菜	上海、福建、广东、浙江、海南	北京	广西、天津、山东、重庆、江苏、湖北、湖南、河北、河南、贵州、四川	54.84
水果	福建、广东、陕西、北京、海南、新疆、广西	浙江、河北、甘肃	辽宁、天津、山西、宁夏	45.16

1. 粮食生产的地区专业化程度

从粮食主产区和非主产区来看，粮食主产区粮食生产的 LQ_i^k 值呈稳步的递增趋势，非主产区则呈大幅的递减趋势，这表明粮食主产区粮食生产的专业化程度呈递增趋势，而非粮食主产区则呈递减趋势，且粮食主产区的粮食生产专业化程度明显高于非粮食主产区。分阶段看，两大区域粮食生产的地区专业化程度变化趋势可分为三个阶段：①1980~1985 年，非粮食主产区粮食生产的 LQ_i^k 值大于 1，高于粮食主产区，这表明在此期间非粮食主产区为中国粮食生产的专业化地区。②1990~2000 年，粮食主产区的 LQ_i^k 值大于 1 且呈稳定水平，而非粮食主产区的 LQ_i^k 值小于 1，且呈先减少后增加的变化趋势，这表明在此期间，粮食主产区已成为中国粮食生产的专业化地区，并保持在一定的专业化生产水平上，而非粮食主产区粮食生产的专业化程度表现出了先减弱后增强的变化趋势，其与粮食主产区的生产专业化程度差距逐渐缩小。③2001~2008 年，粮食主产区的 LQ_i^k 值逐年稳步上升，而非粮食主产区的 LQ_i^k 值却逐年大幅下降，两大区域的 LQ_i^k 值呈反方向变动趋势，这说明在此期间，粮食主产区粮食生产的地区专业化程度呈逐年增强趋势，而非粮食主产区则呈逐年减弱趋势，且两者之间的差距越来越大。

从四大区域来看，东部地区和西部地区粮食生产的 LQ_i^k 值在各个历史时期均呈下降趋势，而东北地区和中部地区则呈上升趋势。这表明，东部地区和西部地区粮食生产的地区专业化程度在减弱，而东北地区和中部地区粮食生产的地区专业化程度在增强。具体来看，东北地区的 LQ_i^k 值在各个历史时期均大于 1，西部地区的 LQ_i^k 值在 2004 年以前也大于 1，但从 2005 年开始其值一直低于 1，中部地区的 LQ_i^k 值虽然小于 1，但表现出了明显的上升趋势，并于 2008 年达 0.95 的历史最高值。可见，东北地区一直以来都是中国粮食生产的专业化地区，且其专业化程度逐年增强，而西部地区在 2004 年以前也是中国粮食生产的专业化地区，但其专业化程度却逐年减弱，并在 2005 年开始减弱至非专业化地区。中部地区虽然不是粮食生产的专业化地区，但其强劲的增强趋势，预示其在未来几年内成为中国粮食生产专业化地区的巨大潜力。非常值得注意的一个现象是，中国各大区域和省区的粮食生产的地区专业化程度均不高，基本上都属于低度专业化地区和非专业化地区（见表 3-16）。这说明，中国粮食生产虽然呈现高度地理集中的趋势，但其生产的地区专业化程度不高，至今未出现中度和高度专业化地区、省区。

2. 棉花生产的地区专业化程度

棉花是一种一直被看做具有战略性意义的农作物，其生产和流通受到较强的政策干预和约束，这在一定程度上造成了棉花生产的地区专业化和地区间分工水平较低，并随着供给形势的变化而出现了较大波动。从四大区域棉花生产的各年 LQ_i^k 值来看，东部地区（除 1998 年和 1999 年外）和中部地区棉花生产的 LQ_i^k 值均大于 1，东部地区的平均值为 1.34，中部地区的平均值为 1.30，这表明，东部地区和中部地区为中国棉花生产的重要专业化地区；东北地区棉花生产的 LQ_i^k 值非常小，从 2006 年开始其值为 0，西部地区棉花生产的 LQ_i^k 值在 2007 年前均小于 1，这表明，东北地区和西部地区均为棉花生产的非专业化地区，但西部地区从 2007 年开始其值大于 1，表明西部地区从此开始成为棉花生产的专业化地区。

从四大区域棉花生产 LQ_i^k 值的动态变化趋势来看，除东北地区外，其他三大区域棉花生产的地区专业化均表现出了较大的波动变化趋势。东北地区棉花生产的 LQ_i^k 值非常低且呈逐年递减趋势，由 1980 年的 0.07 下降持续下降到 2008 年的 0.00，这可以说，东北地区基本上不具备棉花生产的地区专业化优势，不参与棉花生产的地区间分工。东部地区和中部地区棉花生产的地区专业化程度整体上在波动变化中呈微小下降趋势，但两大区域的变化方向却基本呈现反方向变动，东部地区表现出先增强，再大幅减弱，然后又大幅增强并保持地区专业化优势的变化趋势，但中部地区却表现出先减弱，再大幅增强，然后又稳步逐年减弱的变化趋势；而西部地区棉花生产的地区专业化程度整体上却在波动变化中呈大幅增强的变化趋势。

从具体的阶段来看，①在 1980~1990 年，东部地区棉花生产的专业化程度呈增强趋势，并于 1985~1990 年其 LQ_i^k 稳定在 1.83 的水平；而中部地区却呈逐年减弱趋势。同时在此期间，东部地区棉花生产的 LQ_i^k 值明显高于中部地区，这说明，在此期间东部地区棉花生产的专业化程度要显著强于中部地区。②1990~1999 年，东部地区棉花生产的专业化程度呈大幅减弱趋势，其 LQ_i^k 值由 1990 年的 1.83 大幅下降到 1999 年的 0.91，下降了 50.27%。与东部地区变化趋势不同的是，此间，中部地区和东北地区棉花生产的专业化程度却在大幅增强，两大区域的 LQ_i^k 值分别由 1990 年的 1.10 和 0.42 上升到 1999 年的 1.46 和 0.98，其中，中部地区的 LQ_i^k 值在 1996 年达到历史最高值（1.57）。值得关注的是，1995~2002 年，中部地区的 LQ_i^k 值从 1995 年开始就超过东部地区，这种态势一直持续到 2002 年，这表明，在此期间中部地区棉花生产的专业化程度要显著强于东部地区。③2000~2008 年，东部地区棉花生产的专业化程度呈增强趋势（LQ_i^k 值由 2000 年的 1.12 上升到 2008 年的 1.41），其中 2000~2003 年增强势头强劲，从 2004 年开始其专业化程度保持在一个稳定的水平上。值得关注的是，从 2002 年开始，东部地区棉花生产的 LQ_i^k 值又开始超过中部地区，且两者之间的偏差越来越大，这表明，东部地区棉花生产的专业化程度逐步超过中部地区。中部地区棉花生产的 LQ_i^k 值从 1996 年开始就呈现逐年下降的趋势，这表明其专业化程度逐年减弱。在此期间，西部地区棉花生产的专业化程度在波动变化中呈增强趋势，并在 2007 年（其 LQ_i^k 值为 1.05）开始成为中国棉花生产的专业化地区。

中国棉花生产的地区专业化分工与发展较为集中，但极不平衡，以 2008 年来分析，突出表现在：①高度专业化地区有 5 个，分别是新疆、天津、山东、河北、湖北；低度专业化地区有 3 个，分别是安徽、河南、江苏；没有中度专业化地区，其他地区均为非专业化地区。这表明，中国棉花生产的专业化地区较为集中，专业化地区率为 25.81%，其中高度地区专业化率为 16.13%。②地区专业化分工与发展极不平衡，主要表现在 5 个高度专业化地区之间棉花生产专业化程度的巨大差异上，新疆棉花生产的 LQ_i^k 值达 10.40，天津棉花生产的 LQ_i^k 值达 4.21，均远远高于其他 3 省区水平，这表明新疆和天津棉花生产的专业化程度非常高。而且新疆和天津棉花生产的 LQ_i^k 值在 1980~2008 年呈快速的大幅上升趋势，分别由 1980 年的 1.80 和 0.37 上升到 2008 年的 10.40 和 4.21，这表明，新疆棉花生产一直以来都是专业化地区，但随着时间的推移，其专业化程度呈快速大幅增强趋势；天津在 2000 年以前为棉花生产的非专业化地区，但从 2000 年开始就逐步成为专业化地区，且其专业化程度也呈快速大幅增强趋势，并于 2001 年就跻身于高度专业化地区。

3. 油料生产的地区专业化程度

从四大区域油料生产的各年 LQ_i^k 值来看，中部地区油料生产的 LQ_i^k 值均大于 1，东部地区和东北地区均小于 1，而西部地区在 1990 年以前大于 1，此后就持续处于小于 1 的状态。这表明，中部地区为油料生产的专业化地区，西部地区在 1990 年以前为油料生产的专业化地区，此后为非专业化地区，东部地区和东北地区为油料生产的非专业化地区。从四大区域油料生产 LQ_i^k 值的动态变化趋势来看，中部地区油料生产的 LQ_i^k 值呈上升趋势，这表明，其专业化程度呈增强趋势，尤其是1980~1997年呈快速的大幅增强态势，其LQ_i^k值由1985年的1.05快速上升到1997年的1.51，中部地区油料生产的地区专业化整体上处于较高水平。1998~2008年，中部地区油料生产的LQ_i^k值在波动变化中维持在1.35~1.50的水平上，其专业化程度的增长态势受到很大阻碍。东部地区和西部地区油料生产的LQ_i^k值呈小幅下降趋势，表明其专业化程度在逐渐减弱。东北地区油料生产的LQ_i^k值在大幅波动变化中成整体下降趋势，表明其专业化程度也在逐渐减弱，尤以1985~1996年的减弱趋势和程度更为明显，此后虽然呈增强趋势，但增幅不甚明显。

从中国各省区油料生产的专业化程度来看，高度专业化地区有2个（青海、湖北），中度专业化地区也有2个（江西、湖南），低度专业化地区有7个（四川、河南、西藏、安徽、内蒙古、贵州、甘肃）。油料生产的整体地区专业化率为35.48%，其中高度地区专业化率和中度地区专业化率均为6.45%，低度地区专业化率为22.58%。油料生产的地区专业化程度最高的是青海，其值为4.10，远远高于湖北和其他专业化地区的LQ_i^k值。

4. 糖料生产的地区专业化程度

从四大区域糖料生产的各年LQ_i^k值来看，西部地区糖料生产的LQ_i^k值均大于1，东部地区和中部地区均小于1，而东北地区在2002年及以前均大于1，但从2003年开始就持续处于小于1的态势。这表明，西部地区一直都是糖料生产的专业化地区，东北地区在2002年以前是糖料生产的专业化地区，此后为非专业化地区，东部地区和中部地区为糖料生产的非专业化地区。从四大区域糖料生产LQ_i^k值的动态变化趋势来看，西部地区糖料生产的LQ_i^k值呈稳步的上升趋势，由1980年的1.14稳步上升到2008年的2.45，这表明其专业化程度呈稳步增强趋势，并于1996年开始超过东北地区的专业化程度，成为糖料生产最具专业化的区域。分阶段来看，西部地区糖料生产的专业化程度经历了由低度专业化（1980~1990年）向中度专业化（1995~2000年），再向高度专业化（2001~2008年）的发展轨迹。东北地区糖料生产的LQ_i^k值呈快速的大幅下降趋势，由1980年的3.00快速大幅下降到2008年的0.38，这表明其专业化程度呈减弱趋势。分阶段来看，东北地区糖料生产的专业化程度经历了与西部地区相反的发展轨迹，其发展轨迹为：高度专业化（1980~1995年）减弱到中度专业化（1996年），再减弱到低度专业化（1997~2002年），最终失去了其专业化生产优势，成为了糖料生产的非专业化地区（2003~2008年）。东部地区和中部地区的LQ_i^k值均呈下降趋势，表明这两大区域糖料生产的专业化程度呈减弱趋势。

与棉花生产的地区专业化发展态势一样，糖料生产的地区专业化分工与发展也表现出高度集中、不均衡的特点。①糖料生产的整体地区专业化率为16.13%（高度地区专业化率均为9.68%，低度地区专业化率为6.45%），是考察样本中整体地区专业化率最低的一种农产品。②糖料生产的地区专业化程度最高的是广西，其LQ_i^k值为15.03，是考察样本中LQ_i^k值最大的一种农产品。其次是海南，其LQ_i^k值为7.61，再次为云南，其LQ_i^k值为4.02。可见，广西、海南和云南三大糖料生产的高度专业化地区均具有非常高的LQ_i^k值，但它们之间的专业化程度却表现出较大的不均衡性和差异性。值得关注的一个现象是，这三大高度专业化地区的专业化程度表现出了不同的变化趋势，广西糖料生产的专业化程度呈快速的大幅逐年增强趋势，其LQ_i^k值由1980年的3.64逐年稳步上升到2008年的15.03；云南糖料生产的专业化程度表现出了快速的大幅逐年增强趋势（1980~1999年），在波动变化中呈小幅减弱趋势的发展轨迹，其专业化程度在1999年达到最高；海南糖料生产的专业化程度则在大幅波动中呈减弱趋势，其LQ_i^k值由1990年的9.35逐年下降到2008年的7.61。

5. 蔬菜生产的地区专业化程度

从四大区域蔬菜生产的各年LQ_i^k值来看，东部地区糖料生产的LQ_i^k值均大于1，东北地区、中部地区和西部地区均小于1。这表明，东部地区一直以来都是蔬菜生产的专业化地区，而其他三大区域均为非专业化地区，蔬菜生产的集中程度较低。从四大区域蔬菜生产LQ_i^k值的动态变化趋势来看，东部地区蔬菜生产的LQ_i^k值呈稳步的逐年上升趋势，由1985年的1.16稳步上升到2008年的1.55，这表明其专业化程度呈稳步的增强态势，且专业化程度远高于其他三大区域。东北地区蔬菜生产的LQ_i^k值呈稳步的逐年下降趋势，由1985年的1.16逐年下降到2008年的0.37，这表明其专业化程度呈逐年减弱趋势。中部地区和西部地区蔬菜生产的LQ_i^k值在小幅波动变化中保持整体不变的水平，这表明这两大区域蔬菜生产的专业化程度基本上没有发生太大的变化。但总的来说，中部地区的专业化程度要稍高于西部地区，但差异不大。

与其他主要农产品生产的地区专业化发展态势不一样，蔬菜生产的地区专业化分工与发展表现出了高地区专业化率和较为均衡发展的特点。①蔬菜生产具有较高的地区专业化率（54.84%），是考察样本中地区专业化率最高的一种农产品，其中高度专业化率和中度专业化率达19.36%，低度专业化率为35.48%。显然，中国的蔬菜生产虽然具有高地区专业化率，但其高度专业化率不高，低度专业化率明显高于高度和中度专业化率。②蔬菜生产的地区间专业化程度具有较强的均衡性，各层次专业化地区之间及其内部之间的LQ_i^k值差异不是很大。③高度和中度专业化地区全部聚集在东部地区，高度专业化地区分别为上海、福建、广东、浙江、海南，中度专业化地区为北京。

6. 水果生产的地区专业化程度

从四大区域水果生产的各年 LQ_i^k值来看，东部地区水果生产的 LQ_i^k值均大于 1，中部地区水果生产的 LQ_i^k值均小于 1，东北地区水果生产的 LQ_i^k值在 1980~1985 年均大于 1，在 1990~2008 年均小于 1，西部地区水果生产的 LQ_i^k值在 1980~2000 年均小于 1，在 2001~2008 年均大于 1。这表明，东部地区一直以来都是水果生产的专业化地区，中部地区为水果生产的非专业化地区，而东北地区在 1980~1985 年为专业化地区，在 1990~2008 年则为非专业化地区，西部地区在 1980~2000 年为非专业化地区，在 2001~2008 年为专业化地区。从四大区域水果生产 LQ_i^k值的动态变化趋势来看，东部地区水果生产的 LQ_i^k值呈整体上的上升趋势，由 1980 年的 1.30 上升到 2008 年的 1.55，上升幅度不是很大，但其各年的 LQ_i^k值均高于其他三大区域，这表明东部地区水果生产的地区专业化程度明显高于其他三大区域。分阶段来看，东部地区水果生产的 LQ_i^k值在 1980~1990 年呈明显的大幅上升趋势，由 1980 年的 1.30 上升到 1990 年的 1.75，专业化水平增长速度较快，这表明在此阶段，东部地区水果生产的专业化程度呈现明显的快速和较大幅度的抬升和增强态势。但东部地区水果生产的这种好境况好景不长，此后其 LQ_i^k值就一直处于微弱的下降调整态势，这表明东部地区水果生产的专业化程度呈微弱的减弱趋势。

西部地区水果生产的 LQ_i^k值呈稳步的逐年上升趋势，由 1980 年的 0.78 稳步上升到 2008 年的 1.23，这表明西部地区水果生产的专业化程度呈稳步的逐年增强趋势，并经历了由非专业化地区（1980~2000 年）到低度专业化地区（2001~2008 年）的发展轨迹。同时，随着东部地区水果生产专业化程度的微小减弱，西部地区水果生产的专业化程度与东部地区的差距变得越来越小。这主要是缘于西部地区广西、陕西、甘肃、新疆四省区水果生产专业化水平的大幅提升，专业化程度的大幅增强，到 2008 年这四个地区均已成为水果生产的中度和高度专业化地区。与西部地区水果生产专业化程度变化趋势相反的是，东北地区水果生产的专业程度呈逐年的大幅减弱态势，并逐步丧失了其专业化生产的地位和优势，其 LQ_i^k值由 1980 年的 1.40 下降到 2008 年的 0.30，下降速度较快，下降幅度较大。这主要缘于辽宁水果生产专业化程度的快速大幅减弱，由高度专业化地区（1980~1999 年）减弱到中度专业化地区（2000~2001 年），并进一步减弱到低度专业化地区（2002~2008 年）。中部地区为水果生产的非专业化地区，其 LQ_i^k值在 1980~2008 年基本上保持在一个小幅波动变化的态势，这表明中部地区水果生产的专业化程度基本上没有发生太大的变化。

从 2008 年各省区水果生产的 LQ_i^k 值来看，有 7 个省区的 LQ_i^k 值大于 2，为高度专业化地区（福建、广东、陕西、北京、海南、新疆、广西），高度地区专业化率高达 22.58%，为所考察样本中高度地区专业化率最高的一种农产品。有 3 个省区为中度专业化地区（浙江、河北、甘肃），4 个省区为低度专业化地区（辽宁、天津、山西、宁夏）。总的来说，中国水果生产的整体地区专业化率为 45.16%，是地区专业化程度较高的一种农产品。

参考文献：

[1] 胡必亮：《新农村建设与全球化背景下的农村发展》，载张晓山、赵江涛等：《全球化与新农村建设》，社会科学文献出版社，2007 年。

[2] 李晓钟：《从比较优势到竞争优势》，浙江大学出版社，2004 年。

[3] 魏后凯：《现代区域经济学》，经济管理出版社，2006 年。

[4] Midelfart-Knarvi，K.，Overman，H.，Redding，S.，and Venables，A.：The Location of European Industry，*Economic Paper 142 European Commission*，2000.

第四章　全球价值链与中国农户的参与

一、概述

（一）引言

改革开放以来，中国经济逐步融入全球经济；特别是自中国加入世界贸易组织以来，中国已经成为全球经济重要的参与者，并在世界市场中扮演着越来越重要的角色。正如经济合作与发展组织（2006）报告所言，在全球化的进程中，中国不仅有效地提高了自身在全球价值链中的地位，同时对国际贸易价格的影响也日趋加深。有目共睹的是，近年来中国在全球贸易中，商品贸易不断增长，对全球的投资吸引不断加大，国内劳动参与率不断提高，在这一过程中，经济的高速发展，对全球经济做出了重要贡献。

很明显，以加工制造业为代表的劳动密集型行业在中国参与全球化的过程中得到了极大的发展。同样，在以农产品为原材料的加工行业，如油脂压榨、肉类加工、乳制品加工行业近年来也取得了长足的进步，生产能力、销售规模以及利税水平均呈现出几何数级增长；与此同时，中国的农业生产，特别是农业生产者的收入水平相对增长缓慢。这种鲜明的对比不禁使人深思：难道中国对全球化的参与仅仅使加工业得到收益而农民却要承担由此带来的风险吗？

进一步讲，作为全球化的一项重要内容，国际生产资源应按照比较优势来进行重新分工。按照这一理论，中国的劳动密集型农产品，特别是蔬菜、水果以及水产应当在这一进程中获益更多。而实际情况并非如此，越来越隐性的贸易保护措施，如苛刻的技术标准、繁杂的行政过程，使得理论上的概念不得不面对日趋残酷的贸易现实。中国的劳动密集型农产品并未如想象中那样在国际市场中获得更多的机会。

从上述问题角度出发，本章将首先阐述中国农产品贸易、农业生产以及农民收入的基本状况；在此基础上对现有的全球化以及商品价值链理论进行简要回顾。进一步通过典型行业的典型案例来分析在全球化过程中，中国农产品价值链的构成，并探索性地讨论问题的原因；最后针对世界贸易组织框架下的技术贸易壁垒对我国劳动密集型农产品的影响提出建议。

（二）贸易概况

很长一段时期以来，作为一个农业国家，农产品几乎是中国唯一可供贸易出口的产品。1950 年，中国出口的农副产品及加工品约为 5 亿美元，[①] 占当年中国总出口额 5.5 亿美元的 90.7%，其中直接以原料形式出口的农副产品为 3.2 亿美元，[②] 占当年总出口的 57.5%，但是根据当年统计，中国总进口额为 5.8 亿美元中，生活资料[③] 进口为 1 亿美元，占比 16.6%；直至 1960 年，[④] 由于国民经济"一五"计划、"二五"计划的完成，工业生产能力加强，农副产品作为原料出口的比例不断下降，1960 年，这一比例降至 31%，与此同时，总进口额中的生活资料比重持续下降，在 1960 年，生活资料进口额为 0.9 亿美元，占比 4.6%。这一时期贸易策略可以简单地描述为：出口农产品，进口工业品。

1961 年，由于众所周知的原因，中国农产品出口额大幅下降，而进口额大幅增长，农产品贸易出现逆差。根据联合国粮农组织统计，当年中国农产品出口总额为 3.8 亿美元，而农产品进口总额为 7.6 亿美元。此后，在相当长一段时期内，在人口的快速增长的背景下农业总产出的增长较为缓慢，中国农产品贸易在很大程度上已经不能作为出口创汇的主要手段。1961~1978 年，从整体上看，农产品进出口基本保持平衡，顺差和逆差都没有绝对化（见图 4–1）；同时，由于工业生产相对停滞，农产品贸易量在总贸易中的比重又回到一个较高的水平，这一阶段，农产品贸易的功能开始回归到调剂余缺，满足消费。

1979 年，随着家庭联产承包责任制的实行，中国农产品贸易进入了一个长达 20 年的顺差时代。[⑤] 这一时期，农业生产快速增长，相对于满足国内消费而言，产生了更多可供出口的农产品；因此 1980~1990 年，在中国进出口贸易基本处于长期逆差的背景下，农产品出口又成为了重要的创汇来源；但是，随着改革开放的不断深入，加工制造业的快速发展，尽管农产品贸易处于顺差地位，但是在贸易中的份额越来越小。2000 年，农产品贸易额占总贸易额的比例已经降至 5.7%。很显然，农产品贸易的份额快速下降意味着这一时期工业

---

① 资料来源：《中国对外经济贸易年鉴》(1984)。

② 文中所提及农产品出口额 1950~1960 年数据均为农副产品出口额，不包括农副产品加工品。

③ 当年进口额构成分为生产资料与生活资料，一般而言，在生活资料中，农产品与食品所占比重较小，在此仅用此指标来衡量农产品进口。

④ 三年自然灾害期间，中国出口农副产品及加工品的比重较为稳定。

⑤ 1982 年为逆差。

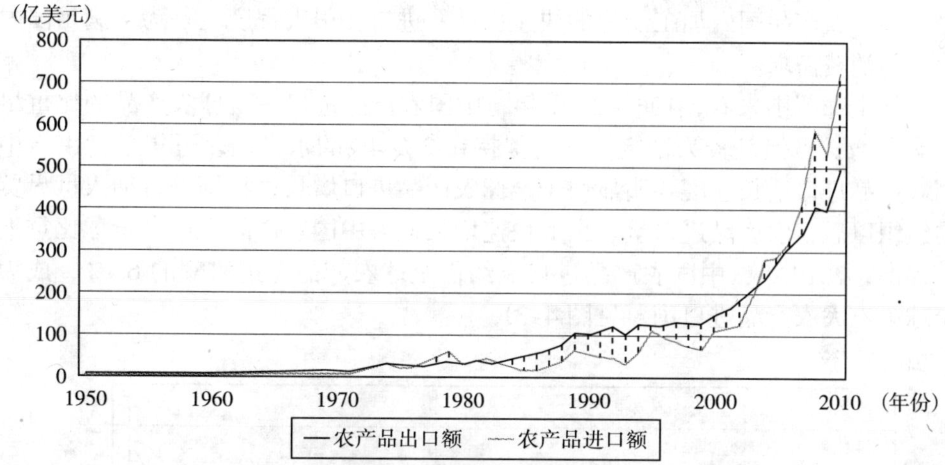

图 4–1　中国农产品贸易

资料来源：①1950~1960 年数据来自对外贸易统计年鉴；②1961~1979 年为联合国粮农组织数值；③1980~1991 年为对外贸易统计年鉴；④1992 年为程国强计算数；⑤1993~1994 年为姚雨辰计算数；⑥1995 年以后数据来自农业部。

化的发展速度要远超农业的增长幅度。

2001 年，中国加入世界贸易组织。在随后的时间里，中国的进出口贸易呈现出十分强劲的增长态势，并对拉动中国经济增长起到了重要作用。与此同时，农产品贸易格局也发生了深刻变化，农产品贸易顺差快速减少，从 2004 年开始，农产品贸易逆差开始显现并快速增长，而且根据目前的形势，这种农产品贸易逆差状况在今后也很难得以舒纾，因此可以说中国农产品贸易进入了“逆差时代”，但是相对于总贸易的大量顺差而言，农产品贸易逆差并未对贸易平衡起到一定作用。这一时期，与以往作为出口创汇手段和调剂余缺所不同的

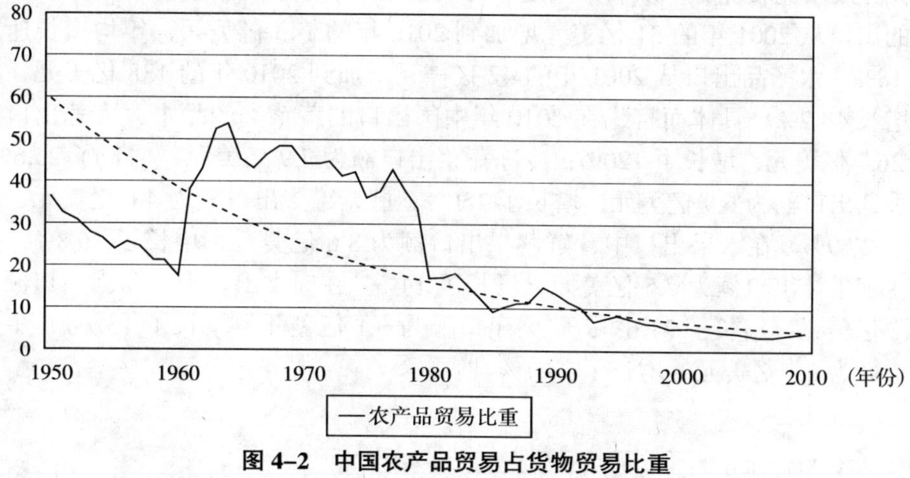

图 4–2　中国农产品贸易占货物贸易比重

是，随着农产品国内加工能力的快速提高，进口在很大程度上是为了满足国内生产与消费需求。

从全球范围来看，1961~2001 年，中国农产品进口占全球农产品的比重尽管有所增长，但是较为稳定，一直保持在 2%~4%的水平上。近年来，由于中国农产品进口增长速度要明显快于全球农产品进口增长，特别是自加入世界贸易组织以后，农产品进口呈现出的快速增长使得中国农产品进口占全球比重不断提高，2010 年，中国农产品进口额约占全球农产品总进口额的 6.4%，成为全球第三大农产品进口国（见图 4–3）。

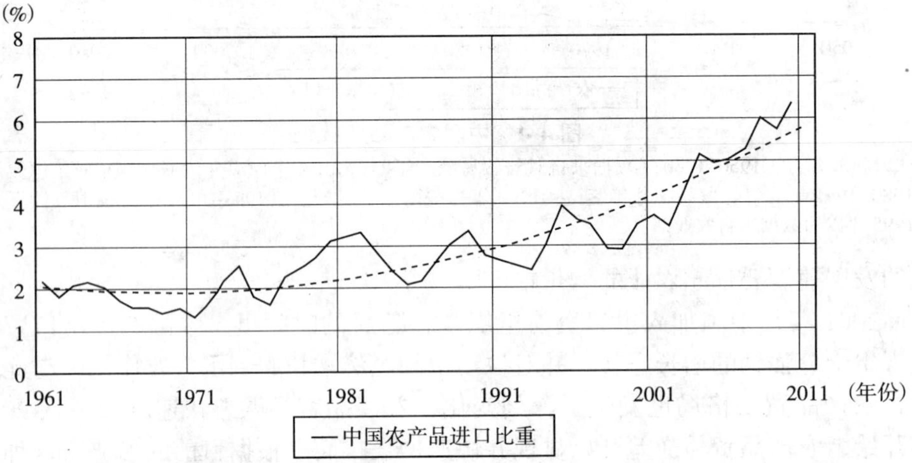

图 4–3 中国农产品进口占全球进口的比重

资料来源：联合国粮农组织；2010 年数据为笔者计算得到。

加入世界贸易组织以来，中国农产品进出口结构得以不断优化，进出口结构充分反映比较优势。从出口角度，劳动密集型农产品出口快速增加：蔬菜水果的出口从 2001 年的 31 亿美元增加到 2010 年的 143 亿美元，年均增长速度为 18%；水产品出口从 2001 年的 42 亿美元增加到 2010 年的 138 亿美元，年均增长 14.2%。具体而言，在 2010 年中国出口的蔬菜类产品中，大蒜出口额为 26.7 亿美元，增长了 120%；冷冻蔬菜出口额为 7.9 亿美元，增长了 23.6%；干香菇出口额为 6.9 亿美元，增长了 150%；蘑菇罐头出口额为 4.6 亿美元，增长了 27.9%。在水果出口中，鲜苹果出口额为 8.6 亿美元，增长了 16.8%，另外，苹果汁出口额为 7.5 亿美元，增长了 14%。在肉类出口中，禽肉出口额为 13.2 亿美元，增长了 31.6%；猪肉出口额为 9.1 亿美元，增长了 13.7%；牛肉出口额为 2.1 亿美元，增长了 34.1%。[①]

① 资料来源：商务部：《2010 年中国农产品出口分析报告》。

从进口角度看，土地密集型农产品进口快速增加，如大豆进口额从 2001 年的 28.1 亿美元增长到 2010 年的 250.9 亿美元，年均增长速度为 27.5%；棉花进口额从 2001 年的 0.8 亿美元增长到 2010 年的 58.5 亿美元，年均增长速度为 60.2%。另外，中国畜产品的进口从 2001 年的 27.9 亿美元增长到 2010 年的 96.6 亿美元，年均增长速度为 14.8%，其中，乳品 28.7 亿美元、动物毛皮 24.2 亿美元、羊毛 20 亿美元[①]（见表 4–1）。与出口园艺产品相对品种多样来说，中国进口农产品均为原料性大宗农产品，而进口量的快速增长主要得益于国内消费的快速增长，更深层次的，可以认为主要得益于中国快速工业化带来的农产品生产加工能力的快速增长。

表 4–1　2001 年以来中国农产品贸易变化

单位：亿美元

类别	年份	2001	2002	2003	2004	2005	2006	2007	2008	2009	2010
出口	粮食	11.0	17.2	26.7	8.4	15.3	11.7	22.0	7.9	7.4	6.9
	食用油籽	5.9	6.2	7.7	8.3	9.0	8.7	10.6	14.1	11.3	11.8
	其中：大豆	0.8	0.9	1.0	1.5	1.8	1.5	2.1	3.7	2.5	1.3
	植物油	0.7	0.6	0.6	0.7	1.7	2.7	1.7	4.1	1.6	1.3
	棉花	0.8	1.7	1.4	0.2	0.5	0.3	0.4	0.4	0.2	0.1
	糖	0.6	0.8	0.3	0.3	1.0	0.6	0.5	0.3	0.3	0.6
	蔬菜、水果	31.4	36.2	44.3	54.4	69.5	79.0	99.1	106.7	106.1	143.4
	畜产品	26.7	25.7	27.1	31.9	32.9	37.3	40.4	44.1	39.1	47.5
	水产品	41.9	46.9	54.4	69.7	67.2	93.7	95.3	106.2	107.0	138.3
进口	粮食	6.4	5.0	4.6	22.3	14.1	8.4	5.4	7.3	9.0	15.3
	食用油籽	31.9	26.4	55.2	71.7	79.9	79.3	120.1	228.7	206.8	265.3
	其中：大豆	28.1	24.8	54.2	69.8	77.8	74.9	114.7	218.1	187.9	250.9
	植物油	4.9	13.2	25.9	36.7	28.1	31.8	62.5	89.9	66.7	71.6
	棉花	0.8	1.9	11.9	32.0	32.2	49.2	35.4	35.3	21.5	58.5
	糖	3.1	2.4	1.7	2.8	3.8	5.5	3.8	3.2	3.8	9.1
	蔬菜、水果	4.2	4.5	5.7	6.8	7.4	8.5	10.6	13.0	17.3	23.1
	畜产品	27.9	28.9	33.6	40.3	42.3	45.6	64.7	77.3	66.0	96.6
	水产品	18.7	22.7	24.9	32.4	41.3	43.0	46.7	54.1	52.6	65.4

资料来源：农业部，其中食用油籽中包含大豆。

① 资料来源：GTIS。

二、理论与文献回顾：全球化与商品价值链

经济全球化促进了生产的全球离散化和区域集聚化倾向，而全球价值链（Global Value Chain，GVC）这种新的生产和贸易组织方式把片段化的生产集聚区域联结成为一个有机整体，进一步强化了全球贸易一体化。

（一）关于中国农产品价值链的讨论

在讨论中国农产品参与全球价值链之前，可以先考察中国农产品在国内的价值实现问题。很明显，随着经济发展水平的不断提高，市场经济的不断完善，国内市场的区域贸易壁垒不断下降（万伦来，2009），农产品市场整合程度不断提高（俞闻，1998；武拉平，2002；董晓霞，2009）；毋庸置疑，改革开放以来，我国经济从原先的计划经济向市场经济转型，从这一点来看，只要是存在于时间序列上的比较，那么农产品市场整合程度提高的假说都是可以得证的。但是从当前我国是农户调研来看，农户在现有的市场体系当中仍面对很多困难：如运输、仓储、技术标准等硬软件条件。这一点，不仅在农产品市场上存在，在其他商品市场上也同时存在，这也使得我国在出口受阻的情形下很难启动国内消费市场（徐奇渊，2009）；进一步讲，由于农产品平均单价水平较低，因此流通成本往往占到成本当中的较大份额（张五常，1997）；举例而言，孙侠等（2008）通过微观调研得出流通成本占蔬菜零售价格的一半的结论；再进一步，农产品价格一方面与农民利益直接相关，另一方面会对 CPI 的波动产生重要影响（程国强、胡冰川，2008），那么毫无疑问的是：尽管在当前农产品市场整合程度不断提高的背景下，过高的流通成本一方面使得农民利益受损，另一方面也会对 CPI 波动产生间接影响。

这种状况并非我国独有。根据卢凌霄、周应恒（2008）对农产品市场整合的综述：Kumar 等（2002）通过 1996~1997 年 Uttar Pradesh Hamirpur 地区 6 个村庄分层抽样调查的 60 位农户、55 个中间商，分析了具体农产品不同流通渠道的价差和流通效率，调查显示，农户在流通中面临着很多问题，如缺乏储存设施，较差的运输设备，严格的市场管制法，大量中间商的存在，生产者只得到很少的消费者价格，同时也证实了在农产品价格中很大比例成为流通成本。Chahal 等（2002）通过多层随机抽样，对印度西北部 Punjab 地区 26 个小规模、15 个中规模、10 个大规模渔村进行调查，认为随着流通成本和流通价差的提高，流通效率呈下降趋势，渔民可以通过参加组织、合作营销、合同营销的方式免受过度剥削。许文富（1984）分析了中国台湾主要蔬菜的流通环节价

差和成本，游振铭（1993）通过对台湾农户、批发商、零售商、配送中心的调查，分析了中国台湾地区主要城市的蔬菜流通渠道，认为流通费用会随着流通层次的减少而降低，在中南部地区以农民—零售商的通路流通费用最少，在北部以直销通路的流通费用最少，损耗率也随着流通层次的增加而增加。

上述文献当中大致提及农村专业合作组织与减少流通环节两个改进措施。①当前关于农村专业合作组织的研究较多，主要论证了专业合作组织在生产与销售方面的优势，同样，专业合作社当前主要是由政府推动，多为“自上而下”的模式，因此合作社的组织成本过高，运作良好的合作社基本依靠“大户社员”（苑鹏，2008），与卡特尔的生存逻辑如出一辙（Olson，1965）。因此，就目前我国的实际情况而言，农村专业合作组织并未对农产品流通效率起到根本改变的作用。②从理论上看，减少流通环节可以降低流通成本、提高流通效率。由于我国幅员辽阔、现代化的物流建设仍不完善，如果简单地减少流通环节，不仅不能使流通成本降低，反而有可能适得其反，使得农产品流通效率下降，成本进一步提高；另外，如果通过行政手段减少流通环节，极有可能造成流通环节的垄断，给农户和消费者带来更大的福利损失。

由此，在中国农户参与国际价值链之前，国内流通已经在一定程度上牺牲了农民的利益。从全球化角度而言，随着生产和贸易全球化的不断深入，产业活动的分离和整合在更大的空间上演，世界价值创造体系在全球出现了前所未有的垂直分离与重构，区域经济也从未像今天这样如此深入地嵌入到全球价值链中。根据经合组织（2006）以及世界银行（2005）的评估，中国成为全球价值链上越来越重要的参与者，并且在发展的过程中不断地对自身的价值链进行升级，为了更加明晰地看待这一问题，有必要首先对全球价值链这一个概念在理论层面上做一简单阐述。

（二）从理论到实践：全球价值链

20 世纪 90 年代，Gereffi 和一些学者提出了全球商品链（Global Commodity Chain，GCC）的分析框架，将价值链的概念与产业的全球组织直接联系起来。在全球化的背景下，商品的生产过程被分解为不同阶段。围绕某种商品的生产形成一种跨国生产组织体系，把分布在世界各地不同规模的企业、机构组织在一个一体化的生产网络中，从而形成了全球商品链。并进一步提出了由生产者驱动（Producer-driven）和购买者驱动（Buyer-driven）的全球商品链的二元驱动模式。到 2000 年时，Gereffi 和该领域的其他研究者同意使用全球价值链代替全球商品链这一术语。进一步的，Gereffi（2009）提出了全球价值链的三个重要组成：国际贸易、国外直接投资、跨国公司（见图 4-4）。

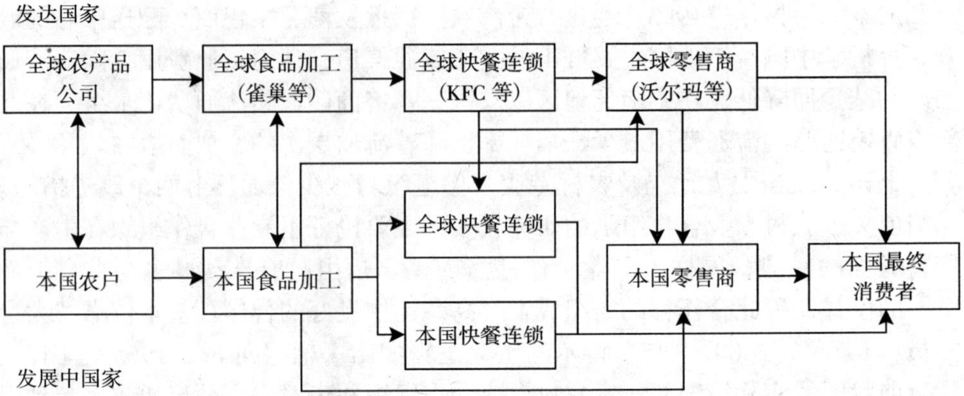

图 4–4　全球食品价值链构成

资料来源：Gereffi（2009），后经笔者改进。

对于具体的农产品价值链的研究，Lopez（2008）从中国与阿根廷的大豆贸易与加工价值链角度出发，指出尽管中国对国际大豆需求的增长可以间接地影响国际大豆价格，但是并未对阿根廷向中国出口的大豆贸易产生影响；同时也指出大豆价值链的增值部分不断向中国移动。对此持类似观点的还有经合组织（2006）与世界银行（2005）。对于大豆的具体价值链，根据其最终消费状况可以分为三个基本层次：蔬菜食用、油用以及食用、饲料用；也可以直观地

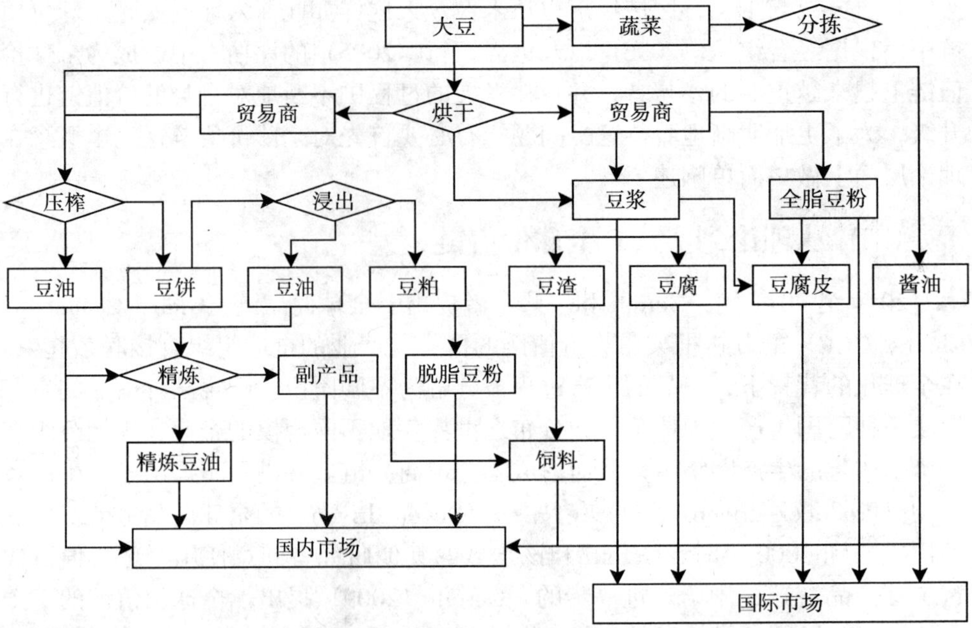

图 4–5　大豆价值链构成

资料来源：http://www.agrobizcambodia.com/，后经笔者改进。

理解为：毛豆、豆油、豆腐、豆粕。当前我国除了作为蔬菜鲜食的大豆以外，国内生产的大豆 2/3 都用于生产豆腐、酱油等相关豆制品，而进口的转基因高油大豆则全部用于大豆油的生产。

对于具体的农产品，在全球价值链当中，从农户种植开始到最终消费者，历经不断的价值增值过程。在这一过程中，如何判定福利的得失以及相应的分配机制成为一个十分困难的价值判断。根据 Hechscher-Ohlin-Samuelson 理论：随着贸易壁垒的消除，自由贸易将必然带来投入全球贸易当中的各种要素获得均等化的价格。这一理论一方面阐述了产品贸易自由化间接导致了要素市场价格的均等化；另一方面也带来了一种价值判断，即在理论上的完全自由竞争的全球商品市场当中，要素不仅在部门间的报酬相等，在国别间也相等。具体到农产品领域，这也意味着，如果全球农产品贸易完全自由化，那么投入各国农业生产的资源所获得的报酬是均等的，实际上，由于农产品贸易壁垒无处不在，因此这一理论并不具备实际意义。但是根据实际的贸易自由化模型的实证结果，随着农产品贸易壁垒的消除，出口国生产者福利以及进口国消费者福利都获得增加，而且总体福利水平呈现出净增加的状况（Hertel，2002）。

再进一步的，根据社会的普遍意识形态，农业是弱势行业，那么农民作为弱势群体，其利益理应受到保护，这一基本认识可以通过近年来的所有政策调控措施得以显现。这里便衍生出一个新的问题，即农民的 1 元钱收入与其他阶层的 1 元钱收入的价值判断问题，这个已经超出了实证经济学的分析范畴，是一个典型的规范命题，同样这一命题也难以通过量化方法来考察。

（三）简要评价：小农户的利益选择

从全球价值链的概念到理论以及最近发展，其基本出发点是基于现代化工业生产以及完善的贸易制度安排。该理论主要考虑完善全球价值链的措施及其内在机制，但是对于价值链上的利益分配并没有引起足够的关注。进一步的，对于特定的农业生产，现代全球价值链理论强调从加工、流通等下游可标准化生产的环节，但是对于上游的农业生产方式以及农民收入分配，特别是发展中国家的小农户的参与方式“视而不见”。不难理解的是，一方面农产品贸易并未纳入世界贸易组织的全球贸易框架；另一方面，数以万计的小农在传统的生产方式下以各种各样的低效率生产（Sarris，2006），也使得他们很难从全球价值链中获得更多。

出于对上述问题的探究，越来越多的国际研究机构，如经合组织、联合国粮农组织与世界银行开始关注全球价值链与小农户的福利影响，但是从现有的研究结论当中不难看出，对于这一命题，由于农业生产的特殊性，同时非可控因素过多，因此从技术上分析小农户参与全球价值链过于复杂（Meer，2006）。

现有的比较成功的研究是有特定性的，如 Reardon（2006）研究中美洲地区的超市发展与小农户利益关系时发现，直接向超市供货的农户能得到显著的更多好处；与此相对的是，在 McCorriston（2006）的研究当中，其强调中间商的存在提高了货物的流通效率，对农户福利具有改进作用，同时也强调福利分配与其占有的市场地位有着直接关系。较为中庸的是 Lundy（2006），其认为在全球农产品价值链当中，组织、治理、政策等因素都对福利分配起到重要的作用，至于如何起作用则未做说明。

很显然，关于小农户参与全球化及其相关福利几乎成了一个研究的“禁地”，不知道是因为内在机制过于复杂，还是因为小农户利益过于渺小，无论是理论还是实证，都很难在实质上走得更远。目前对于中国农业参与全球化的研究，犹如过江之鲫：世界银行与经合组织（2008）报告均指出，在全球价值链当中，中国扮演着越来越重要的角色，并且随着经济的不断发展，中国参与全球价值链的生产活动也在不断升级；具体的，Lopze（2008）更是指出中国大豆进口对于全球大豆价格产生了直接的影响，同样由于中国大豆加工业的高效率给阿根廷带来了国家利益的损失。同样的，对于目前中国农户如何参与全球价值链，以及受到的相关影响，也极为鲜见。为此本章将从全球价值链与利益分配的角度来分析全球化对中国农户的影响。

三、实证研究：基于中国的经验

随着经济发展水平的提高与人口数量的增长，我国食用植物油消费量快速增长。改革开放初期，[①] 我国人均植物油消费量大约为每年 3.5 千克，2010 年我国人均植物油消费量约为 20 千克，超过日本、韩国的植物油消费水平，基本达到发达国家的人均 20 千克水平。[②] 在消费量增长的背后，一方面是国内油料作物产量的大幅度增长，另一方面则是进口量的不断增长。根据中国粮网提供的平衡表数据，2010 年国内食用植物油消费量达到了 2675 万吨，较 2010 年增长 100 万吨，同比增长 3.9%；其中，豆油消费量为 1100 万吨，占总消费量的 41%；菜籽油为 500 万吨，占总消费量的 19%；棕榈油 625 万吨，占总消费量的 23%；其他食用植物油 450 万吨，占总消费量的 17%。在国内食用消费的 2675 万吨植物油中，1753 万吨为国内生产，922 万吨为直接进口；进一步的，在中国消费的 1100 万吨大豆油中，近 90%来自进口大豆。实际上，

---

① 具体为 1983 年，资料来源于历年农业部《中国农业发展报告》。

② 根据中国粮网提供的数据计算。

直接或间接的进口占国内食用油消费的比例达 2/3 以上。

（一）大豆利益链：一个产业的视角

具体到大豆而言，中国大豆市场的开放时间较早。1993 年由于国内消费需求的增长，我国开始对外开放油料市场，但对大豆进口实行计划管理。1996 年，进一步调整了大豆贸易政策，对大豆进口实行配额管理，普通关税为 180%，优惠税率为 40%，配额内税率为 3%。但从实际操作来看，进口配额制度基本没有得到执行，执行的几乎全部是 3%的税率。1999 年，我国开始对大豆实行 3%的单一关税政策。2001 年，我国大豆市场完全放开，外资开始进入。很明显，大豆市场的开放时间要早于我国加入世界贸易组织。

2010 年我国大豆产量约为 1520 万吨，[①] 其中大约 1000 万吨为食用大豆，[②] 520 万吨为油用大豆，而我国 2010 年进口的 5480 万吨大豆则全部用于压榨（见图 4-6）。从地理分布来看，我国的油用大豆全部分布在东北地区，关内种植的大豆全部用于食用，而进口大豆则主要集中在沿海地区，全部用于压榨。在很大程度上，国产大豆与进口大豆是异质的，而主要竞争存在于东北油用大豆与进口大豆之间，目前整个社会的舆论焦点也全部集中于此。

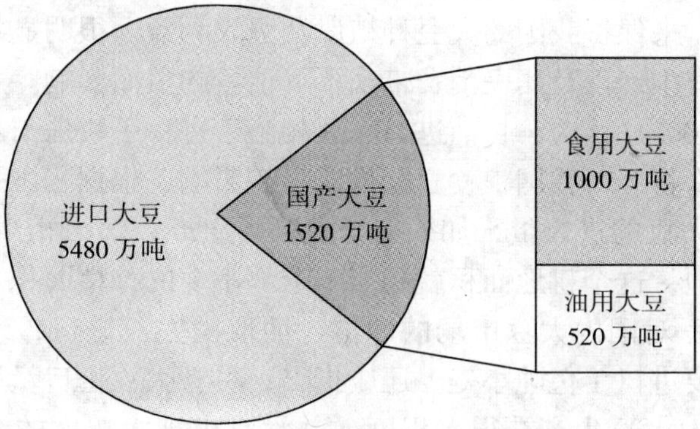

图 4-6　我国大豆需求构成

1. 大豆进口的必然性

如前文所述，大豆原产于我国。长期以来，国内大豆市场处于十分平静的环境之中。2001 年，中国大豆市场完全放开，拉开了中国大豆进口的大幕。2010 年，我国大豆总产量为 1520 万吨，而进口量为 5480 万吨，进口量为国

① 资料来源：国家粮油信息中心。

② 相对而言，国产大豆蛋白含量较高，适合加工豆腐及相关豆制品与调味料；进口大豆含油率相对较高。资料来源：中华油脂网。

内总产量的3.6倍；在这种背景下，任何关于大豆市场的“风吹草动”都能刺痛一部分人的神经。对于大豆市场中的很多问题，可以总结为两个方面：价格与进口量。

当大豆价格上涨时，尤其表现在2007年全球金融危机发生之前，中国作为全球最大的大豆进口国，面对全球高涨的大豆价格，蔓延在国内社会中的一种舆论是，跨国公司的垄断和对价格的操纵，使得中国必须面对很高的进口成本（一如目前中国铁矿石进口的主流论调）；而当2008年3月以后，全球商品市场价格大幅下跌，大豆价格也出现了一半以上的跌幅，国内社会中主要的风向变为：低价大豆冲击国内市场，给国内豆农带来了巨大的损害。无论是大豆价格的上涨还是下跌，按照现有的社会判断标准，对中国都是有害的。在这样的背景下，市场中各利益集团的矛盾几乎难以调和。

当前的基本情况是：我国2010年的食用植物油消费量约为2675万吨，其中1100万吨为大豆油，这也相当于全国人均全年植物油消费量的40%。从直觉上来讲，这也意味着在没有进口大豆的状况下，全国人均每年消费的食用植物油占有量将在现有基础上下降7.5千克，即人均每年12.5千克，大致相当于2003年前后我国食用油的消费水平。[①] 当前有种流行的观点认为，由于大豆的进口对国内大豆生产造成了重大的冲击和损害，所以这种观点的隐喻在于：通过限制大豆进口来保护我国的大豆种植以及豆农利益。很明显，这样的做法将会对我国的农业生产以及居民消费带来不可估量的负面影响。

陈锡文（2009）认为，目前进口大豆相当于进口了耕地与水，如果不进口这些大豆，那么将会对我国粮食安全构成直接影响。根据程国强（2009）的观点，按照目前大豆的进口量，如果完全由国内生产，那么相当于国内要用3.5亿亩左右的耕地，这个耕地面积就相当于全部小麦的种植面积。因此，如果为了防止国外大豆对国内大豆市场的冲击，而取消大豆进口，改为国内生产的话，中国将需要进口1亿吨小麦。还应指出，尽管大豆进口量呈现不断增长的趋势，但是国内大豆生产在很大程度上并没有出现大幅度的下降，具体数字为：2001年我国大豆产量为1500万吨，而2009年产量为1450万吨，国产大豆并未因进口大豆的增长而遭受“灭顶之灾”，另外，我国消费者却因此获得了更多廉价的食用油与畜产品，政府的食物政策目标得以实现。

农业生产牵一发而动全身，农产品市场之间存在高度的关联性，农产品价格之间存在很强的传导性。为了全面评估限制大豆进口对国内农业生产以及农产品消费带来的影响，本研究采用GTAP模型模拟了国内进口大豆数量在2008年基础上降低10%、20%、50%、完全不进口以及大豆进口增长10%、20%状况下

---

① 2003年人均食用植物油占有量为12.3千克。

的可能情景（情景Ⅰ、Ⅱ、Ⅲ、Ⅳ、Ⅴ、Ⅵ）。根据模型结果可以得到：

（1）农业生产。从这个角度出发，可以发现，大豆进口下降对我国农业生产带来的负面影响是显而易见的。在大豆进口量下降 10%这种相对温和的状态下，我国自身的油料作物产量将增加 8.84%，但是食用油脂的数量会下降 2.34%，同时水稻、小麦与其他粮食生产都会有所下降，其他作物以及畜产品、乳品以及食品产量都会有所下降。进一步的，当大豆进口量下降 50%时，我国国内油籽产量将增长 71.69%；但是食用油脂消费量将大约下降 12.70%，此时已经开始对居民的食用油消费产生较大影响；与此同时，我国粮食产量将大约下降 2%，这个数量已经对粮食安全造成一定影响；畜产品产量也将会出现 2%左右的降幅；整体来看，减少 50%的大豆进口将会对国内农业生产和居民消费带来重大影响。极端的状况是，在完全不进口大豆的状况下，国内油籽产量将会增长 5 倍，[①] 而粮食产量将下降 15%左右，同时畜产品将减少 15%~20%的产量，食用油脂的消费量将减少一半；在完全不进口大豆的情况下，不仅带来农业生产与居民消费的极端影响，同时也会带来社会的不稳定。可以对比的是，在大豆进口量增长 10%与 20%的状态下，尽管我国国内油籽产量会有相应的下降，但是粮食产量、畜产品产量以及食用油脂的产量都会呈现出不同程度的增长（见表 4–2）。

表 4–2　各模拟情景下我国农产品的产量变动

单位：%

	Ⅰ	Ⅱ	Ⅲ	Ⅳ	Ⅴ	Ⅵ
水稻	–0.24	–0.53	–1.91	–13.83	0.19	0.36
小麦	–0.20	–0.44	–1.66	–15.31	0.17	0.31
其他粮食	–0.18	–0.41	–1.52	–12.63	0.15	0.27
蔬菜水果	–0.12	–0.28	–1.05	–8.62	0.10	0.18
油籽	8.84	19.59	71.69	526.26	–7.41	–13.74
糖料	–0.08	–0.19	–0.72	–6.06	0.07	0.12
棉花	0.00	0.01	–0.02	–1.49	0.00	0.00
其他作物	–0.22	–0.51	–2.62	–40.05	0.17	0.31
牛羊马	–0.08	–0.18	–0.64	–5.65	0.07	0.13
其他畜产品	–0.21	–0.47	–1.73	–15.52	0.18	0.33
牛奶	–0.15	–0.32	–1.16	–10.17	0.13	0.23
肉制品	–0.08	–0.18	–0.72	–7.94	0.07	0.13
其他肉制品	–0.35	–0.76	–2.65	–22.04	0.31	0.59
油脂	–2.34	–4.81	–12.70	–51.99	2.17	4.15
其他食品	–0.30	–0.67	–2.37	–14.77	0.24	0.44

① 由于对于极端状况的模拟，模型的误差变得很大。

（2）农产品价格。根据情景Ⅰ、Ⅱ、Ⅲ、Ⅳ的结果，减少我国大豆进口将带来农产品与食品价格的整体上涨，而根据情景Ⅴ、Ⅵ的结果，增加大豆进口会带来农产品与食品价格的下跌。具体而言：在大豆进口下降10%的状况下，国内油籽价格将上涨1.81%,[①] 食用油脂价格将上涨3.42%，粮食价格、畜产品价格以及其他食品价格将会一个小幅度的上涨。在大豆进口量下降50%的状况下，我国油籽价格将上涨13.95%，同时食用油价格将上涨19.22%，粮食价格大约上涨1%，畜产品价格大约上涨2%~3%。在极端情况下，即我国完全禁止大豆进口，此时国内油籽价格将上涨120%，食用油脂价格将上涨85%，粮食价格将上涨10%~20%，畜产品价格将上涨20%~30%，这种价格上涨将带来确定性的通货膨胀。可以对比的是，在大豆进口量增长10%与20%的状态下，我国国内油籽价格与食用油价格将有一个显著的下降，同时其他粮食与食品价格水平均有不同幅度的下降（见表4–3）。

表4–3 各模拟情景下我国农产品价格的变动

单位：%

	Ⅰ	Ⅱ	Ⅲ	Ⅳ	Ⅴ	Ⅵ
水稻	0.04	0.09	0.68	16.02	–0.02	–0.04
小麦	0.03	0.08	0.50	10.65	–0.02	–0.04
其他粮食	0.04	0.10	0.64	13.81	–0.03	–0.05
蔬菜水果	0.05	0.13	0.83	17.48	–0.04	–0.07
油籽	1.81	3.94	13.95	119.17	–1.58	–2.97
糖料	0.06	0.14	0.81	16.16	–0.04	–0.07
棉花	0.05	0.12	0.64	11.71	–0.04	–0.07
其他作物	0.05	0.11	0.65	11.73	–0.03	–0.06
牛羊马	0.21	0.46	1.82	24.47	–0.19	–0.36
其他畜产品	0.36	0.78	2.76	26.86	–0.32	–0.61
牛奶	0.20	0.44	1.62	15.58	–0.17	–0.33
肉制品	0.07	0.15	0.59	8.65	–0.06	–0.13
其他肉制品	0.26	0.56	1.97	19.11	–0.23	–0.45
油脂	3.42	7.14	19.22	84.64	–3.06	–5.73
其他食品	0.65	1.46	5.20	34.40	–0.52	–0.94

从理论上看，当限制大豆进口时，农产品价格将全面上涨，此时农民将获得由此带来的好处，而消费者将因此受损，全国的整体经济福利水平下降。更为严重的是，当大豆进口减少时，我国农业乃至国民经济生产结构将发生变

① 由于CGE模型的价格变动是基于市场调整和出清在瞬间完成的假定，因此在实际情况中，阶段性涨幅应当更大。

化、资源将在各行业间重新分配，由此带来资源价格的变动，就农业生产而言：当大豆进口减少10%时，我国土地价格将上涨0.65%，而同时劳动参与率将会下降，产生相对更多失业，劳动力价格将下降0.1%。进一步的，当大豆进口下降50%时，我国土地价格将上涨7.93%，此时劳动力价格将下降0.9%。极端情况下，我国土地价格将上涨139.22%，劳动力价格将下降10%左右（见表4–4）。对于限制大豆进口的后果而言，一方面带来食品和农产品价格的上涨，另一方面带来失业与劳动力工资的下降；而放宽大豆进口将会带来土地价格的下降与劳动力工资水平的上涨。就上述模拟结果的对比来看，进口大豆即进口资源的观点对中国的国情是更为可取的，特别是面对我国快速发展的城镇化、工业化而言。

表4–4　各模拟情景下我国土地、劳动力价格的变动

单位：%

	Ⅰ	Ⅱ	Ⅲ	Ⅳ	Ⅴ	Ⅵ
土地	0.65	1.56	7.93	139.22	–0.49	–0.86
非熟练劳动力	–0.10	–0.23	–0.90	–8.70	0.08	0.13
熟练劳动力	–0.14	–0.33	–1.31	–12.69	0.11	0.20

2. 利益主体的基本情况

（1）豆农。客观地说，2001年我国完全开放大豆市场以来，大豆的种植面积并未减少、大豆产量并未减少、豆农的种植收益并未减少。从整体上看，随着农业税的取消以及粮食直补等一系列惠农政策的出台与实施，相对而言，豆农的种植收益随着大豆市场价格波动变化较大，变得十分不稳定，其中2008年每亩净收益最高达到178.45元，比最低2006年的67.84元要高出160%（见表4–5）；反观基本粮食作物，2004年以来，种植收益基本稳定在一个较高水平。从这一点可以反映出，农产品市场价格的稳定有助于农业种植收益的稳定。

表4–5　我国大豆与粮食每亩净利润变化

单位：元

年份	2001	2002	2003	2004	2005	2006	2007	2008	2009
大豆	75.26	130.60	111.73	127.06	81.48	67.84	175.21	178.45	107.52
粮食	81.21	54.28	34.21	196.50	122.58	154.96	185.18	186.39	192.35

资料来源：《全国农产品成本收益资料汇编》（2002~2009）；其中粮食为三种粮食平均值。

如上文所述，由于中国大豆南北消费存在差异，因此各地大豆种植的成本收益也存在很大差异。黑龙江与内蒙古是我国大豆种植面积最大的两个省份，同时也是大豆亩均净收益最低的两个省份，其主要原因在于：黑龙江播种面积大，单位投入劳动力相对较少，单产较低，因此每亩净收益较低；同样，由于

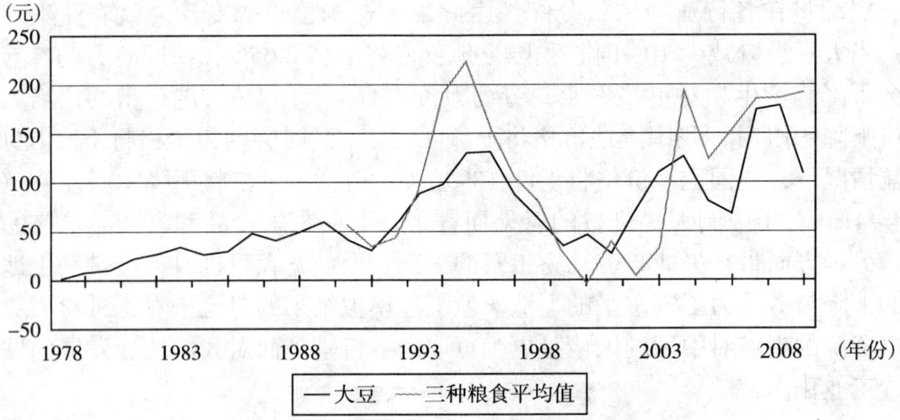

图 4–7　我国大豆与粮食每亩净利润变化

内蒙古大豆单产全国最低，因此每亩净收益也处于全国最低水平。

表 4–6　2006~2009 年我国各地区大豆每亩净收益

单位：元

年份	平均	河北	山西	内蒙古	辽宁	吉林	黑龙江	安徽	山东	河南	重庆	云南	陕西
2006	68	214	138	–100	95	74	48	115	228	112	310	79	64
2007	175	481	241	39	302	247	123	249	471	240	138	72	89
2008	178	187	148	130	201	226	154	247	370	225	144	161	178
2009	108	278	73	1	97	123	85	166	368	181	155	120	108

资料来源：《全国农产品成本收益资料汇编》（2007~2010）。

（2） 加工企业。大豆压榨的主要产品是豆油与豆粕，只要大豆压榨后所产出的豆粕和豆油的总价值高于大豆原料的采购成本及加工成本之和，其压榨就是有效益的。根据经验来说，其压榨利润公式为：

压榨利润 = 豆油价格 × 出油率 + 豆粕价格 × 出粕率 – 大豆价格 – 加工费

其中，进口大豆出油率为 18%，国产大豆出油率为 16%；进口大豆出粕率为 78%，国产大豆出粕率为 78.5%；大豆压榨加工费在相当长一段时期以内为常值，中国国内每吨为 100 元人民币。因此压榨利润直接与豆油价格、豆粕价格及大豆价格相关。

由于大豆压榨行业竞争较为充分，因此压榨利润率处于一个较低水平，一般来说，大豆压榨利润每吨基本上在 100~300 元，当压榨利润过低时，榨油企业一般选择停产。自 2009 年 8 月以来，全球豆粕和豆油价格上涨的幅度要高于大豆价格的上涨，因此大豆压榨利润主要表现为上扬，按照当前 3700~3750 元每吨的进口大豆价格计算，平均每吨进口大豆压榨利润可以达到 200 元；同样，由于进口大豆价格上涨，国产大豆压榨利润也表现为上升，只是上升的幅度比进口大豆要少，平均每吨 150 元左右，国产大豆与进口大豆压榨利润的差额基本上为大豆价格差。尽管利润率较低，但是随着我国大豆进口量的快速增长和压榨企业的规模扩张，压榨企业的利润总额仍然增长迅速。

（3）政府。2008 年春季，在全球大豆价格大涨的背景下，国内豆农的种植积极性高涨，大豆种植面积和产量大幅提高。以黑龙江为例，据该省有关部门统计，2008 年黑龙江大豆产量达到 700 万吨①（甚至有民间机构估算为 900 万吨）；2008 年下半年，由于金融危机爆发，国际大豆价格急转直下，国内大豆市场价格也急剧下跌：2008 年 7~10 月，黑龙江省内大豆价格从每斤 3.05 元跌至 1.50 元，跌幅超过 50%。在此背景下，为了保护豆农利益，根据 2008 年 10 月 17 日国务院常务会议精神，在东北地区按照每市斤 1.85 元的价格挂牌收购中央储备大豆。从 2008 年秋季至今，国家连续出台了四批中央储备大豆和国家临时存储大豆收购计划，分别为 100 万吨、103 万吨、250 万吨、125 万吨，三等标准品大豆收购价格 1.85 元/斤，收购期限截至 2009 年 6 月底。

2009 年 10 月，政府继续对东北大豆实施临时收储政策，② 具体为：大豆临时收储价格为 1.87 元/斤，收购期限为 2009 年 12 月 1 日至 2010 年 4 月 30 日；与此同时，中央财政根据指定大豆压榨企业加工能力和实际收购、加工数量，以及东北地区中央储备大豆实际轮换收购情况，给予指定大豆压榨企业和中储粮总公司一次性费用补贴 0.08 元/斤。补贴期限与收购期限相同，当市场价格高于国家规定的临时收储价格一定幅度后，中央财政适时停止补贴。

从客观上看，东北大豆保护价收购政策的实施有效地缓解了大豆市场价格进一步下跌的风险，使得大豆价格能够维持在一个相对较高的水平上，使得豆农不至于因为市场风险过大而遭受更多损失。从这一点上看，大豆保护价收购政策的目标已经实现。另一方面，该政策也产生了一些负面效应，大体看有以下几个方面：首先，从技术上讲，由于农户缺乏必要的分拣和烘干设备，因此从技术指标上，普通农户很难达到国储收购要求；同时由于中储粮成为唯一收购主体，收购网点有限，加上运输以及排队成本，农户往往以相对较低价格销售给当地的豆贩。其次，按照国家政策，通过保护价收购的粮食应当加上必要的费用加以销售，即顺价销售。但是在国内国际大豆价格倒挂的背景下，顺价销售的大豆价格可能高于进口大豆价格，因此国储大豆的拍卖成交率往往较低。如果不能顺价销售，那么仓储问题会日渐突出，并影响其他粮食收购。最后，由于保护价起到了“托市”的作用，使得国产大豆与进口大豆价差较大，因此使得下游以国产大豆为原材料的压榨企业竞争力下降，利润减少。实际

①《中国经济时报》，http://news.ca315.com.cn/jj/2009/0629/158544.html。

② 资料来源：中华粮网。

上，从政府开始以保护价收购大豆以后，黑龙江榨油企业基本处于停工状态，由于政府近期采取了对加工企业的补贴措施，情况有所改善。

3. 植物油加工的行业分析

植物油市场完全放开以来，我国植物油生产的总产值不断增长，进入该行业的企业数量不断增长，同时该行业吸引的就业数量不断增长。具体而言：

（1）我国植物油生产的工业总产值从 2003 年的 1345 亿元增长到 2008 年的 4322 亿元，[①] 年均增长 26%。对该行业产值增长贡献最大的是私营企业和外资企业，其中私营企业的增长速率最快：产值从 225 亿元增长到 1178 亿元，增速为 39%；同期外资企业的产值也从 524 亿元增长到 1968 亿元，增速为 30%；而国有企业的总产值从 123 亿美元下降到 65 亿美元，平均每年下降 12%（见图 4–8）。从结构上看，外资企业的总产值约占全行业的 2/3。

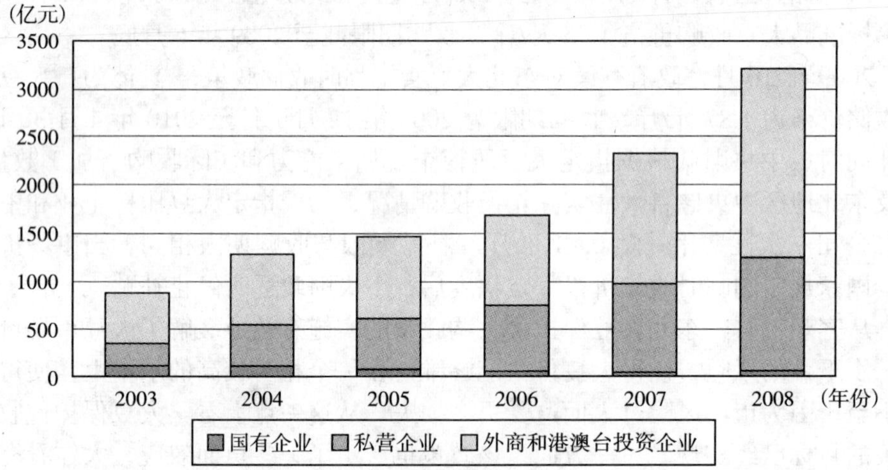

图 4–8　我国植物油生产行业的工业总产值

（2） 我国植物油生产的企业单位数从 2003 年的 1281 个增长到 2009（1~8 月）年的 2089 个，[②] 年均增长 26%。其中，私营企业的数量从 398 个增长到 1392 个，增速为 23%，从整体上看，私营企业数量在 6 年时间增长了近 4 倍；同期外资企业的数量也从 91 个增长到 130 个，增速为 6%；而国有企业的数量则从 262 个下降到 34 个，平均每年下降 29%，从整体上看，国有企业数量在 6 年时间里减少了近 90%（见图 4–9）。

① 资料来源：国家统计局。由于对企业性质的统计技术问题，上述国有企业、私营企业与外资企业的总产值加总不等于全行业的工业总产值。

② 同上。

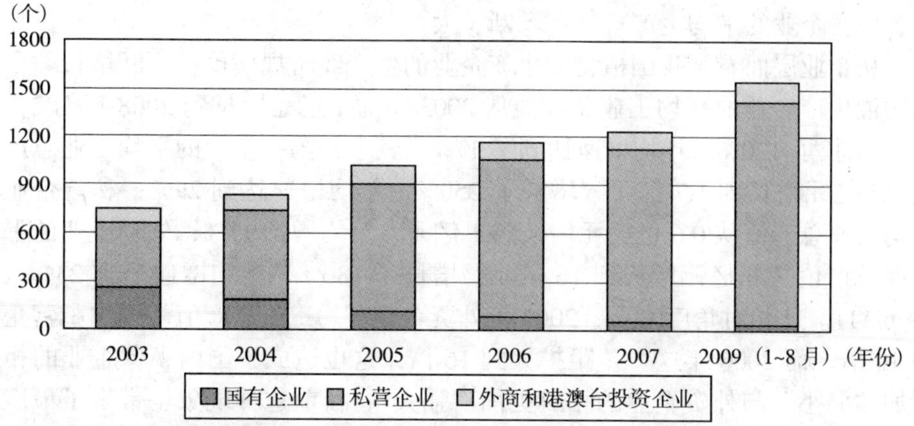

图 4–9　我国植物油生产行业的企业单位数（单位：个）

（3）我国植物油生产的从业人员平均数从 2003 年的 17 万人增长到 2009（1~8 月）年的约 22 万人，[①] 年均增长 4%（见图 4–10）。其中，私营企业的就业人员平均数从 3.4 万人增长到 11.6 万人，年均增速为 23%；同期外资企业的就业人员平均数也从 2.2 万人增长到 3.1 万人，年均增长 6%；而国有企业的平均就业人员则从 3.7 万人下降到 0.2 万人，平均每年下降 36%。

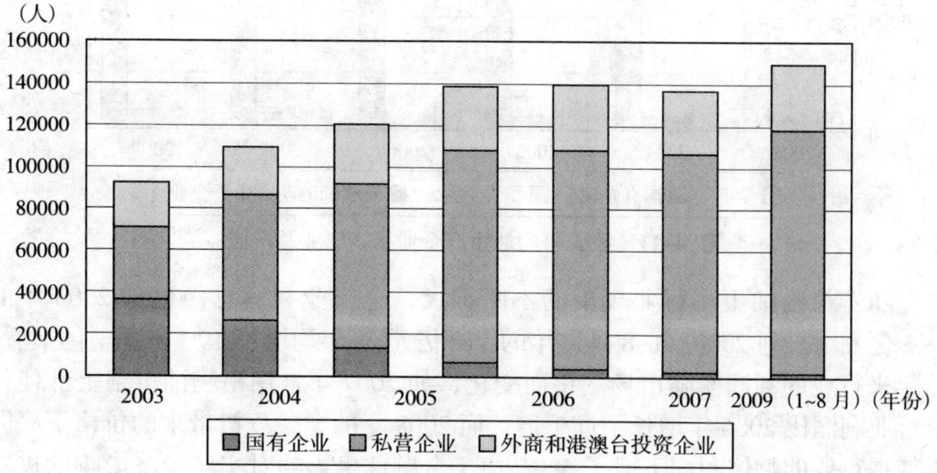

图 4–10　我国植物油生产行业的从业人员平均数

很明显，一方面，植物油生产行业的增长是在市场不断放开，国有企业不断退出与转制的过程中实现的；另一方面，在植物油加工行业的不断扩张过程

① 资料来源：国家统计局。由于对企业性质的统计技术问题，上述国有企业、私营企业与外资企业的总产值加总不等于全行业的工业总产值。

中，外资企业的平均生产规模在不断扩大。

从企业层面看，我国植物油生产企业的生产经营规模也在不断增长。全国植物油生产企业的平均工业总产值从 2003 年的 1 亿元增长到 2008 年的 2.3 亿元，[①] 增长了 120%，年均增速达到了 17%。其中，国有企业的平均工业总产值从 0.5 亿元增长到 1.7 亿元，增长了 250%，年均增速达到 29%；私营企业的平均工业总产值从 0.6 亿美元增长到 1 亿元，年均增长 11%；外资企业的平均工业总产值从 6 亿元增长到 16 亿元，增长了 180%，年均增速达到 23%（见图 4–11）。从相对角度来看，2003 年外资企业平均工业总产值是国内私营企业的 10 倍，而 2006 年这一差距扩大到 16 倍，这也造成了国内私营企业的相对更加"弱小"与外资企业的相对更加"强大"，目前这种现象也带来了最广泛的社会争议。

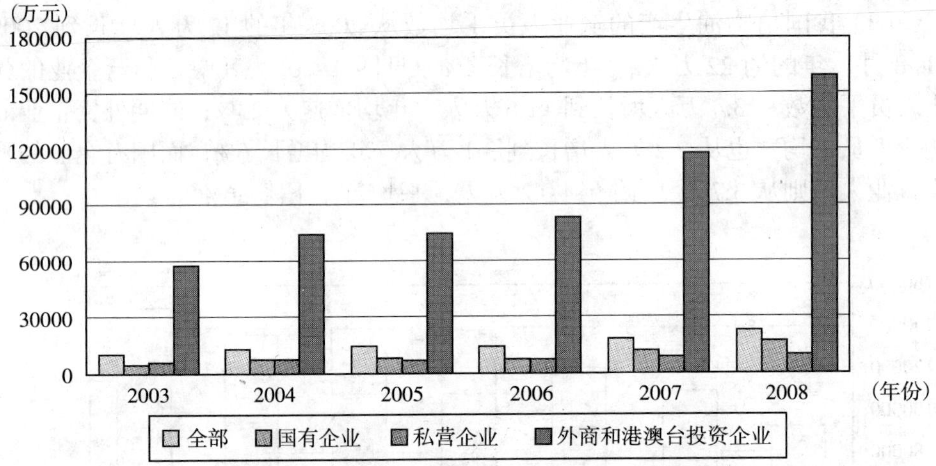

图 4–11　我国植物油生产企业平均工业总产值

随着植物油生产行业规模的不断扩大，全行业利润总额也从 2003 年的 38.5 亿元增长到 2009（1~8 月）年的 110 亿元，[②] 年均增长 19%。从整体上看，近年来行业的利润额随市场变化而变化，如 2007 年食用植物油价格上涨使得全行业利润比 2006 年增长了近 1 倍；而 2008 年的金融危机带来的价格下降同样使得行业的整体利润下滑了 5%；由于金融危机影响对实体经济影响的进一步加深，2009 年 1~8 月，行业整体利润下降了 11%。[③]

从结构上看，外资企业的利润总额在行业中占一半以上，特别是 2007 年

① 该数值为植物油生产行业总产值除以企业数量。

② 资料来源：国家统计局。由于 2007 年、2008 年没有 12 月的数据，因此全年数据用 2007 年与 2008 年 1~11 月作为近似数据。

③ 2008 年 8 月以后，食用油压榨行业全行业亏损，因此使得 2008 年行业整体利润下滑。

全球农产品价格暴涨以来，外资企业的利润总额从2006年的26亿元增长到60亿元，增长了132%；与此同时，国内私营企业的利润总额从29亿元增长到39亿元，增长了36%。由于植物油生产行业的充分竞争，从理论上说，行业的利润率基本接近一致；之所以内资、外资存在这样的利润差异，其原因在于外资企业对上游大豆供应链的高度控制带来了超额利润，这部分收益可以认为是大豆等油料产品价格上涨带给外资企业的额外利润，而非来自植物油生产行业本身的效率差距。2008年，随着全球农产品价格的不断下降，外资企业的整体利润也从60亿元下降到44亿元，下降了27%；而国内私营企业的利润则从39亿元增长到45亿元，增长了16%。这种变化也可以认为是由于大豆等油料产品价格下降带给外资企业的亏损，这也进一步佐证了对2007年外资企业获得超额利润的一个可能假说。

通过对植物油加工行不同性质企业的利润比较可以发现，外资企业通过对上游油籽的供应链控制（特别是大豆）以期达到规避风险、利润最大化的目的；但是从实际经验看，这一措施并非完美。诚然，在2007年全球农产品价格暴涨的状况下，各拥有上游农产品供应资源的外资企业均获得的极大的利润，这一利润要远远高于国内私营企业从加工领域中获得的回报；但是由于全球金融危机的深化，全球农产品价格的下跌同样也给上述拥有上游供应链的企业带来了额外的亏损。

通过对比可以得出，对上游农产品供应链的控制并非一种绝对完美的做法，因为在农产品市场全球化的今天，经营风险早已超越了某个单一行业与区域范畴，传统的通过对供应链的整合与控制来实现成本内部化以及风险控制的方法在面对全球市场风险时显得格外单薄。举例而言，在传统上，食用大豆油市场主要受到该市场供需两方面因素决定，因此，企业向上游做纵向一体化整合可以在很大程度上将市场风险纳入企业经营范畴，从而实现风险控制；然而，随着全球化的不断深入，食用植物油市场的影响因素早已超越了市场本身的供求层面，全球能源价格的变动、生物能源的发展乃至全球气候变化都会对这一市场产生重要影响，越来越多的风险无法被企业内部化。据此，传统的供应链控制并非是适应全球化和放之四海而皆准的完美方法。

由于我国食用植物油加工行业的充分竞争，全行业的利润率都保持在一个相对较低的水平。如前所述，由于2007年全球食用油价格上涨，全行业平均利润率达到近几年来的最高水平4.1%；其中国有企业的利润率最低，为1.1%，国内私营企业利润率最高，为4.9%，外资企业的利润率为4.5%。2008年，全行业的平均利润率有所下降，为2.9%；其中国有企业利润率有所增长，为3.6%，国内私营企业为4.4%，而外资企业则下降到2.3%。自2009年以来，全行业的平均利润率有所回升，为3.7%，其中国有企业为2.4%，私营企业为

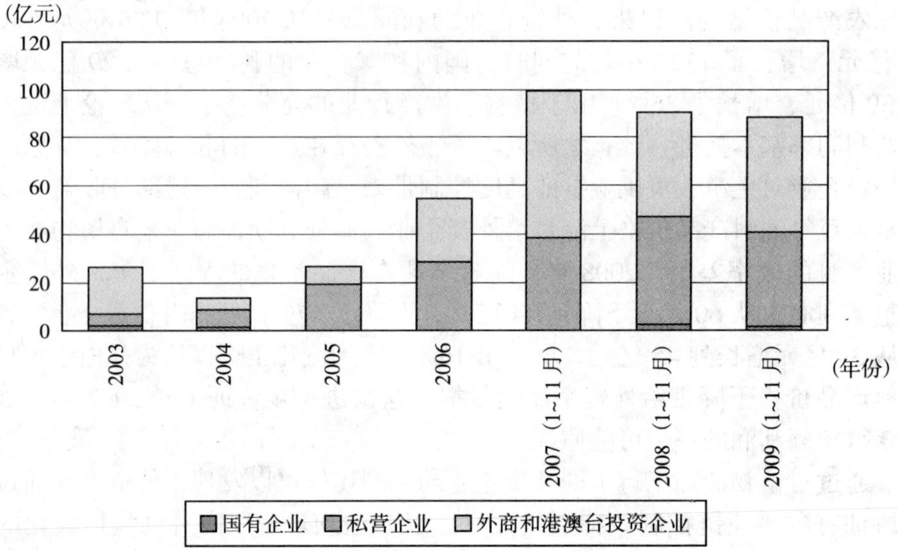

图 4–12　我国植物油生产企业的利润额

4.7%，外资企业为 3.7%。

尽管外资企业在我国植物油生产行业所占份额超过 2/3，同时其单个企业规模要远远大于国内私营企业，然而在其快速扩张的同时，并不能掩盖的事实是，我国私营企业的数量与吸纳就业人数在不断增长。进一步的，从外资企业的利润率角度来看，并未出现大幅高于国内私营企业的状况。在这种状况下，外资企业与国内私营企业的规模差距越来越大，即国内私营企业相对于外资企业变得规模更小，但是并不意味着外资企业的扩张带来了国内私营企业的损害。

很明显，从绝对量上看，国内私营企业的规模、数量等指标都伴随着外资的扩张过程而增长；同时由于国内私营企业的利润率要高于外资企业与国有企业的利润率，这也说明在这一行业当中，国内私营企业具有更高的效率，也意味着国内私营企业可以在激烈的行业竞争中继续生存下去。对于社会广泛关注的食用植物油加工行业的外资集中度过高问题需要从另一个视角去审视：外资企业的大规模快速扩张给我国的植物油加工行业实际上带来了一个“帕累托改进”，而非“卡尔多—希克斯改进”。因此，当这一问题面对广泛的社会争议时，应当加以更客观的认识与更理性的思考。

（二）鸡肉利益链：一个企业的视角

随着经济的发展、城市化的推进和生活节奏的逐步加快，消费者对方便食品、即食食品的需求量快速增加，随之兴起的是快餐和微波炉食品。相对于猪肉和牛肉而言，鸡肉更适合方便食品和快餐业制作工艺的要求和标准，且无宗

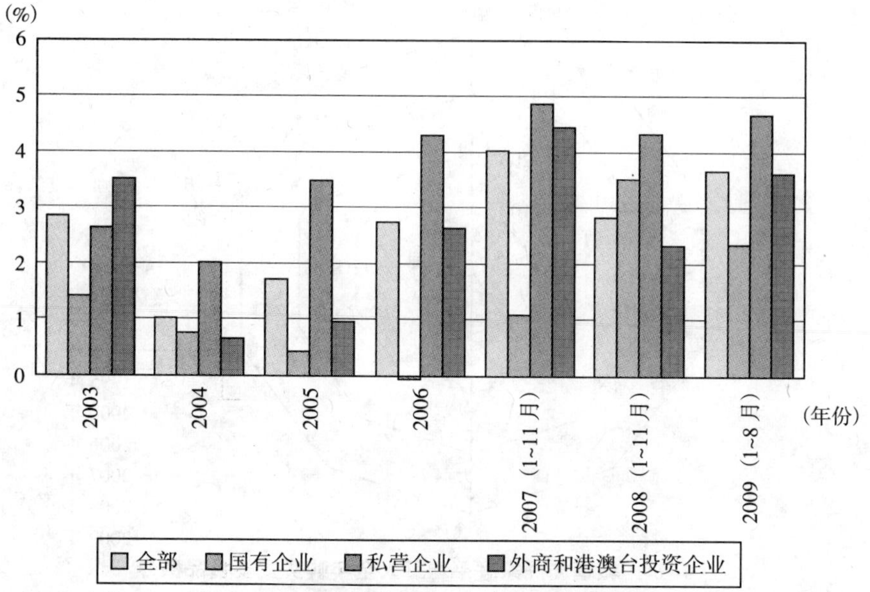

图 4–13　我国植物油生产企业的销售利润率

教限制，是方便食品和快餐食品的主要肉类原料，而肉鸡因其生长周期短，肉料比低，因此成为快餐行业中肉类的首选。这一点可以从国际快餐连锁店——肯德基和麦当劳在中国的发展就可以窥见一斑：肯德基于 1987 年进入具有悠久饮食文化的古都北京，麦当劳于 1990 年在深圳开设中国的第一家餐厅。不考虑各店规模和收益上的差别，截至 2008 年年底，肯德基在中国的餐厅共计 2100 余家，麦当劳也达到 1000 家店。因此对高品质鸡肉的数量需求不断增长。

据联合国粮农组织统计，我国肉鸡屠宰量从 1980 年的 10 亿只增加到 2009 年的 80 亿只，[①] 增长了 7 倍。鸡肉产量从 1980 年的 100 万吨增加到 2010 年的 1200 万吨，增长了 11 倍。快餐行业的发展对鸡肉，特别是对肉鸡的消费起到了一个巨大的推动作用。根据中国统计年鉴数据，[②] 以城镇居民家庭食物消费为例，假定 1990 年各类食品购买量为指数 100，各年购买量与基期相比乘以 100 得出各年度食物消费指数，在此基础上作雷达图（见图 4–14），通过该图可以看出：在总量上，城镇居民总食品消费量有了较大的增加；在结构上，城镇居民家庭禽肉[③] 消费增长幅度要远高于其他食品。[④]

① 国内有资料显示，2010 年肉鸡出栏量约为 100 亿只。

② 资料来源：《中国统计年鉴》(2009)。

③ 根据一般经验，国内鸡肉占禽肉比重的 2/3 左右。

④ 根据萨依定律（Say’s Law）或全球价值链理论（Global Value Chain），都有关于“供给产生需求”的论述。因此从理论上看，肉鸡加工市场的开放对消费的增长有很大贡献。

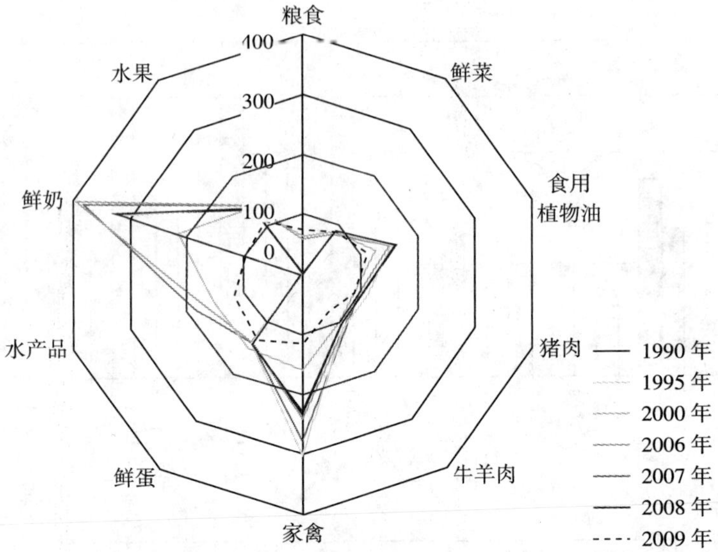

图 4-14　城镇居民家庭平均每人全年购买主要食品数量

注：以 1990 年各类食品购买量为指数 100，各年购买量与基期相比乘以 100 得出各年度食物消费指数。

资料来源：《中国统计年鉴》(2010)。

在国内投资的 A 鸡肉生产公司（以下简称 A 公司），采取同农户签订契约的方式，由农户进行肉鸡养殖，达到鸡雏，饲料、防疫、饲养标准、市场行销的“五统一”，从而使产品达到食品安全的要求。从肉鸡加工来看，如果按屠宰数量来计，A 公司是中国第三大鸡肉加工产商，是肯德基、麦当劳、德克士等国际快餐连锁店在中国最大的鸡肉供货商，同时也是日本伊藤洋华堂及 7-Eleven 连锁便利店的中国最大鸡肉产品出口商。

1. 肉鸡的契约养殖模式

A 公司本身并不进行肉鸡养殖，而是根据农户本身的饲养条件，如鸡舍状况和养殖经验等，同有意愿的农民签订契约养殖合同。根据契约，农户按照合同上的价格从 A 公司统一购买鸡雏、饲料，养殖过程中统一由 A 公司负责养殖指导和防疫；出栏后，农户再按照事先商定好的契约价格统一卖给 A 公司。该模式也是目前在我国农业生产和流通过程中最为典型的“公司+农户”模式。

其具体过程如下：①A 公司向签订契约的农户交付和出售经检查、筛选及接种疫苗的成批孵化的日龄鸡雏及不同生长阶段的饲料（鸡雏饲料、小鸡饲料、中鸡饲料、大鸡饲料）；鸡雏出生后的 7 日内，如果发现有毛病的鸡雏可在交付 10 日内退回。②饲料和鸡雏交付后，农户以货到付款的方式支付鸡雏和饲料的采购款，对于有长期合作的契约户可以采取赊雏赊料，等到鸡雏长成、公司回购后，从出售的款项中直接扣除。③农户在公司技术人员的指导下进行养殖，这包括用料指导、定期防疫等。④38~42 天，鸡雏长成大鸡，农户按照合同签订的价格售给 A 公司，A 公司对每批鸡进行药物残留和微生物的检测，符合合同标准的鸡统一回购，并支付货款给农户。上述肉鸡的契约生产流程可简化如图 4-15：

先定农户
签订合同 → 出售鸡雏
配备饲料 → 雏料送达
农户付款 → 提供技术
做好防疫 → 回购活鸡
结清余款

图 4-15 鸡肉加工企业与养殖户的“公司+农户”模式

2. 养殖户收益状况

自从 A 公司进入了中国鸡肉加工市场以来，带动了国内肉鸡饲养行业的发展，从客观上推动了肉鸡的规模化养殖程度，改进了养殖技术，因此给养殖户带来了实实在在的经济收入。对 A 公司采取的契约养鸡，从最初 1990 年的平均每户每批 300~500 只，发展到现在平均每户每批 8000 只；从最初的几十户发展到现在的 6000 户。以一只活鸡的纯利润 1 元来计算，每批鸡（38~42 天生长期）可获得 8000 元，一年可养 3~4 批鸡，这样全年的纯收入可达 24000~32000 元，按照每批鸡需要 3 个劳动力来计算，单纯养鸡人均年收入可达 8000~10000 元。

除了给农户带来直接的经济收入外，该契约养殖方式指导了农民如何科学合理地养殖，改变了农户以往过多投放饲料，不注重料肉比的饲养方式，对其他农户来说也起到了示范的作用；同时，如果农户没有足够资金购买鸡雏和饲料，可以通过赊欠、出售活鸡后付款的方式，起到了短期小额贷款的效果，对那些想养殖但无本钱且借款困难的农户而言，无疑是开辟了一个很好的途径；另外，契约的签订，活鸡出售价格的提前确定，在一定程度上让农户规避了市场风险；最后，统一防疫的实施，保证了农户养鸡的存活率，也防止了农户滥用药物给自己的经济收入带来损失。

理论上说，“公司+农户”的模式可以使利益双方有效地规避风险，但是在实际操作中，由于市场价格的波动，利益双方却都存在潜在的违约行为。很明显，当肉鸡市场价格上涨时，特别是在 2007 年，平均每只肉鸡的净利润在 2.8 元水平时,[①] A 公司无法用契约价格向养殖户收购，而农户则用市场价格将鸡销售出去；[②] 因此，2007 年因为鸡肉价格上涨，A 公司也蒙受较大损失。另外，当鸡肉价格下降时，收购企业的一般做法是提高技术检验标准，[③] 使得合格鸡

① A 公司统计每只鸡纯利润为 1 元，应当属于低估；而《全国农产品成本收益资料汇编》统计每只净利润可能存在高估，因此两者对净利润的统计存在差距。

② 农户一般对 A 公司声称：鸡得了疫病，都死了。

③ 如抗生素残留等；同样牛奶收购也是如此。

源数量下降，农户不得不继续以低价格向市场销售。因此，“公司+农户”模式在很大程度上受到市场价格的影响，在很大程度上具有不稳定性。①

表 4–7　全国中等规模肉鸡养殖成本收益状况

单位：元/百只

年份	2006 年	2007 年	2008 年	2009 年
产值	1661.66	2057.01	2159.77	2115.83
总成本	1517.84	1769.87	1934.86	1953.12
净利润	143.82	287.14	224.91	162.71

资料来源：《全国农产品成本收益资料汇编》（2007~2010）。

3. A 公司收益状况

与养殖户面对市场风险相类似，A 公司在经营方面也同样面临肉鸡市场的风险；但是与一般养殖户不同的是，最近 5 年以来，A 公司的经营收入持续增长、企业净资产总额不断增加，即使在面对 2008 年全球金融危机带来的巨大冲击下，尽管企业的净利润相比 2007 年有所下降，但是公司的经营收入和净资产总额仍有较大幅度的增加。由此可见，面对全球化带来的农产品价值链延伸与专业化分工加剧状况，普通养殖户的抗风险能力明显弱于大型的跨国公司。现有的商品价值链理论为跨国公司的发展以及全球治理提出了很好的理论范式与经验注脚，但是却未能对处于上游的农业生产者——特别是发展中国家的小农户——给予足够的关注。因此，在全球化背景下，当资本在农产品加工领域的垂直一体化不断深入的今天，如何使得小农户能够更好地规避全球化带来的大市场风险就显得格外重要了。

表 4–8　A 公司经营状况

单位：千美元

年份	2004	2005	2006	2007	2008
经营收入	429742	532080	637395	894491	1293995
净利润	1695	8914	16495	31194	21855
净资产总额	61095	69881	88095	212698	244256

资料来源：A 公司财务报表。

（三）小结

通过上述从大豆产业与鸡肉加工企业两个视角，可以总结以下主要结论：

---

① 当然，在很多地方，通过其他的非市场措施使得该模式变得稳定，但是很明显，其稳定的代价也较大。

第一，对于我国当前的大豆生产与贸易状况，流行的社会舆论总是一边倒地站在“抵制进口”的立场上，而从官方立场来看则相对更为理性。根据本书的模型结果，如果简单地限制大豆进口将会对我国整体农业生产与国民经济带来很大的负面影响，而极端地完全限制大豆进口的做法将给我国的农业生产和居民生活带来灾难性影响；在这一过程中，参与农业生产的农民尽管可以从农产品市场交易中获得更高的价格，但是带来劳动参与率的下降，使得工资水平下降。与之相反的是，进一步增加大豆进口会对粮食安全与国民经济产生更大的促进作用。

第二，随着大豆与植物油加工市场的开放，我国原先的生产格局被逐步打破，国有企业不断退出或者所有权性质发生了根本转变。进一步的，随着外资企业的不断进入与扩张，内资企业与外资企业的经营规模差距日趋扩大，尽管如此，内资企业的生产经营活动仍然取得了较大的进步，企业数量、经营规模、雇工人数、销售利润各项指标均出现了明显增长。据此可以认为外资企业的大规模快速扩张给我国的植物油加工行业实际上带来了一个“帕累托改进”，而非“卡尔多—希克斯改进”。简而言之，外资企业的进入并未给我国植物油加工行业带来实际经济利益的损害。

第三，对于外资企业向上游整合供应链的做法，根据本研究的对比发现，这种传统意义上规避风险以期利润最大化的做法在当前全球化深入的背景下日趋显得低效和高风险。其原因在于，在农产品市场全球化的今天，经营风险早已超越了某个单一行业与区域范畴，越来越多的风险无法通过企业内部化的方法加以分解。因此，2007 年农产品价格暴涨带来超额收益之后，2008 年全球金融危机深化带来了农产品价格的暴跌。因此，向上整合农业生产资源的纵向一体化未必符合中国现状以及未来发展需要。

第四，通过 A 公司与养殖户的案例，可以得出在实际操作中，由于市场价格的波动，利益双方却都存在潜在违约风险。这一风险使得双方合作关系在某种意义上是不牢固的，而通过其他手段强化这种模式，往往会使得农户利益不能得以有效保障。因此，当资本在农产品加工领域的垂直一体化不断深入的同时，如何使得小农户更好地规避全球化带来的大市场风险就十分重要，而从理论与实际两个方面来看，至今在全球范围内仍然没有提出一个相对科学与规范的模式。

上述结论基本可以被简单地描述为：大豆进口是有益的、外资进入植物油加工市场并未造成产业实质性损害，向上游整合供应链的做法未必适合中国，在全球价值链中如何保护农户利益仍然任重道远。

四、全球化背景下中国农产品贸易的困境
——基于中国对日本出口蔬菜的实证

（一）概述

根据农业部统计，2009年我国蔬菜[①]播种面积达到2.73亿亩，[②]约占农作物总播种面积的11%，总产量6.02亿吨，分别占世界的43%和49%，均居世界第一，人均蔬菜占有量达到440千克。2009年蔬菜总产值约为8800亿元，[③]已成为增加农民收入的支柱产业。据不完全统计，[④]2007年我国从事蔬菜种植的劳动力约9000万人，而从事加工、储运、保鲜和销售等蔬菜采后服务的劳力约8000万人，是典型的劳动密集型产业，吸纳了大量的农村劳动力。当前，我国蔬菜种植仍然是一家一户的小农生产模式，在流通过程中仍然以传统的购销模式为主导，经营分散、缺乏有效组织，由此带来的相关蔬菜质量安全问题层出不穷（王海东，2005；傅晓桦，2008），已经成为影响我国蔬菜种植业良性发展的痼疾。

相对中国而言，2008年日本的蔬菜种植面积为832万亩，占农作物总播种面积的12.9%，蔬菜产量1265万吨，人均蔬菜占有量约为97千克。[⑤]根据日本国家统计局数据，2008年日本单一从事蔬菜生产的农户数[⑥]为13万户，占日本总农户数量的7.6%，按照日本300万名农业就业者来推算，从事蔬菜生产的劳动力约为22.5万人（见表4-9）；同时，在日本农业就业人口当中，老龄化问题十分严重，50岁以上的劳动人口占85%。尽管日本的蔬菜生产也是以一家一户的小农生产为主，但是相对于中国的劳动密集型蔬菜生产而言，日本的蔬菜生产更为资本密集（张金平，2006）；另外在市场组织方面，日本农协对蔬菜流通起到了重要的作用，增加了农户的组织化程度，有效保障了蔬菜种植者的利益。

蔬菜是我国具有传统优势的出口农产品，是我国农产品贸易顺差的主要来源。21世纪以来，我国蔬菜出口保持了一个较快的增长趋势，出口量从2000

---

① 蔬菜指鲜冷冻蔬菜、加工保藏蔬菜和干蔬菜；对应海关HS编码第七章。
② 蔬菜复种指数很高，该播种面积为总面积。
③ 资料来源：中国农业信息网。
④ 资料来源：亚博农业。
⑤ 资料来源：日本国家统计局。
⑥ 此处为单一蔬菜生产农户数，不包括复合生产农户数。

表 4–9　中日蔬菜生产流通基本状况比对[①]

2008 年	中国	日本
蔬菜种植面积	2.68 亿亩	832 万亩
占总播种面积比例	11%	13%
总产量	5.92 亿吨	1265 万吨
人均占有量	439 千克	97 千克
劳动力	9000 万人	22.5 万人
经营方式	小农生产	小农生产
要素分配	劳动密集	资本密集
市场组织	分散经营	农协
存在问题	质量安全风险较高	劳动力老龄化问题严重

年的 320 万吨增长到 2010 年的 845 万吨，增长了 1.64 倍（见表 4–10）；同期出口额从 21 亿美元增长到约 100 亿美元，增长了 3.8 倍。尽管受到金融危机影响，2009 年我国蔬菜出口量较 2008 年虽下降了 2%，但出口额则增长了 5%；在 2010 年蔬菜出口又呈现出负性增长。就整体而言，从 2000 年到 2010 年，我国蔬菜出口年均增速为 17%，不仅低于同期商品贸易 19%的年均增长速度，也低于同期农产品贸易 15%的年均增长速度。

表 4–10　中国蔬菜进出口状况

单位：万吨、亿美元

年份	进口量	进口额	出口量	出口额	顺差额
2000	9.3	0.7	320.3	20.8	20.1
2001	9.6	0.8	393.6	23.4	22.6
2002	9.1	0.7	465.7	26.3	25.6
2003	9.0	0.7	552.7	30.7	30.0
2004	10.7	0.9	602.0	38.0	37.0
2005	9.7	0.8	680.0	44.8	44.0
2006	11.7	0.9	732.5	54.2	53.3
2007	9.9	1.1	817.3	62.1	61.0
2008	10.4	1.1	819.5	64.4	63.2
2009	8.8	1.0	802.7	67.7	66.7
2010	15.0	2.8	844.6	99.8	97.1

资料来源：农业部。

总体来说，日本食品自给率水平较低，2008 年日本主食谷物自给率为

① 由于文中提及的部分中国生产数据为 2009 年，在此为了方便比较，表格都采用 2008 年中日蔬菜生产数据。

61%，而热量自给率仅为41%；相对而言，日本国内蔬菜自给率较高，在20世纪70年代以前，自给率都为100%，但是随着人口与人均消费量的不断增长，蔬菜自给率呈现出不断下降的势态。90年代以来，由于日本本国蔬菜产量显著下降，蔬菜自给率仍然持续下降，2005年和2006年连续两年降至历史最低点，仅为79%。2008年，日本国内蔬菜产量1265万吨，蔬菜进口量281万吨，自给率虽略回升到82%，但与1990年相比仍下降了9个百分点（见表4-11）。

表4-11 日本蔬菜生产与消费情况①

年份	国内产量（万吨）	进口量（万吨）	人均消费量（千克/人·年）	自给率（%）
1970	1513	10	114.2	99
1990	1574	155	107.8	91
2000	1367	300	101.5	82
2001	1357	300	100.7	82
2002	1327	266	96.7	83
2003	1286	281	95.0	82
2005	1249	337	96.3	79
2006	1236	324	94.9	79
2007	1253	299	94.5	81
2008	1265	281	94.2	82

资料来源：日本国家统计局。

中国向日本出口的蔬菜，从2001年至今，出口数量与金额均呈现“倒U型”变化。具体而言：中国向日本出口的蔬菜在肯定列表制度实施之前每年均有所增长，但是从2006年开始不断下滑，呈现出“倒U型”变化。从整体看，中国对日本出口的蔬菜占全部出口的比例不断下降：出口量占总出口从2001年的27%下降到2009年的9%（见表4-12）；同期，出口金额占总出口额比重从39%下降到14%。进入2010年以后，中国对日蔬菜出口呈现出较大幅度的反弹，其中蔬菜对日出口量占蔬菜总出口的比重增加至10.4%；对日出口金额占蔬菜出口金额的比重增加至11.9%。但是，从总体上看，蔬菜作为我国最具有国际竞争力的农产品之一，而日本作为蔬菜的进口大国，在地缘上的接近却未能带来贸易的便利与促进，这一问题的确让人深思。

① 此处人均消费量乘以总人口数并不等于国内产量加进口量，原因在于日本统计局合算蔬菜供应量与蔬菜食用量并不相同，二者存在一定比例的差距。

表 4–12　我国蔬菜对日本出口状况

单位：万吨、亿美元

年份	出口量			出口金额		
	出口日本	总出口	比例（%）	出口日本	总出口	比例（%）
2001	104.6	393.6	26.6	9.0	23.4	38.5
2002	92.6	465.7	19.9	7.8	26.3	29.5
2003	97.4	552.7	17.6	8.3	30.7	27.1
2004	115.9	602.0	19.2	9.9	38.0	26.0
2005	120.6	680.0	17.7	10.2	44.8	22.7
2006	114.4	732.5	15.6	10.7	54.2	19.8
2007	95.4	817.3	11.7	9.5	62.1	15.3
2008	77.5	819.5	9.5	8.6	64.4	13.3
2009	75.5	802.7	9.2	9.0	67.7	13.8
2010	87.8	844.6	10.4	11.9	99.8	11.9

资料来源：中国海关、农业部。

（二）文献回顾

国内对于蔬菜生产、流通、贸易的研究已经十分多样。在宏观层面，俞菊生（2003）对中国的蔬菜流通市场做了一个较为全面的描述。按照政策沿革将国内蔬菜流通市场分为三个阶段，分别为“大管小活”、“定购包销”和“自由流通”，这得到了学界的基本认同。在微观层面，从蔬菜生产的农户角度出发，董晓霞等（2006a）通过对北京及周边地区的 2000~2004 年的跨年度调查得出，果蔬种植可以有效地增加低收入农户家庭的种植业收入，这也说明蔬菜种植对于中国农民的重要意义；进一步的，对于当前市场中存在的问题，董晓霞等（2006b）指出在蔬菜生产过程中，我国相对较小的农户规模和极不完善的组织体系，使得小农户要承担相对更大的市场风险。再进一步的，黄季焜等（2007）根据山东蔬菜生产者的调研数据，基于回归模型得出有关蔬菜生产的影响因素，具体来说：在政策和市场层面，国家“菜篮子工程”对农民的蔬菜生产并不构成显著影响，但是批发商渠道对扩大农民生产有积极影响；在农户个体特征层面，富裕的农民比贫困农民生产更多蔬菜，并且人均耕地越小，蔬菜生产积极性越大。结合这两点，不仅充分说明了蔬菜生产在中国是劳动密集的；[①] 同时也表明，一旦蔬菜市场销售受到影响，将在短期内对蔬菜生产的劳动力以及相关服务行业产生重要影响。

从流通与价值分配角度，卢中华、李岳云（2008）根据山东苍山县的实证

① 发达国家蔬菜种植往往是资本密集型（张金平，2006）。

数据，证明了蔬菜价格显著地影响了蔬菜产业生产效益。另外，很多学者对蔬菜流通中的价值分配做出研究，得出的结论较为一致，即在蔬菜的市场流通过程中，供应链越短，生产者所获得的价值比例就越高（卢凌霄、周应恒，2008；黄祖辉、张静、陈志刚，2008）。十分矛盾的是，黄季焜等（2007）指出，现代的短链流通并不能有效提高蔬菜种植者的积极性；就现有市场状况而言，有中间批发商参与的蔬菜流通市场具有更高效率（董晓霞等，2006）。对蔬菜的出口与贸易角度，研究主要集中在市场的结构分析与政策的影响评估两个方面。从市场的结构分析研究来看：李海鹏、张俊飚、朱信凯（2007）基于1980~2004 年时间序列数据，根据恒定市场份额模型（CMS）对我国蔬菜出口贸易变动进行了分阶段分析，得出进口国需求扩大是我国蔬菜出口持续增长的主要影响因素。而刘亚钊、王秀清（2007）运用 1988~2005 年日本生鲜蔬菜进口的月度数据，采用 LA/AIDS 模型对各阶段日本生鲜蔬菜进口市场的需求弹性进行比较分析得出日本进口的中国蔬菜呈现出价格刚性，因此对于中国蔬菜出口而言，降价促销的手段并不可取。从政策评估的研究来看，刘艺卓、张军平（2009）根据 2003 年 1 月至 2008 年 12 月的月度数据，通过 VAR 模型得出中国对日本农产品出口的主要影响因素为双边汇率、国际石油价格和技术壁垒，其中，技术贸易壁垒影响显著为负。

对于国外蔬菜和农产品贸易的研究，相对而言更加技术化，同时研究的问题也主要集中在非关税壁垒的评价和影响两个角度。由于 SPS 和 TBT 是 WTO 框架下的合理措施，因此在当前的国际贸易，特别是农产品贸易中被滥用，对此的量化评价研究十分丰富，采用的方法也较为多样，有基于 CGE 模型进行的测算，有基于引力模型等回归模型进行的测算（Beghin 等，2001；Andria-mananjara 等，2004；Dean 等，2006）。其中具有代表性的有，Kee（2008）对全球 78 个国家和地区的非关税贸易壁垒的测定，指出非关税壁垒相当于在关税的基础上对全球贸易又增加了 87%的额外约束，已成为全球贸易中的最大障碍。而在农产品贸易中，非关税壁垒的滥用最为严重，根据 Disdier（2008）对 CEPⅡ数据库中全球 690 种农产品贸易的分析发现，完全没有遭遇非关税壁垒农产品的仅有 4 种，进一步的，该文采用 Kee 的从价税等值（AVE）测定非关税壁垒的影响，得出 SPS 和 TBT 显著对 OECD 国家农产品进口产生了显著影响，即 SPS 和 TBT 并未显著影响 OECD 间的贸易，主要是影响了发展中国家对 OECD 的农产品出口。针对具体的农产品贸易壁垒问题，Yue 等（2006）通过对美国出口日本苹果贸易的分析，将技术贸易壁垒（TBT）进行了关税折算，一方面证实了 TBT 的存在带来了成本的增加，但是，另一方面也指出贸易成本与产品的不完全竞争在一定程度上抵消了 TBT 的影响。这也意味着，对于日本进口美国苹果而言，TBT 尽管起到了一定作用，但是贸易的成本与产品的不完全竞争也会抵消 TBT 的作用，这也说明对于特定产品 TBT 未必是一个好的措施，在提高了技术门槛的背景下，出口商的利益受损的同时也会使得国内消费者也面临更多的损失。

通过比较上述有关蔬菜生产、流通以及贸易过程中非关税壁垒问题的主要研究结论，可以发现，主要的结论基本认同：①蔬菜生产是提高相关农户收入的重要手段，当前中国蔬菜生产、流通中存在的最主要问题是农民的市场组织化程度不高，并由此导致一系列问题，如质量安全、市场风险等。②技术贸易壁垒的滥用对农产品国际贸易产生了较为严重的负面影响，在很大程度上成了农产品贸易的障碍，而其主要的负面影响是来自发展中国家向发达国家的农产品出口。进一步讲，通过上述文献的结论，也可以得到以下启发：①相对于工业制成品而言，农产品往往表现出一定程度的价格刚性，这也使得非贸易壁垒给农产品出口国带来负面效应的同时，也给进口国带来了相对更多的福利损失。②对于农产品设置的非关税壁垒来说，由于农产品贸易的异质性以及更高的相对运输成本（张五常，2000），在一定程度上可以抵消非关税壁垒的影响。基于这样的思想，具体到中国对日本的蔬菜出口，通过在一定程度上提高出口价格的方式将有可能有效地规避日本“肯定列表制度”的影响，换而言之，是日本的“肯定列表制度”这一政策安排“迫使”中国的蔬菜对日本出口价格不断上涨，而客观情况也证实了这一判断。

（三）“肯定列表制度”的相关问题

尽管日本大部分食品依赖进口，但是，一方面日本消费者对食品安全性仍然高度敏感，另一方面日本农业生产者为了维护自身利益，不断游说政府对进口食品提高质量标准。鉴于此，日本农林水产省修改了农药取缔法，加强对未登记农药的取缔和处罚。厚生劳动省于 2003 年 5 月修订了《食品卫生法》，并以该修订案为依据，开始在 2006 年 5 月 29 日起执行“肯定列表制度”（Positive List System）。“肯定列表制度”是日本为加强食品（包括可食用农产品）中农业化学品（包括农药、兽药和饲料添加剂）残留管理而制定的一项新制度，因为该检验标准的苛刻，也被称为“世界上最苛刻的农药残留标准”。

1. 基本情况

“肯定列表制度”要求：食品中农业化学品含量不得超过最大残留限量标准；对于未制订最大残留限量标准的农业化学品，其在食品中的含量不得超过“一律标准”，即 0.01 毫克/千克。上述内容也可以简要表述为：对于已建立最高残留限量标准的化学物质，其在食品中的含量不得超过最高残留限量标准；对于未制定限量标准的农业化学品，其含量不得超过厚生劳动省确定的“一律标准”；但经厚生劳动省确定的豁免物质不受此限制。

（1）豁免物质。“豁免物质”（Exempted Substances）指在通常使用条件下其在食品中的残留不会对人体健康产生不良影响的农业化学品。“豁免物质”是日本厚生劳动省根据本国、FAO/WHO 食品添加剂联合专家委员会、FAO/WHO 农药残留联合专家委员会及其他国家和地区的风险评估结果确定的。日本对这部分物质无任何限量要求。目前，日本确定的豁免物质有 65 种，主要是维生素、氨基酸、矿物质等营养性饲料添加剂及一些天然杀虫剂。此外，日本每五年将对“豁免物质”清单进行重新审议和修订。

（2）最大残留限量标准。“最大残留限量标准”包括三种类型：①在所有食品中均“不得检出”的农业化学品：共有 15 种。这些物质一旦被检出，即视为超标。因此，其最高残留限量为检测方法的最低检出线。日本在厚生劳动省网站公布有“不得检出”物质的分析方法和相应的最低检出线值。②针对具体农业化学品和具体食品制定的“暂定标准”：是针对具体农业化学品在具体食品中的残留制定的最大残留限量标准。由于日本计划每五年对这些限量指标进行重新审议和修订，因此将之称为“暂定标准”。“暂定标准”生效后，具有完全的法律效力。目前，日本针对具体农业化学品在具体食品中的残留制定的“暂定标准”有 50000 多项，涉及农药 500 余种，兽药和饲料添加剂 200 余种。这些标准涉及初级可食用农产品 210 余种（类）、限量标准 50000 多项，加工食品 50 余种（类）、限量标准近 200 项，瓶装水限量标准近 40 项。③未制定暂定标准但在“肯定列表制度”生效后仍然有效的现行标准；日本在制定“暂定标准”时，已经将大多数现行标准纳入其中，这些现行标准将在“暂定标准”生效后自动失效。但是，现行标准中有 62 种农业化学品（涉及限量指标 2470 项）被日本单独列出，未纳入“暂定标准”体系，并规定这些标准在“暂定标准”生效后同样具有法律效力。

（3）一律标准。“一律标准”（Uniform limit）是日本对既非“豁免物质”也未制定“最大残留限量标准”的农业化学品在食品中的残留制定的统一标准，日本确定的“一律标准”为 0.01 毫克/千克。这里未制定“最大残留限量标准”包括两种情况：在任何食品中均未制定“最大残留限量标准”；未对所讨论的特定食品制定最大限量标准。“一律标准”是“肯定列表制度”的核心，也是其与现行管理制度的根本差别所在。

2. 关于“肯定列表制度”的延伸讨论

诚然，很多中国出口蔬菜的农药残留以及相关技术指标由于长期以来的生产方式等原因的确存在超标情况。具体来说，我国蔬菜中的农药残留主要有：①有机磷农药。作为神经毒物，会引起神经功能紊乱、震颤、精神错乱、语言失常。②拟除虫菊脂类农药。毒性一般较大，有蓄积性，中毒表现为神经系统症状和皮肤刺激症状。③六六六、滴滴涕等有机氯农药。长期蓄积于脂肪、肝、肾、脾、脑中，甚至通过胎盘进入胎儿体内，引起下一代病变。④新型农药残留（王海东，2005；傅晓桦，2008）。因蔬菜农药残留超标引发的中毒等食品安全问题不断涌现，直接威胁消费者的健康，成为当今世界各国共同关注的焦点。

但是日本"肯定列表制度"下的食品安全风险保护水平明显高于日本原有的风险保护水平，一如所有的技术贸易壁垒的目标与措施：即技术指标的滥用以及检测的歧视（张涛，2005）。特别的，日本"肯定列表制度"第一稿公布之后，我国商务部开展了一系列应对工作，经过交涉，日本承认"肯定列表制度"中所设部分"暂定标准"未经风险评估，并在一些具体项目上做了让步和调整，[①] 据此可以认为该制度在很大程度上存在非科学性。同样，日本官方实施肯定列表则是对国内产品松、对进口产品严。举例来说，日方对进口食品抽查比例平均为10%，有些甚至为50%（监控检查）、100%（命令检查），而在东京对国内食品的抽查比例还不足1%。尽管该制度在日本国内的公布实施通过了法定程序，同时也通报了世贸组织，但世界各国均对该标准在原则上给予否定，认为它有许多不合理之处，操作程序也不公正[②]（霍建国，2008）。很明显，由于"肯定列表制度"的实施，中国对日蔬菜出口的残留控制费用增加、产品检测成本上升、通关时间延长，从而导致出口成本提高。

与所有的技术贸易壁垒一样，"肯定列表制度"的出台，尽管目标是为了保障日本居民的食品质量安全，但是从理论角度来说有着更为深层的政治经济学根源。Grossman-Helpman（1994）提出的游说模型（Lobbying Models）为该问题提供了一个十分具有解释力的分析框架：简而言之，该框架对贸易政策的评价，并不是基于传统意义上的效用最大化，而是在民主制度背景下，是否可以促进中间选民的利益，即中间选民利益的效用最大化（Olson，1965；Baldwin，1987）。在现实中，由于日本农协（Japan Agricultural Cooperatives，JAC）的高度组织能力和农村居民年龄偏高等原因，农村居民在议会选举中的投票率远远高于城市；目前，日本农业人口不足全国总人口的5%，但控制着全国25%的选票（李文，2006），在日本也有"票田"、"农林族"的说法，农协一直以来也被视为自民党的票仓。正是日本农协的强大政治游说能力，才使得日本农业一直处于高度保护状态，在这样的背景下，"肯定列表制度"的出台和实施是很容易被理解的。

3. 实施效果

2004 年 1 月 1 日至 2010 年 3 月 1 日，日本方面扣留我国食品共计 2491

---

① 资料来源：新华网。
② 资料来源：商务部。

批，其中 2006 年 6 月 1 日之前的共计 1046 批，平均每月 36 批，而 2006 年 6 月 1 日之后的共计 1445 批，平均每月 32 批。在所有扣留的我国食品中，蔬菜总计 794 批，2006 年 6 月 1 日之前的共计 231 批，平均每月 8 批，而 2006 年 6 月 1 日之后的共计 563 批，平均每月 13 批。同期被扣留的我国其他食品总计 1697 批，由此可见，2006 年 6 月 1 日之前的共计 815 批，平均每月 28 批，而 2006 年 6 月 1 日之后的共计 882 批，平均每月 20 批。通过对平均水平的比较可以发现，"肯定列表制度"的实施对我国蔬菜向日本出口产生了很大的负面影响；进一步的，本书采用方差分析（Analysis of Variance，ANOVA）来研究"肯定列表制度"的实施对我国蔬菜以及其他食品的影响是否显著。

表 4–13 "肯定列表制度"实施前后的 ANOVA 结果①

	蔬菜		其他食品	
	实施前	实施后	实施前	实施后
均值	8.00	12.61	28.14	19.11
方差	13.11	107.45	175.68	142.38
观测值	28	44	28	44
F	5.13		8.99	
P	0.03		0.00	

由表 4–13 可以看出，ANOVA 计算结果中蔬菜的 F 检验值为 5.13，说明"肯定列表制度"实施之后，对我国蔬菜被扣留的批次产生了显著的负面影响，即蔬菜被扣留批次明显增加；与之相反，除蔬菜以外的其他食品却在"肯定列表制度"实施之后被扣留的批次显著减少，这一现象也可直观地见图 4–16 所示。因此可以推定：①在"肯定列表制度"实施之后，我国对日本出口的其他食品质量显著提高，使得在被扣留的批次显著减少；②对于"肯定列表制度"实施之后，我国对日本出口蔬菜被扣留的批次显著增加这一状况，除非我国蔬菜生产质量不断下降，那么可以断定，"肯定列表制度"的实施对我国出口蔬菜带来了严重的损害。对于产生这一现象的解释为：日本蔬菜 80%的自给率明显高于热量自给率，在这样的背景下，很容易理解在"肯定列表制度"实施之后我国蔬菜受到的损害增加而其他食品被扣留的批次显著减少。

（四）经济评价

1. 经济效果 I：一个理论分析框架

从新古典经济学的市场理论角度来分析日本"肯定列表制度"对中国出口

① ANOVA 中的均值和方差都考虑了自由度，因此与基本描述统计的结果有一定偏差。

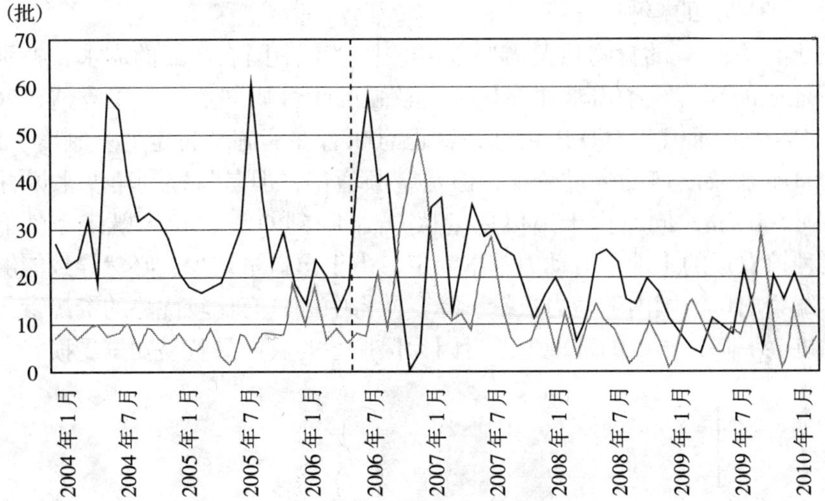

图 4–16　日本扣留我国食品与蔬菜的月度批次

资料来源：中国技术性贸易措施网。

日本蔬菜仍然具有鲜活的生命力。在 2006 年 6 月日本未实施“肯定列表制度”前，不妨假定中国对日本出口蔬菜的供给曲线为 S_0（如图 4–17 所示），日本对中国进口蔬菜的需求曲线为 D_0，其均衡点为 e_0，此时市场日本进口中国蔬菜的价格为 P_0，进口量为 Q_0，同时日本消费者的福利为 g + h + i + j，中国生产者获得的福利为 k + l + m。

2006 年 6 月以来，当日本实施了“肯定列表制度”后，此时由于国内出口商与生产者出于规避风险考虑，自动减少了对日蔬菜出口，因此中国对日本出口蔬菜的供给曲线变为 S_1，[①] 为了简化分析，仍然假定日本对中国进口蔬菜的需求曲线不变，此时均衡点由 e_0 变为 e_1，日本市场的中国蔬菜价格为 P_1，进口量为 Q_1，日本消费者的福利为 g，中国生产者获得的福利为 k + h。

从理论上看，在这一过程中，存在着 i + j + l + m 的社会福利净损失。对于日本消费者而言，h + i + j 为福利净损失：其中，h 被中国蔬菜生产者与出口商获得，j 为进口蔬菜消费减少带来的福利损失，i 为无谓损失（Deadweight Loss）。对于中国蔬菜生产者与出口商而言，福利损失了 l + m，其中，m 为出口量下降而带来的损失，l 为无谓损失，由于出口价格从 P_0 上涨到 P_1，因此获

① 也有学者认为，应当是供应曲线平移，或者类似于征税效果，对此本书作者并不认同该观点。很明显，由于“肯定列表制度”的实施，国内生产者将“自动”提高生产质量标准、增加检验措施，因此不仅成本增加，而且出口量也“自动”下降，由此可见，中国对日本出口的供给曲线应当是向上偏转，而非平移或征税。

得了日本消费者的福利转移 h。

由于日本 60%的食物热量需要进口，其中对中国农产品的需求，特别是来自温带地区的新鲜蔬菜需求往往呈现出较强的刚性（刘亚钊、王秀清，2007），因此 $O P_1 e_1 Q_1$ 面积大于 $O P_0 e_0 Q_0$，这也意味着在实施“肯定列表制度”以来，中国对日本蔬菜出口的数量减少，但是金额增长；但是从福利角度来说并不一定存在 $h > l + m$，同时由于出口数量从 Q_0 下降到 Q_1，在单产既定条件下，国内蔬菜种植农户的土地与劳动力基本固定，由于出口量减少，必然导致能够参与对日本蔬菜出口的国内劳动力数量下降，使得中国具有比较优势的资源参与全球分工的机会下降，国内的蔬菜生产者因为保护性的农产品贸易安排受损。

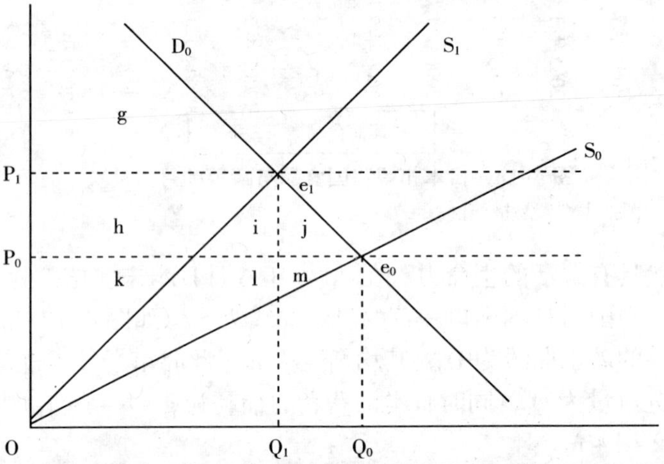

图 4-17 “肯定列表制度”的实施对我国蔬菜出口日本的理论影响

2. 经济效果Ⅱ：经验数据

为了进一步定量评价“肯定列表制度”对中国输出日本蔬菜的影响，同样为了检验理论分析框架的假说，本部分内容选取 2001 年 1 月至 2010 年 3 月间中国对日本出口蔬菜的贸易量、贸易金额等数据，采用 SAR 模型来对上述问题逐一做出分析。

（1）变量与数据。2001 年 1 月至 2010 年 3 月，中国对日本出口蔬菜价格（P）平均每月为 0.96 美元/千克，价格最高的月份可以达到 1.38 美元/千克，最低时为 0.68 美元/千克；对日蔬菜出口量（Q）平均每月为 8.23 万吨，最高时每月达到 15.43 万吨，最低时为 4.77 万吨；对日本蔬菜出口金额（Y）平均每月为 0.77 亿美元，最高月份为 1.16 亿美元，最低时为 0.5 亿美元。此外，为了评价“肯定列表制度”的影响，以“肯定列表制度”实施时间（d_1）作为政策虚拟变量，即 2006 年 6 月之后为 1，之前为 0，同时考虑国际农产品价格（P_i）因素，该变量采用 IMF 公布的国际农产品价格指数（见表 4-14）。

表 4-14 变量描述统计

	P	Q	Y	d_1	P_i
均值	0.96	8.23	0.77	—	109.97
最大值	1.38	15.43	1.16	1	179.71
最小值	0.68	4.77	0.50	0	77.08
标准差	0.17	1.80	0.13	—	25.99
样本数			111		

（2）SAR 模型。一阶自回归（AR）的估计原理如下，将方程

$$\begin{cases} y_t = x_t'\beta + u_t \\ u_t = \rho u_{t-1} + \varepsilon_t \end{cases} \tag{1}$$

转化为：

$$y_t = \rho y_{t-1} + (x_t - \rho x_{t-1})'\beta + \varepsilon_t \tag{2}$$

其中，ρ 值如果通过 $\widehat{u}_t = \rho\widehat{u}_{t-1} + \varepsilon_t$ 得出，那么该估计方法称为可行广义最小二乘法（feasible GLS），同样，在软件中也可以对上述方程直接进行非线性 Gauss-Newton 迭代来获得估计参数。同样，对于更高阶的自回归：

$$u_t = \rho_1 u_{t-1} + \rho_2 u_{t-2} + \cdots + \rho_p u_{t-p} + \varepsilon_t \tag{3}$$

其方法类似。

由于蔬菜出口的月度数据存在显著的季节性，在自回归模型基础上进一步考虑季节性即为季节性自回归模型（Seasonal Auto Regression，SAR）。

（3）结果。SAR 模型结果显示：①“肯定列表制度”的实施对中国出口日本农产品的价格起到了显著推动作用，实施“肯定列表制度”以后，中国对日本出口蔬菜的价格水平因此上涨了 13%。②同样，实施肯定列表也使得中国对日本出口的蔬菜数量显著减少，大约下降了 12%。③根据上述两点，可以得出：“肯定列表制度”的实施使得中国对日本蔬菜出口的价格上涨而出口量下降，且价格上涨幅度要大于出口量下降幅度，日本对从中国进口的蔬菜需求呈现出刚性，这一结果与既有研究结论相一致。上述结论完全证实了基本的理论推断，日本实施“肯定列表制度”以后使得中国对日本出口的农产品数量下降而价格上升（见表 4-15）。

表 4-15 模型结果

	Ln(P)	Ln(Q)	Ln(Y)
D_1	0.130***	-0.122**	0.017
	(0.035)	(0.054)	(0.051)
P_i	0.002***	-0.003**	-0.000
	(0.001)	(0.001)	(0.001)

续表

	Ln(P)	Ln(Q)	Ln(Y)
C	-0.304***	2.419***	-0.214*
	(0.075)	(0.114)	(0.105)
AR（12）	0.557***	0.499***	0.453***
	(0.099)	(0.091)	(0.096)
R^2	0.636	0.464	0.206
F	55.413	27.413	8.216

注：其中 Ln 为变量的自然对数；* 表示在 10%显著性水平下显著，** 表示在 5%显著性水平下显著，*** 表示在 1%显著性水平下显著。

（五）结论与讨论

当前，由于全球农产品贸易仍未被纳入世界贸易组织多边贸易体系，由此产生的贸易不公平与摩擦日益增多，特别是在当前金融危机深化与全球农产品价格下跌的背景下。中国作为传统的农业大国，尽管在面对城镇化、工业化、现代化背景下对农产品的需求不断增长，但是部分农产品，特别是蔬菜仍然具有出口比较优势。在面对国内大量进口大豆的状况下，农产品贸易平衡在社会主流价值观中变得日趋重要，[①] 日本作为中国传统的农产品进口大国，与中国在农产品贸易方面的争端与摩擦十分频繁，其主要集中在农产品质量安全方面。2006 年 6 月更是实施了号称史上最为苛刻的食品安全标准——“肯定列表制度”。该制度实施以来，对中国蔬菜向日本出口产生了显著的负面影响：降低了中国出口的蔬菜量，但是同时也提高了日本进口蔬菜的价格。由于中国的蔬菜生产是劳动密集，而市场流通又是长链结构（董晓霞等，2006；黄季焜等，2007），一方面，该制度的实施不可避免地使我国可以参与到出口蔬菜生产中的劳动力数量以及相关行业的就业受到很大影响；另一方面，由于日本食品的低自给率和高度的保护双重作用，使得日本国内的农产品和食品价格远高于国际市场价格（胡冰川，2009）。在日本国内消费者的福利受损的同时，政府仍然每年要支付大量的农业补贴，而“肯定列表制度”的实施无疑又进一步恶化了这种矛盾。这种双损且歧视性的贸易安排，对未来全球农产品贸易规则的演进产生了极大的威胁。

扩展地来看，这种威胁不是针对中国蔬菜出口日本的个案，而是对整个农产品贸易的安排。单纯从这一点来看，中国蔬菜出口并没有因为全球化的进一步发展而获得更多的贸易机会，日本消费者也没有因为全球化的进一步发展而获得更多的福利。其根源在于当前完全由发达国家主导的全球贸易安排：世界

① 尽管不是必须。

贸易组织是全球经济合作的一个重大进步，其初衷在于促进多边贸易与加强全球经济合作。很明显，这一体系的最初倡导者是在商品贸易中具有工业效率优势的发达国家，他们希望借助世界贸易组织体系安排的这样一柄“长矛”去捅开全球更多的新兴市场。同时，在这些国家并不具备比较优势的农业领域，所有的最初参与者都选择了沉默，因此从 GATT 到如今的多哈回合，所有涉及农产品的谈判都充斥着争吵与无止尽的讨价还价，在制成品、服务贸易等领域选择“长矛”的国家在农产品领域几乎都选择了“盾”，西方经济学的基本原理“最大化”的哲学逻辑并不适用于此，而在全球化与市场开放的进程中存在深层次的政治经济根源，正如日本农协对日本国内政治的影响。具体而言，从国内支持、关税削减、出口补贴的三大支柱到诸如 TBT 与 SPS 的非关税壁垒，一个相对公平的农产品国际贸易安排还有很长的路要走。中国的蔬菜出口正是当下这种不合理制度安排的牺牲品，同样，日本消费者也是这种不合理制度安排的牺牲品，在无人获利的制度安排中，世界范围内的政治经济博弈仍将持续很长时间。

1. GTAP：基本结构

GTAP 模型是美国 Purdue 大学开发的多国家可计算一般均衡模型，1993 年以来，GTAP 模型被广泛接受和应用。它是一个比较静态模型，假设市场是完全竞争的，生产的规模报酬不变，生产者最小化生产成本，消费者最大化效用，所有产品和投入要素全部出清。每种产品的生产采用嵌套的常系数替代弹性方程，中间投入品是由国内产品和国外产品通过常系数替代弹性方程复合而成，不同的国外产品按原产地进行分类（阿明顿假设），并通过常系数替代弹性方程复合为单一的进口产品。在要素市场，劳动力在国内是可以自由流动的，而土地在部门间不是完全流动的，所以不同用途的土地价格可以不一致。每个国家只有一个账户，所有的税收和禀赋收入都积聚到这个账户，并通过柯布—道格拉斯方程，以固定比例将收入分配到私人消费、存款和政府消费。私人的支出方程采用 CDE（Constant Difference of Elasticity）方程，政府的支出方程采用 CD 方程。在 GTAP 模型中，有两个国际部门（“国际银行”部门和“国际运输”部门）。各个国家的储蓄汇总到“国际银行”，并根据资本的回报率在各个国家间分配，“国际运输部门”可以平衡到岸价（CIF）和离岸价（FOB）之间差异，并通过双边贸易将世界各国联系起来。GTAP_6 数据库包含了 87 个国家（或地区）的 57 种产品以及 5 种生产要素，在此模型架构中进行政策仿真时，可以同时探讨政策调整对各国（或地区）各部门生产、进出口、商品价格、要素供需、要素报酬、国内生产总值及社会福利水平的变化（Hertel，2000）。

具体而言，在 GTAP 模型中，首先建立可细致描述对每个国家（或地区）

生产、消费、政府支出等行为的子模型，然后根据国际间商品贸易的关系，将各个子模型连成一个多国多部门的一般均衡模型。在此模型构架中进行政策模拟时，可以同时探讨该政策对各国各部门生产、进出口、商品价格、要素报酬、国内生产总值以及社会福利水平的变动。

GTAP 模型的主要模块如图 4-18 所示。在模型中共有五种生产要素：土地、资本、熟练劳动力、非熟练劳动力和自然资源；三个行为主体：私人家庭部门、政府部门和厂商。在图 4-18 最上方为一国或地区私人家庭部门。GTAP 模型假设这个地区私人家庭部门决定该国或地区的私人家庭与政府部门的消费行为以及储蓄行为。该模型可分为封闭体系和开放体系。在封闭体系且不存在政府干预的情况下，区域家庭单位的收入来自向厂商出售其所拥有的要素资源禀赋的报酬。厂商的收入来自各个家庭部门的购买支出，而厂商彼此间也相互买卖生产的投入物。所有经济行为主体的支出与收入相等。根据会计恒等式与市场均衡方程构成了封闭体系下的均衡。在开放体系中，由于国外部门的加入，区域家庭部门中的政府支出与私人支出将分为购买国内产品与进口产品两个部门，并且厂商的中间投入物也部分来自进口，同样的产品销售也分为内销和外销。GTAP 模型假设来自不同地区的产品非均质，因此不能完全相互替代

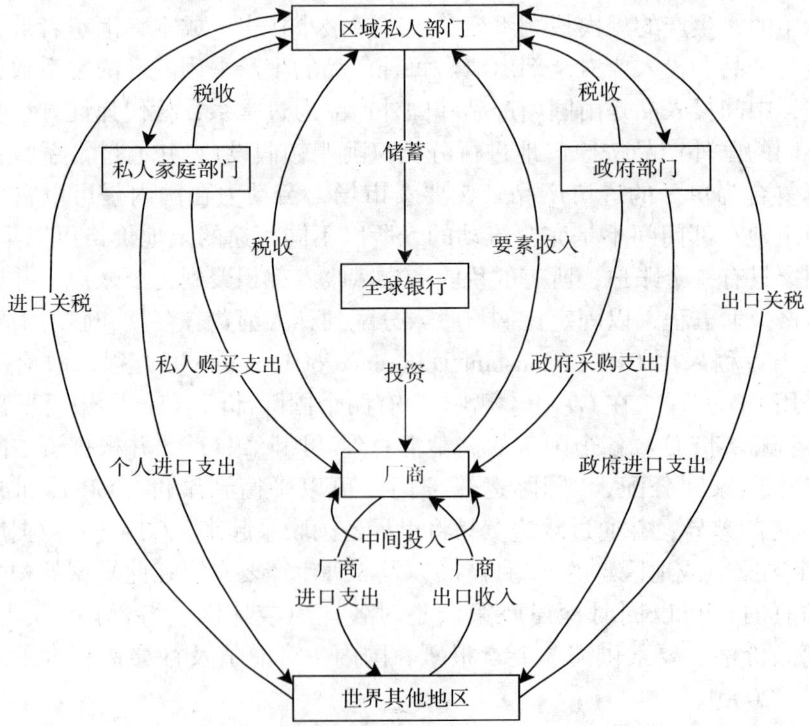

图 4-18　GTAP 结构

(Armington 假定)。假设一国或地区的储蓄进入一个虚拟的全球银行，由此银行决定投资的流向。

区域家庭单位的行为基本上是由一个包含政府支出、私人家庭支出以及储蓄的加总效用函数（Aggregate Utility Function）所决定的。假定该地区家庭单位追求效用最大化，由于采用 CD 效用函数，使得可支配收入分配与签署三大类当期消费比例被固定。在私人支出方面，考虑私人家庭单位消费非齐次性(non-homothetic)，以及考虑人口成长的影响，私人家庭单位采用 CDE（Constant Difference of Elasticity）效用函数，以每人平均为基础。这样设定的优点在于容许个别产品消费的收入弹性价格弹性存在估计的空间，以便采用文献上现有的需求收入弹性与价格弹性进行校准，较能符合实际状况。政府部门的总支出在各种商品之间的分配，采用 CD 效用函数来处理。这使得政府对各项商品支出占总支出的比例维持固定。在开放体系下，政府对各种产品的需求可以分为国产商品以及进口产品，而两者通过 CES（Constant Elasticity of Substitution）函数组成一个商品集，如图 4-19 所示。

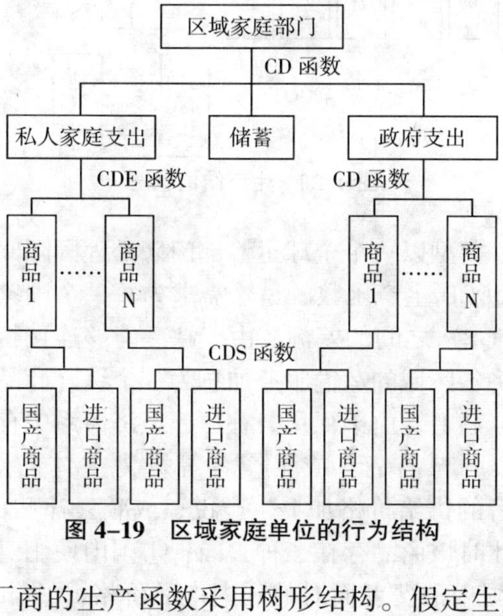

图 4-19　区域家庭单位的行为结构

GTAP 模型中厂商的生产函数采用树形结构。假定生产函数具有可分性(Separability）以及规模报酬不变。厂商的主要投入分为原始投入与中间投入。在可分性假设下，厂商对原始投入的最优使用决策不受中间投入物价格变动的影响，反之亦然。同时，在规模报酬不变的假定下，厂商要素投入使用比例也不会因为生产数量的变动而变动。树形结构的顶层描述厂商对中间投入与初始总投入的需求，在 Leontief 函数的假定下，厂商中间投入与初始总投入与总产出呈现固定比例关系。这种设定的主要优点在于可以大幅度降低模型中需要估计的参数数量。树形结构底层左边描述了初始投入与生产的关系。假定初始投入与生产为 CES 关系，不同初始要素之间的替代弹性相等。据此对初始投入进行加总，可以得到加总初始投入（Aggregate Primary Input）。树形结构底层右半部分描述中间投入与生产的关系，其中包括两层：第一层为国产与总进口之间的替代关系，通过 CES 组成一个综合中间投入物；第二层为不同来源进口中间投入物之间的替代关系，同样是通过 CES 之间进行替代，如图 4-20 所示。

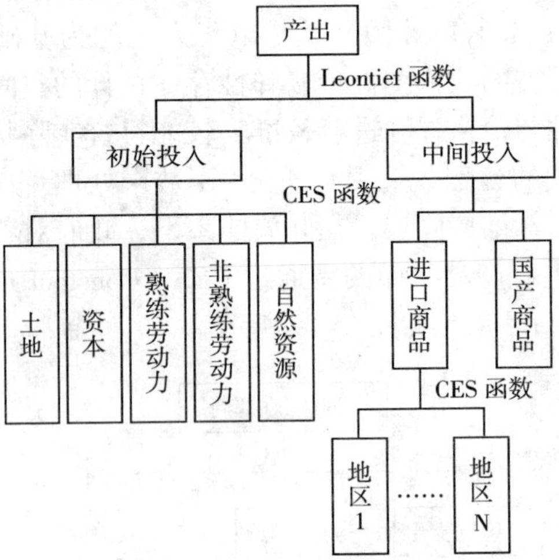

图 4-20 生产结构状况

对于运输部门，模型以一个全球运输部门来处理国际间的运输活动。假定运输部门的生产采用 CD 生产函数。运输需求为每一个国家进出口商品到岸价（CIF）与离岸价（FOB）之间的差额。由于缺乏能够连接特定运输路径与运输服务的资料，因此将各区域的运输服务加总为一个综合商品来处理。政府干预主要表现在征税与补贴上。由于征税与补贴，经济体系中存在两类价格：市场价格（Market Prices）与消费者或生产者等行为主体面对的价格（Agent's Prices）。本国生产者的供给价格加上生产税（或减去补贴），等于产品在国内市场的市场价格。此时该商品存在三种去向：①国内使用。此时国内市场价格加上国内消费税为国内消费者面对的国内产品价格。②输出到虚拟的运输部门。此时，这一运输的国内市场价格决定一国的国际运输成本。③出口。国内市场价格加上出口税或者减去出口补贴等于本国出口产品的 FOB 价格，如果加上单位运输成本即为进口国的进口产品的 CIF 价格，再加上进口税，为进口国进口该商品的国内市场价格。进口国进口商品的市场价格加上消费税，为该进口商品的消费者价格。如果进口国进口存在不同的来源国，不同来源的进口可以组成总进口商品，该总进口商品的平均价格为平均进口价格。总进口商品与进口国国内生产商品可以组成一个商品集，其平均价格即为消费者面对的综合价格。

2. 数据

本研究基准数据为2005年新改版的GTAP_6数据库。此数据库以2001年为数据基础，将投入产出表、总体数据（根据世界银行的数据）、双边贸易流量（根据ERS/USDA数据库）、服务贸易（根据IMF的Balance of Payments统计数据库）、国内支持（根据OECD, FOI数据）、农业出口补贴（根据ERS/USDA数据库）、优惠关税税率、保护数据和能源数据等数据库均更新为2001年基准年的状态。数据质量的更新及修正主要着重于双边劳务贸易、政府消费、所得税、服务类贸易、贸易弹性及需求弹性，以及农工业产品关税涵盖优惠关税税率的范围，至于能源资料则以IEA（International Energy Agency）统计数据库为基准（林幸君，2004）。该数据库与原先的GTAP_5数据库相比进行了更多的地区细分，包括对中欧与东欧、俄联邦、马达加斯加、突尼斯的分解；改进了澳大利亚、新西兰、韩国、中国台湾地区、新加坡、印度、阿根廷、巴西、哥伦比亚、荷兰和土耳其的国内数据库；进一步完善了关于政府支出与收入税的处理方法，改进了经合组织与部分非经合组织国家关于国内支持的覆盖范围；采用更新的关税数据改进了农产品和加工制成品的关税覆盖范围；改进了贸易与需求弹性的估计。具体而言，其数据与资料构成如下。

在GTAP中，GDP数据系利用简明的 $Y = C + I + G + (X - M)$ 支出法恒等式，首先计算各地区与国家的GDP；于是总的GDP包含私人消费、政府总支出、国内固定投资总额、存货与贸易余额。同时利用收入法将工资收入、资本利息、地租、自然资源收入与税收进行加总，最后总支出的GDP等于总收入的GDP。一般而言，GTAP只要由世界银行DAD数据库（Development Economics Analytical Database）即可取得GDP与人口数据。如果存在数据的缺失，那么通常采用以下三种方法来进行补充：通过以往的数据外推获得2001年的GDP数据；通过该国或地区的当年人均国民收入与人口乘积来估算2001年GDP数据；当2001年人均国民收入无法获得时，即通过近似国家的人均国民收入来代替。双边贸易数据由于存在统计口径、误差等技术方面的原因以及出于数据的可信程度，GTAP中的双边贸易数据并未从繁冗的各国海关记录的双边贸易数据出发；而是采用联合国、世界银行、联合国粮农组织、互联网金融服务等较具有公信力的世界贸易资料，来调整各国家与地区资料上的差异，以获得最精确与可信的数值，供使用者进行模拟分析。贸易数据的整合同时还存在的一个问题是转口（Re-exports），指一个商品进口到某一国家（或地区）后，直接又出口到其他国家或地区，除提供服务之外并没有经过任何创造附加价值的生产与投入过程；这些转口的价值，除了转口贸易的服务属于交通运输服务部门收入外，其余的价值都予以扣除。关税资料主要采用世界银行数据以及参考原先的 GTAP 数据库中的资料；服务业部门的资料来自 GTAP 估算（林幸君，2004）。

3. 数据的动态递推：一个可行的改良

由于数据库设计的时间问题，因此本研究必须首先考虑对未来的人口、劳动力以及其他外生经济变量的预测。为了提高模型的预测精度，采用了 Walmsley 递推动态（dynamic recursion）的方法对 GTAP 模型的人口、非熟练劳动力、熟练劳动力、自然禀赋和 GDP 数据将 GTAP_6 数据库进行外推升级（如图 4–21 第Ⅰ部分所示），并在此基础上进行了政策模拟。由于 Walmsley 是在 2000 年根据 1997 年以前的真实数据对外生宏观变量做出的预测，为了进一步提升数据的有效性，本书根据 2008 年的真实数据对外生宏观变量做出预测。

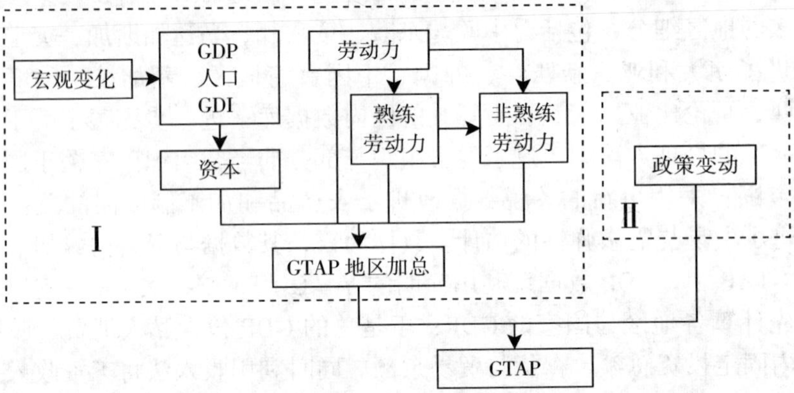

图 4–21　GTAP 数据的动态递推

各国 1992~1997 年的真实 GDP 数据是由 Walmsley 提供的，1998~2008 年的真实 GDP 数据可以从世界银行直接获得。为了反映工资的差异，GTAP 数据库把劳动力按技能等级划分为熟练劳动力（Skilled Labor）和非熟练劳动力（Unskilled Labor）。一旦上述劳动力中的一类的数量和总劳动力数量已确定，另外一类劳动力数量也可以确定。本研究将首先估计各国家/地区熟练劳动力和总劳动力的数量，在此基础上推算出非熟练劳动力的数量。

总劳动力的数量的估算可以从世界银行获得，该数据包括了 205 个国家或地区从 1990~2008 年每五年的男性和女性工人数量，二者的加总即为总劳动力的估算。由于该估算数据只提供了每隔五年的总劳动力数据，而 GTAP 动态递归方案需要每年的劳动力数据，因此本研究需要假定特定国家或地区每五年间的总劳动力增长率是固定不变的并计算出该增长率，进而计算出每年劳动力的数量。

第五章　农村发展新模式的条件与措施

一、引言

实践证明，市场化和全球化带来了中国的经济奇迹。但是全球化的利益分配是不平衡的。就经济的不平等而言，恰当的回应方法不是否定全球化，而是使全球化的形式对就业和传统的生活产生较少的破坏，并实现渐进的变迁。为了变迁过程的平稳，除了要为在全球化变化中利益至少短期内受到损害的人提供社会完全网（通过社会保障和其他辅助性安排的形式），还必须提供再培训和学习新技术的机会（给那些不如此就会失去工作的人）（阿玛蒂亚·森，2002）。从可能性这个角度看，市场化和全球化提高了政府的财政收入规模，从而使得政府可以通过转移支付把受益人得到的部分利益分配给受到损失的人，使得国内每一个人都受益。

但是，中国并没有采取这样的做法，而是片面强调经济发展的涓滴效应，试图通过市场的力量缩小区域之间和城乡之间经济发展和社会事业发展的差异。这种模式的弊端已经充分显现，迫切要求实行不同于以往的新的发展模式。所谓农村发展新模式就是体现科学发展观的发展模式。具体来说，在经济和社会事业发展的关系上，由强调以经济建设为中心转向以人为本，更加注重人的发展，实现经济发展和社会发展的协调；在改善农民的生活和福利方面，由依靠经济发展的涓滴效应转变为依靠公共财政资源的支持；在发展的路径上，由鼓励一部分地区和一部分农民先富起来从而达到所有地区、所有农民共同富裕的方式，转向鼓励和优先支持落后地区和农村弱势群体的方式；在发展的源泉上，由主要依靠农村自身的资源转向利用国家财政资源和社会资源；在公平与效益的关系上，由效率优先转向效率与公平共进，初次分配和再次分配都要谋求公平；在眼前与长远的关系上，强调可持续发展，实现人与自然的和谐。

实现农村发展模式的转变，需要政治、社会和财政能力的保障。这些条件是需要进行分析和论证的。本章的中心论点是，尽管中国政府的发展理念有了转变并采取了诸多措施，但目前支撑农村发展新模式的条件仍不具备，制度及政策改革的滞后影响了农村发展新模式的实现。本章以下的内容主要包括四个部分：①将阐述中国农村发展理念转变的表现与取得的成效。②分析影响农村发展新模式落实的各种障碍性因素。③分析经济发展与农村发展新模式的关系，试图说明农村发展新模式是否会阻碍经济增长，在现有较低的经济条件下是否可以实行农村发展新模式以及实行农村发展新模式所具备的条件。④探讨克服影响农村发展新模式落实的政策选择。

二、中国农村发展理念的转变与成效

进入21世纪后，以农村税费改革为起端，中国的发展理念发生了转变。科学发展观的提出、发展模式和发展战略的调整，极大地促进了中国农村经济社会的发展，已经取得了显著的成果。

（一）中央财政在平衡地区和城乡之间的财力中发挥了作用

分税制财政体制确立了中央财政收入稳定增长的机制。1993~2008年，中央本级收入占全国财政收入的比重由22%提高到了53.3%。中央财政收入的增加提高了其再分配能力，为中央均衡地区间财力差异提供了财力保障。据统计，2003~2009年，中央财政用于“三农”的支出分别为2144亿元、2626亿元、2975亿元、3397亿元、4318亿元、5955亿元和7253亿元，年均增长17.8%。各年中央财政“三农”支出占中央财政支出的比重分别为13.7%、14.3%、14.7%、14.5%、14.6%、16.4%和16.5%（见表5-1）。

表5-1 2003~2009年中央财政用于“三农”支出情况

项目 \ 年份	2003	2004	2005	2006	2007	2008	2009
中央财政支出（亿元）	15682.0	18302.0	20260.0	24393.0	29580.0	36320.0	43901.0
比上年增长（%）	11.0	16.7	10.7	15.9	25.9	22.8	24.1
“三农”支出（亿元）	2144.0	2626.0	2975.0	3397.0	4318.0	5955.0	7253.0
比上年增长（%）	12.5	22.5	13.3	14.2	27.1	37.9	21.8
“三农”支出占中央财政支出比重（%）	13.7	14.3	14.7	14.5	14.6	16.4	16.5

2009年，中央财政用于“三农”的支出结构是：支持农业生产支出2679.2亿元，对农民的四项补贴（粮食直补、农资综合补贴、良种补贴、农机

具购置补贴）支出 1274.5 亿元，促进农村教育、卫生等社会事业发展支出 2723.2 亿元，农产品储备费用和利息等支出 576.2 亿元。地方对中央税收返还和一般性转移支付的安排，也有很大部分用于民生和“三农”支出。①

（二）通过以城带乡、实现城乡之间基本公共服务的均等化

由于长期存在的城乡二元结构的影响，农民不仅在收入上与城市居民有较大差距，农村社会事业的发展更滞后于经济的发展，农民在享受最基本的公共服务和社会福利方面与城市居民之间的差距更大。由于市场配置资源的基本规律的作用，要素总是要向生产率高、回报率高的部门和地区流动，城乡之间、发达地区与欠发达地区之间在经济上的差距在短期内还难以缩小。现阶段调整城乡经济关系，促进城乡经济的协调发展，主要是努力抑制城乡经济差距扩大的趋势，逐步减弱城乡经济差距扩大的强度，积极为逐步缩小城乡经济差距创造条件，使差距从扩大到开始缩小的“拐点”早日到来。但通过国家政策的调整，调整初次分配和二次分配方面的国民收入分配格局，在较短的时间内，缩小城乡之间、发达地区与欠发达地区之间人均享有最基本的公共服务和社会福利方面的差距是完全可能的。近年来，国家在农村义务教育、医疗卫生、农民最低生活保障制度等方面出台了一系列重大的政策措施，加大了公共财政对农村的投入力度，已经取得了明显成效。

1. 农村义务教育事业的发展

义务教育的特征主要是普及性、强制性和免费性。免费教育是强制教育的前提。如果没有政府支持的免费教育做保证，就不可能实现真正意义的义务教育。尽管中国在 1986 年制定《义务教育法》时，就确定了义务教育免收学费的制度，但这项制度并没有落实。由于政府教育投入的不足，向学生收取学杂费成了农村学校维持运转的重要手段。据统计，2000 年，中国农村小学和初中教育经费中，政府拨款分别占 66.0%和 62.6%。

进入 21 世纪后，随着中国发展观的转变，政府试图扭转政府在农村义务教育中的缺位现象。从 2001 年开始，中国实行了“两免一补”政策，即对农村义务教育阶段贫困家庭学生“免杂费、免书本费、逐步补助寄宿生生活费”。到 2004 年，中国农村小学和初中教育总经费中，政府拨款分别达到了 82.7%和 76.6%，政府财政投入已经成为我国农村义务教育的主导性经费来源。但是，学生家长仍需要承担比较沉重的教育负担，有相当比例的中低收入家庭不得不为了孩子上学而负债，在农民储蓄的动因中，为子女上学而储蓄是主要的

① 财政部：《关于 2009 年中央和地方预算执行情况与 2010 年中央和地方预算草案的报告》，http://www.mof.gov.cn/zhengwuxinxi/caizhengxinwen/201003/t20100316_276816.html。

因素之一。[①] 这种状况不仅加剧了农民的负担，影响农村义务教育的巩固，而且影响农民消费水平的提升，并进而阻碍中国发展方式的转变。

上述情况提出了深化改革的迫切要求。2005 年 12 月，国务院下发了《关于深化农村义务教育经费保障机制改革的通知》，决定逐步将农村义务教育全面纳入公共财政保障范围，建立中央和地方分项目、按比例分担农村义务教育经费保障新机制。2006 年，中国重新修订了《义务教育法》，在法律上明确了实施义务教育，不收学费、杂费，标志着中国农村义务教育事业改革和发展取得了突破性进展。据测算，2008 年仅免除学杂费和免费提供教科书，中西部地区每个小学生减轻负担 230~270 元/年，初中生 360~410 元/年；同时享受生活费补助的寄宿生，平均每个小学生减轻负担 730~770 元/年，初中生 1110~1160 元/年。

此外，教育公平和教育均衡发展成为中国的基本教育政策。在“十一五”期间，中国实行了“农村中小学现代远程教育工程”，实施了缓解农村师资紧缺以及教师水平不高的若干措施，城乡和地区之间教育差距不断扩大的状况在一定程度上受到了遏制。

2. 建立新型农村合作医疗制度

2002 年 10 月，中共中央、国务院作出《关于进一步加强农村卫生工作的决定》（以下简称《决定》）。这是新中国成立后第一个关于农村卫生问题的中央文件。该《决定》确定了农村卫生工作的目标、重点和主要措施，明确提出建立和完善农村合作医疗制度和医疗救助制度，各地要先行试点，总结经验，逐步推广，到 2010 年，新型农村合作医疗（以下简称“新农合”）制度要基本覆盖农村居民。

2003 年，中国在 304 个县（区、市）探索建立新农合制度的试点。在“十一五”期间，新农合制度建设取得突破性进展。2006 年，试点县（市）的个数已经达到了 1451 个，占全国总县（市）个数的 50.7%，参合农民 4.1 亿人，占全国农民数量的 47.2%。在“十一五”期间，新农合的参合率、人均筹资和补偿受益人次均呈稳步上升的趋势（见表 5-2）。到 2009 年底，新农合制度已经实现全覆盖，参加新农合人口 8.33 亿人，参合率为 94%。人均筹资水平超过 113.36 元，其中各级财政人均补助超过 80 元，全年中央和地方财政共落实新农合补助资金 627 亿元，全国新农合平均最高支付限额达到农民人居纯收入 6 倍以上，有 4.9 亿人享受新农合补偿。2010 年，新农合的人均筹资水平

① 根据 2005 年对我国江苏省和甘肃省四个村 1006 户农户的问卷调查，在有子女接受义务教育的家庭中，22%的家庭回答依靠家庭的收入和积蓄状况不能负担子女的教育费用。四个村中因为孩子上学而借债的比例分别为 26.40%、18.50%、20.90%、1.80%，平均为 11.2%。见张晓山等：《中印农村社会保护比较》，社会科学文献出版社，2011 年 4 月。

表 5-2　2005~2009 年全国新型农村合作医疗情况

年份	参合率（%）	人均筹资（元）	补偿受益人次（亿人次）
2005	75.66	42.1	1.22
2006	80.66	52.1	2.72
2007	86.2	58.9	4.53
2008	91.53	96.3	5.85
2009	94.19	113.36	7.59

超过 150 元，其中各级财政补助超过 120 元。

中国的新农合制度建设取得了比较明显的效果，主要表现在以下几个方面：

（1）初步得到了农民的认可。据调查，尽管农民每人每年只需交纳 10 元钱，但在新农合制度建设的初期，多数地方向农民收取合作医疗费用非常困难、成本很高。例如，在收缴合作医疗费时，普遍存在着村干部垫缴现象；一些地方甚至派驻工作组进村收取；还有一些地方通过向教师摊派的方式，变相强制学生家长缴费。但是，在试点进行了 2~3 年后，农民切身体会到了新农合制度所带来的好处，逐渐认可了这一制度。村干部垫缴及各种变相摊派现象基本消失了，农民对新农合制度从怀疑、观望转为积极参加，对新农合制度的信心日益增强。

（2）保障功能逐步增强。2003~2005 年，中央财政对中西部地区（除了市区）参加新农合制度的农民，每人每年按平均 10 元的标准安排补助，地方财政的补贴标准不低于 10 元。从 2006 年起，中央的补贴标准提高到 20 元，地方财政也相应提高补助标准，同时将中西部农业人口占多数的市辖区和东部部分省份困难地区的县（市）纳入中央财政补助范围。从 2008 年起，中央财政的补贴标准到了 40 元，地方财政的补贴不低于 40 元，农民个人每人每年缴纳 20 元。在这短短的几年中，新农合筹资的最低标准从年人均 30 元增加到了 100 元。2003 年，全国筹集新农合基金只有 40 亿元。此后，新农合基金总量逐年增加。到 2008 年，当年筹集新农合基金已经达到 785.0 亿元。新农合基金规模的增长，实际上意味着制度的保障功能大大提高了。

（3）促进了农民的卫生服务利用和健康状况的改进。新农合制度覆盖面的扩大和筹资水平的提高，对增加参合农民的医疗卫生服务利用产生了积极影响。而且，因为新农合制度的连带效应，农民有能力和意愿支付由政府所提供的基本医疗服务之外的医疗服务需要，其有病不医或因病致贫现象有所缓解。

对比 2003 年的国家第三次卫生服务调查和 2008 年的第四次调查结果，可以看到，2003 年，农村中应就诊而未就诊的比例为 45.8%，2008 年，这一比例下降到 35.6%，比 2003 年下降了 10 个百分点；2003 年，农村中医生诊断应该住院而没有住院的占 30.3%，70%是由于经济困难，2008 年，这一比例下降到 20%，也下降了 10 个百分点。在住院病人中，36.8%的病人是自己要求出院的，比 2003 年下降了 6.5 个百分点。在自己要求出院的病人中，经济困难或花费太多而要求出院的病人占 54.5%，比 2003 年减少了 9.4 个百分点，该情况的改善主要发生在农村地区。

农民卫生服务利用的增加与农民收入增加、对健康重要性认识提高、医疗服务价格与质量等因素密不可分。新农合制度和农村医疗救助制度无疑也有积极效应。调查显示，2003 年，近 80%的农民是自费医疗群体。到 2008 年，农村地区拥有各种社会医疗保险人口的比例达到 92.5%，89.7%的调查居民参加了新型农村合作医疗、2.9%拥有其他社会医疗保险。在新农合制度覆盖的居民中，有 33.5%的门诊患者得到报销或从家庭账户中支付，65.6%的门诊患者需完全自付医药费用；有 85.3%的住院患者的医疗费用得到报销，获报销费用占其住院总费用的 34.6%。2003~2008 年，全国累计 15 亿人次享受到了补偿，补偿基金支出 1253 亿元。其中有 1.1 亿人次享受到了住院补偿、11.9 亿人次享受到了门诊补偿，对 2 亿人次进行了健康检查。参合农民次均住院补偿金额从试点初期的 690 元提高到 1066 元。

（4）贫困人口看病就医问题得到一定改善。新农合制度和同步建立的农村医疗救助制度使贫困人口看病就医问题得到改善，在一定程度上解决了贫困农民无力参合和无力支付大额医疗费用的问题，提高了医疗保障的公平性。2003~2008 年，农村医疗救助制度累计直接救助 2024.1 万人次，累计资助 9458.3 万人参加新农合制度。

3. 初步建立了农村最低生活保障制度

建立农村最低生活保障制度是中国农村发展模式转变的重要表现。2007 年 8 月，国务院发出《关于在全国建立农村最低生活保障制度的通知》，决定在全国建立农村最低生活保障制度。县级以上地方政府根据当地实际情况确定农村低保标准，重点将因病、因残、年老体弱、丧失劳动能力和生存条件恶劣的常年贫困人口纳入低保范围。农村低保资金的筹集以地方为主，中央财政对财政困难地区给予适当补助。

截至 2009 年底，全国农村最低社会保障人数 4759 万人，农村平均低保标准年人均 1210 元；农村低保月人均财政实际补助 64 元。2009 年，全国农村低保资金支出 491 亿元，比 2008 年增加 263 亿元，增长 114%，其中中央财政补助地方 216 亿元。

4. 开展新型农村社会养老保险试点

2009 年 9 月，国务院发布了《国务院关于开展新型农村社会养老保险试点的指导意见》，建立新农保制度。新农保的参保范围是年满 16 周岁、未参加城镇职工基本养老保险的农村居民。其资金来源由个人缴费、集体补助和政府补贴构成，其中，政府对符合领取条件的参保人全额支付新农保基础养老金，中央财政对中西部地区按照中央确定的基础养老金标准给予全额补助，对东部地区给予50%的补助。养老金待遇由基础养老金和个人账户养老金组成，中央确定的基础养老金标准为每人每月55元，地方政府可以根据实际情况提高基础养老金标准；个人账户养老金的月计发标准为个人账户的全部储存额除以139。《意见》提出，2009年试点覆盖面为全国10%的县，以后逐步扩大试点，在全国普遍实施，到2020年之前，基本实现对农村适龄居民的全覆盖。2009年和2010年，中央财政对新农保试点基础养老金专项补助资金总额为100亿元。

（三）多予、少取，维护和增进农民群众的物质利益

近年来，中国共产党和政府在对农民“多予”和“少取”方面采取了一系列重大政策措施。

1. 农村税费改革

农村税费改革是中国农民公共政策的重大调整。农村税费改革分两阶段进行。

从2000年起，中国开始进行农村税费制度的改革。2000~2003年，农村税费改革的主要内容是正税除费。2004年以后，改革的方向转变为降低农业税税率，并直至完全取消农业税。2005年12月29日，十届全国人大常委会第十九次会议通过了关于废止农业税条例的决定，全面取消农业税。从2006年起，全国所有省份都取消了农业税，农民彻底告别了缴纳农业税的历史。

与农村税费改革之前的1999年相比，2006年全国农民每年减轻负担约1250亿元，其中，336亿元为农业税，714亿元为“三提五统”。按照8亿农民计算，农民人均大约减负140元。

2. 对农民实行直接补贴

任何国家的农业现代化，都不可能仅仅依靠农民自身的力量。给农民补贴是发达国家发展现代农业的普遍做法。中国政府为了促进农业生产发展及增加农民收入，相继实施了一系列的补贴政策（见表5-3）。主要包括：①对种粮农民直接补贴。这项政策从2004年开始实施，2007年的补贴标准为12元/亩。②农业生产资料综合补贴。为了弥补化肥、农膜、柴油等农资价格上涨对农民种粮的影响，提高农民种粮的积极性，从2006年起，国家对种粮农民实施农资综合直补政策。③农业机械购置补贴。国家对农民个人、农场职工、农机专业户和直接从事农业生产的农机服务组织购置和更新大型农机具给予一定的补贴。补贴机具为小麦、水稻、玉米、大豆四大粮食作物所需的拖拉机、收获机、耕整机等。补贴标准：中央和省财政资金补贴标准“按不超过机具价格的30%左右进行补贴”，“单机补贴最高不超过5万元”。市县财政投入资金的补

贴标准，由各地自行确定。④农作物良种补贴。

2007年中央财政安排的粮食直补等各项农业补贴总额已达到526亿元。2008年的补贴规模达到了1028亿元；减免、取消农业税及补贴政策对于调动农民发展农业生产的积极性发挥了一定作用。

表5-3　中央财政对农民的主要补贴

单位：亿元

年份＼项目	粮食直补	良种补贴	农机补贴	农资综合直补
2004	116	—	0.7	—
2005	132	37.0	3.0	—
2006	142	41.5	6.0	120
2007	151	66.6	20.0	276

资料来源：有关年度的财政预算执行情况报告。

3. 中央预算内和国债投资的重点转向农业和农村

中央预算内和国债投资加大了农业和农村基础设施建设的力度。2003~2007年，中央政府安排投资3000多亿元用于农业和农村建设。

4. 农民从土地制度的变革中受益是最大的“多予”和“少取”

在城市化和工业化的进程中，一部分农地转为非农建设用地是必然趋势。中国的现代化过程在某种程度上说就是土地增值和土地资本化的过程。农民作为集体所有者拥有的最重要的资产就是农村的土地，而农地资本化后增值收益的分配问题一直是利益相关者关注的重点。在未来十几年间，农村土地资本的分配方式与分配格局在很大程度上将左右城乡经济一体化的发展进程。这部分资本化的土地资源如分配和使用得当，完全可以支付消除城乡二元结构、促进城乡经济社会协调发展、实现农业现代化所需的运作成本，从而使农民能真正享有其土地增值收益中应有的份额，合法、合理地分享城市化的“红利”，这是最大的“多予”和“少取”。从这个意义上讲，当前和今后相当长的时期内，农村土地制度的改革将在深化农村改革、统筹城乡发展、构建城乡经济社会发展一体化新格局的大战略中处于一种关键性的位置。中国政府正在积极推进征地制度改革，加快建立被征地农民的社会保障制度，截至2008年4月，中国已有1000多万被征地农民被纳入社会保障制度。

（四）保障农民工的合法权益，促进农村人口的转移、加速城市化进程

只有减少农民才能更快地让农民富裕。在中国人地关系紧张的情况下，不断促进农村人口城市化是形成城乡经济社会发展一体化新格局的重要条件。

近年来，中国出台了保障农民工权益的一系列政策，促进农村劳动力的转移和城市化进程，这就使留在农村的劳动力能有机会扩大经营规模，实现"第二次飞跃"。

1. 农民工基本权益保障

针对普遍存在的压低、拖欠农民工工资现象，中国各地普遍出台了农民工工资支付保障制度和拖欠农民工工资举报投诉处理机制，加大清理拖欠工程款工作力度，从源头上解决农民工工资拖欠问题。截至2006年底，全国27个省（区、市）建立了工资保证金制度，多数地区建立了工资支付监控制度。

各地调整了最低工资标准，提高农民工收入水平。2006年全国有20个省、自治区、直辖市按照至少每两年调整一次的要求调整了最低工资标准；另外有9个省（区、市）在2005年已经调整月最低工资标准的基础上，2006年又进行了新的调整。全国31个省（区、市）已经全部颁布实施小时最低工资标准。2006年，小时最低工资标准最高为7.9元（北京），最低为1.85元（黑龙江部分县市）。

各地取消了对农民进城务工的限制性、歧视性规定，普遍对农民工实施了免费就业服务，并对进城农民工实行了职业介绍补贴和职业培训补贴，更多的农民工享受到了公共就业服务。

2. 农民工社会保障政策

2004年劳动和社会保障部制定了农民工参加工伤保险的通知，明确指出，各类用人单位招用的农民工均有享受工伤保险待遇的权利，凡是与用人单位建立劳动关系的农民工，用人单位必须及时为他们办理参加工伤保险的手续。2006年《国务院关于解决农民工问题的若干意见》进一步要求依法将农民工纳入工伤保险范围，所有用人单位必须及时为农民工办理参加工伤保险手续，并按时足额缴纳工伤保险费。近年来，农民工的工伤保险取得了比较快的进展。2006年，参加工伤保险的农民工人数为537万人，2007年增加到了3980万人，比2006年末增加了1443万人。2006年末农民工参加基本医疗保险的农民工人数为2367万人，2007年增加到了3131万人，比上年末增加了764万人。中国共有6000多万有相对稳定劳动关系的农民工，他们中超过一半得到了工伤保险和基本医疗保险的制度保障。

自2008年以来，中国实行了《劳动合同法》。这部法律在改善农民工就业环境方面发挥了重要作用。

3. 农民工子女教育政策

《国务院关于解决农民工问题的若干意见》指出：输入地政府要承担起农民工同住子女义务教育的责任，将农民工子女义务教育纳入当地教育发展规划，列入教育经费预算，以全日制公办中小学为主接收农民工子女入学，并按照实际在校人数拨付学校公用经费。城市公办学校对农民工子女接受义务教育要与当地学生在收费、管理等方面同等对待，不得违反国家规定向农民工子女加收借读费及其他任何费用。

全国人大常委会修订通过了《义务教育法》，增加了保障流动人口子女接受义务教育的条款，使农民工子女义务教育工作步入法制轨道。据2007年教育事业统计，在义务教育阶段就读的农民工随迁子女有765万人，其中分别有77%的小学生和80%的初中生在公办学校就读。

政府在政策上要求把农民工子女纳入当地免疫规划，采取有效措施提高国家免疫规划疫苗的接种率。

三、落实农村发展新模式的障碍因素

尽管中国政府的发展理念有了转变并采取了诸多措施，但目前支撑农村发展新模式的条件仍不具备，制度及政策改革的滞后影响了农村发展新模式的实现。

（一）地方政府缺乏实行农村发展新模式的激励

中国传统的农村发展模式是由政府所主导的，其突出特点是以追求GDP总量为主要目标，忽视农民的福利和权利。干部的选拔、考核制度以及财税制度是形成这一特点的主要因素。在最近几年中，中央强调实行科学发展观。但是，干部考核制度和考核标准仍然没有根本的变化（尽管社会发展、环境保护等方面的指标得到了重视，财政收入、GDP、FDI等经济指标有所下降）。而且，政府之间的财政关系没有改变，地方政府缺乏实行科学发展观的利益激励。从约束机制看，由于信息不对称、不公开和不透明的因素，上级政府很难发现地方政府不执行或不努力执行上级政策的行为，地方政府从而利用信息优势欺骗上级并逃避上级的监督、检查。就农民的参与和监督作用看，基层政府在与农民关系中的强势地位，无组织的农民不能约束地方政府的行为，难以形成社会压力和对决策层的压力。

（二）财政转移支付制度不利于落实农村发展新模式

农村发展新模式是建立在公平分配基础上的发展模式。这种发展模式不是否定市场经济制度，而是强调以再分配的形式来弥补市场机制的缺陷。但是，中国财政转移支付制度存在着较多的问题，成为落实农村发展新模式的制度性障碍。

1. 地区之间的逆向调节

市场化和全球化的收益在中国内部的不同地区之间、城市与农村之间的分配是不均衡的，中西部欠发达地区和农村的受益相对较小。这就要求中国政府主动建立转移支付制度，以平衡这种差异。但是，中国的财政转移支付资金未能起到缩小地区差异的效果。有研究指出，在中央对地方的转移支付总量中，不具有均等化（实际上是逆向均等化）效果的部分超过了 60%，2005 年达到了 67%。只有 33%（一般目的的转移支付）“可能”具有均等化效果（王雍君，2006）。

2. 财政支农支出的总体水平偏低，而且结构不合理

近几年，财政对农业的投入从绝对规模上看，已有较大增加，但财政农业支出占全部财政支出比重总体水平偏低，一直在一个比较低的水平徘徊，没有从根本上扭转农业在国民收入分配中的不利地位。

1996~2006 年，全国财政用于农业的支出占全国财政支出比重从 8.82%下降到 7.85%，10 年的平均水平是 7.84%。2006 年的水平既低于 1990 年 9.98%的水平，更低于 1980 年 12.2%的水平。

财政支农支出结构不合理，农业生产性支出少，非生产性支出多。在财政支农支出中，直接用于农业生产性支出比重过低，用于各级农口事业单位人员供养及行政开支比重过高。如农林水利和气象等部门的事业费支出占全国财政用于农业支出总额的比重居高不下。1996~2006 年的平均水平为 59.2%，最高的 2004 年和 2005 年分别达 66.4%和 65.7%，最低的 1998 年为 45.8%。同期，其他各项支农支出合计占全国财政用于农业支出总额的比重较小，且呈进一步降低趋势。从 1996 年的 38.8%下降到 2006 年的 38.3%。其中，直接用于农业生产的农业综合开发支出下降幅度最大，从 1996 年的 11.6%下降到 2006 年的 6.5%，农业基本建设支出下降幅度也很大，从 1996 年的 20.2%下降到 15.9%。这种支出结构不仅不利于增强农业减灾抗灾能力，更不利于提高我国的农业综合生产能力。

3. 管理分散，造成重复和交叉投入，规模效益差

这一问题主要源于现行转移支付中专项资金比重较大。中央财政用于“三农”的数千亿元支出中，很大一部分是作为专项资金散落于各个垂直体系之中的。在现行行政管理体制和财政管理体制下，专项资金比重过大导致资金规模效益差、资金配置和使用效率低下。

专项资金的管理、分配必须依托相应的组织机构。我国管理、分配专项支农资金的组织机构具有部门、机构多和人员多的特点。从横向结构来看，中央级直接分配和管理支农资金的部门有二十多个。这些部门又自上而下设立或配置诸多分配、管理支农资金的机构。各部门在资金的分配、管理上自成体系，使得支农项目点多面广，单个项目投资额较小，且资金分散使用与交叉重复并存，难以形成支农资金使用的合力。

例如，针对农民人力资本差的状况，中央提出了加强农民培训的政策要求。于是，很多中央部门都出台了部门的农民培训计划，农民培训的专项资金分布在各个部门，实行多头管理。例如，在农村培训类项目方面，农业部有“万名农民素质培训工程”、“欠发达乡镇农业科技培训项目”、“农村劳动力转移培训阳光工程”和“跨世纪青年农民科技培训工程”等，劳动和社会保障部有“农村劳动力就业上岗培训工程”，中央组织部有“农村基层党员素质培训工程”，全国妇联有“农村妇女种养殖业技术培训工程”，全国科协有“农民网上函授教育培训工程”，团中央有“农村青年人才培训工程”。

又如农村卫生方面，目前瞄准农村医疗卫生领域的项目有县疾控中心和传染病区建设、农村医疗卫生服务体系建设、巡回医疗车、西部眼科手术车、降消（孕产妇死亡率、新生儿破伤风）项目、新型农村合作医疗、公共卫生和乡镇医务人员培训、设备等。计划生育方面的项目有农村计划生育服务体系建设（服务站、流动服务车）、服务项目免费、计划生育家庭奖励扶助制度、西部“少生快富”工程、“十一五”独生子女伤残死亡家庭扶助等（侯岩，2006）。2005年，仅国家发改委就分别安排了四项涉及农村医疗的专项投资计划。这些专项投资存在着不整合、内容交叉，甚至有少数项目重复安排投资计划（李金华，2006）。

再以生态建设方面的项目为例，目前各种渠道的生态建设投资多达20多项，几个部门管理，有些地块同时上几个项目，重复投资严重，而部门之间职责不清，投资责任不明确，缺乏风险约束机制，造成资金使用的低效率。资金分散使单个项目投资规模过小，平均每个项目投资不足100万元，而其中投资10万元以下的小项目接近一半，投资100万元以上的项目不足10%（杨光，2006）。

专项资金的支配权掌握在中央各部门手中，一些部、委、办掌握着大量的专项资金，拥有资源的配置权，而且支配资源的权力越来越大。财政支农“有政策、没体系”，部门利益的影响和条块分割严重，资金的使用效率较差。这种管理格局，也相应地影响着地方各级政府支农投资的安排、使用和管理方式。据国家审计署组织的对全国50个县支农资金的专项审计，目前县级政府分配管理支农投资的也有10多个部门。各种支农投资基本上是以“条条”为主管理，管理渠道繁多，导致地方政府事权的分割，主管部门之间缺乏沟通，各自为战，致使不同渠道的政府支农投资在使用方向、项目布局、建设内容等方面不同程度地存在交叉和重复，有限的资金不能发挥应有的作用。而且资金往往是通过中央、省、地市、县、乡镇、村六个层级，再惠及农户，中间的

“跑、冒、滴、漏”也是一个严重的问题。据全国各级审计机关对2004年和2005年涉农的784个审计项目的不完全统计，查出截流资金、挪用侵占转移支付资金等192亿元，损失浪费8.9亿元（李金华，2006）。

4. 公共财政资源在农村内部的分配存在着逆向配置

从公共财政资金在农村内部的配置看，财政资金对农村的投入在县、乡镇和村之间的配置不公平，更多地是向农村的上级层次倾斜。例如，中国西部某县的财政资金在县、乡、村三级卫生机构中的投入比例是17∶10∶1。也就是说，县财政对县级医疗机构的投入是对村卫生机构投入的17倍；对乡镇卫生院的投入是对村卫生机构投入的10倍；对县卫生机构的投入是对乡镇卫生院投入的1.7倍。在教育资金的投入上也存在同样的问题。

在县域内部，不同村庄获取公共财政资金的不公平性。通常的情况是，被政府确定为新农村建设的试点村，得到了更多的公共财政资金。

农村中的富裕群体得到了更多的公共财政资金。现有的制度安排没有体现向农村中的弱势群体倾斜。尽管政策和制度安排体现了公平性，但这些政策和制度的执行结果呈现出不公平性，公共财政资源更多地流向农村的富裕人群。在新农合中，多数地方只有住院才能得到一定比例的补偿，门诊花费不能报销或者只能报销很小的比例。这样，贫困的农户因为没有钱住院，所以实际上被剥夺了享受新农合制度所提供的福利保障。在新农保制度安排中，贫困的家庭因为经济困难的原因而不能参保，所以不能享受基础养老金。对选择更高标准缴费档次的给予更高比例的补贴，也背离了公共财政资金的公平性。

（三）农村公共产品和服务的供给机制不健全

1. 农村公共服务组织向营利性组织转变

目前基层政府财权与事权的不对称，而自上而下转移支付机制又不健全。同时，在追求GDP、财政收入和FDI的发展观和干部选拔机制下，地方政府缺乏把资金投向公共服务的积极性。这一系列的因素导致地方政府把公共服务组织当成了包袱而急于将其推向市场；农村公共服务机构普遍经费短缺而向营利性组织转变。从总体上看，我国基层政府在农村公共服务机构的改革上所采取的思路是把其推向市场，以减轻财政负担。政府按照事先确定的数额给事业单位拨款，事业单位如有节余可以留用，出现赤字则必须自己设法弥补。这样，在创收压力和创收冲动双重力量的推动下，农村公共服务机构具有很强的创收积极性，存在着向趋利性组织转变的风险。

针对公共服务机构的这种强烈的创收动机，政府缺乏相适应的约束机制。第一，财政支持与农村公共服务部门的绩效脱钩。中国县乡农村服务机构包括全额拨款和差额拨款两种类型。但是，不管哪种类型，政府财政对农村公共机构的投入属于一成不变的、固定的补贴。服务机构获取补助的多少与其成本没有联系；与其是否提供了服务以及服务的绩效也没有联系。第二，政府部门与服务机构之间管办不分。政府部门既是政策制定者（由它负责监督和评估服务提供者的业绩表现），又是服务提供者（它是相应事业单位的上级主管部门）。在这种管办不分的状态下，服务提供者职能俘获政策制定者职能的风险很高，也很现实。服务提供者（如学校、医院和农技服务站）更多关心它们的“上级主管部门”是否满意，而不在乎家长、病人和农民是否满意，是很自然的事情。第三，对于一些有理由收费一定服务费的项目，在实践中收费常常被简单当做是弥补成本和增加收入的工具，而不是一个提高公共服务质量与效率，优化资源配置的市场机制来运用。

同时，市场的约束力也很小。这是因为过去虽然农村公共服务机构“推向了市场”，但这个“市场”本身却是一个高度扭曲的市场。市场约束薄弱主要是因为存在三个方面的制度性缺陷：消费者没有足够的权力；监管体制不健全；市场竞争不完全且常常被扭曲（世界银行，2005）。

由于上述情况，农村的许多公共服务机构的行为选择就可能是：在得到国家补助的同时，少提供或不提供这些补助所本应提供的活动，只专注于能够带来额外利润的活动。例如，把本来应该实行的免费服务变成有偿服务，提高原来的服务收费价格；放弃本职工作，而把主要精力用于能够提高收入的各种开发、经营活动之中；违反国家政策，采取各种变相措施收取费用（马晓河、崔红志，2006）。有证据表明，虽然最近几年政府向事业单位投入了大量资金。但除了几项国家强令减少的服务项目（如义务教育），增加的投入似乎并未相应降低各种收费标准。许多迹象表明，政府的资源投入增量越来越多地用于增加人员和提高工资（世界银行，2005）。

2. 农村公共服务组织的机构设置、服务内容、方式与农民需求相脱节

中国目前农村的各类公共服务组织大都是按照计划体系的要求而建立的。改革开放以来，中国农村社会经济状况发生了很大变化。农民对公共服务的需求类型、需求程度不仅与过去计划经济时期发生了很大变化，而且不同地区、不同类型的农民的需求也各不相同。但是，中国县、乡的公共服务组织的机构设置、服务内容、提供服务的方式等，都没有根据这种变化了的情况而做出相应的调整。这种情况潜藏着公共组织提供的服务供给不足与供给过剩并存、效率低下等一系列风险。

3. 对行政机构的依附性

中国的乡镇政府既要对下负责，也要对上负责，完成上级布置的任务。由于政绩考核和干部任免都是由上级操纵，分散无组织的农民也不能对政府产生任何压力，所以乡镇政府必然更多地服从上级政府而不是辖区内农民的意志，计划生育、财政收入、招商引资、完成一定的播种面积是乡镇政府的中心工作。这样，乡镇公共服务组织就会一定程度上背离其提供公共服务的职能，而不可避免地围绕政府的中心任务开展工作，行政与事业的机构和人员实际是融合在一起的。以目前县、乡的各类农业技术推广服务机构为例，它们首先要服从乡镇的中心工作，真正能够用于从事业务的人力、物力都远远不足。而就业务活动本身而言，这些县、乡的农业技术推广不是根据农民对服务的需求，而是由各级政府自上而下安排的。这为技术推广工作带来了不确定性。

4. 民间组织在向农民提供公共产品和服务中的作用较小

私营服务提供者的进入，使得消费有了更多的选择机会，能够满足农民对服务类型和质量的多样化需求。同时，私营服务提供者的存在还可以促进公共服务机构降低成本、努力提高服务的质量、改善服务态度。即使公共提供部门处于支配地位，只要公平对待公共部门和其他服务提供机构，竞争就能产生上述效果（世界银行，2004）。而且，与公共服务机构相比，私营服务提供者也有诸多优势。例如，非政府组织通常更能解除穷人，也拥有更高的灵活性和更强的内在动力，所以他们在为原本会被排斥的群体提供服务方面也处于有利地位。非政府组织工作人员的利他主义动机也有助于可以克服合同的不完全性。因此，充分利用 NGOs 的力量，是世界各国在发展农村社会事业中的普遍性的做法。例如，印度政府鼓励私营企业、NGOs 等社会组织参与向农民提供公共服务。在农民老年保障领域，印度政府鼓励农民参加商业性的养老保险。印度人寿保险公司实施了对老年人口的养老金政策（Varishta Bima Pension Yojana）。保险公司规定了趸交或逐年缴费的标准，参保农民只要达到了 55 岁，就可以按照 9%的回报率逐月领取养老金。如果投保人身故，保险公司将返还给受益人。每月最低领取标准为 250 卢比，最高的为 2000 卢比。印度政府将平衡保险公司投资运营的收益与 9%收益率之间的差额。印度政府支持各种社会组织参与老年农民社会保护，印度政府所实施的在农村地区修建和维护老年公寓、流动性的医疗服务中心、向老年农民提供非制度性的服务等工作，大都委托 NGOs 组织承办。政府支持资金的 90%交给了 NGOs。相比之下，中国民间组织的发育缺乏合理的法律框架，农民结社权利受到了抑制，一些法律赋予的权利（如税收优惠）也不能兑现；各种 NGOs 大都依附于主管单位，普遍缺乏自主性，成为“政府领导的非政府组织”。由于这些原因，中国民间组织在向农民提供公共产品和服务中的作用较小。

（四）农村社会保障事业滞后，与市场化和全球化不相适应

建立和完善农村社会保障制度是农村发展新模式的要求。近年来，中国政府已经着手重构新的社会保护体系的重要性，以保证低收入人口可以相对公平

地享受经济发展的成果，消除、减少被剥夺和脆弱性。但是，农村社会保障事业仍然滞后，与市场化和全球化不相适应。

1. 改革与发展的目标、理念不清晰

中国农村社会保障改革的特点之一是部门主导，诸多的保障项目由不同的部门负责实施，中央政府并没有明确的农村社会保障改革政策。部门改革采取了“摸着石头过河”的做法，对于农村社会保障的项目构成、保障主体、保障水平以及实现路径等宏观目标模糊。

同时，在农村社会保障事业的改革与发展中，中国理论界与决策层存在着一些认识上的误区。一是过分扩大土地、家庭的保障功能而否认农民的社会保障需求。二是过分强调社会保障在缓解贫困、维护社会稳定等方面的工具性作用，忽视了其本身所具有的促进人的发展的建构性作用。这种认识实际上削弱了农村社会保障的价值，阻碍了改革的广度和深度。三是把社会保障事业视为奢侈品，认为只有在经济发展到一定程度才能发展农村社会保障事业。四是认为农村社会保障事业延缓经济发展进程。这些认识上的误区，阻碍、延缓了农村社会保障事业的发展。

2. 尚未建立稳定、长效的筹资机制

农村社会保障制度改革的核心问题确立政府、集体、社会以及家庭等相关方在提供中的责任，并以机制化的形式明确下来。但中国农村社会保障制度改革中，相关方的责任分担界限模糊，政府、集体以及农民家庭和个人的社会保障责任边界不清晰。

中国农村低保、五保等救助制度的资金主要由地方政府承担、中央财政仅对困难地区进行适当补贴。新农合筹资中，地方政府承担与中央财政相对等的份额。计划生育奖励扶助制度、农村医疗救助等保障项目中，地方政府要承担一定的筹资责任。从中国目前的财权和事权及中央财政转移支付的现状看，“地方政府为主”的资金来源制度可能仍然不足保障农村社会保障制度的有效运行。贫困人口众多的地方通常是经济不发达，地方财政赤字、集体经济薄弱的地方，制度的资金来源得不到保障。

科学发展观要求政府关注民生，加大农村社会保障事业的发展。但是目前的财税制度、干部选拔、政绩考核制度、金融制度、土地制度等，都不利于地方政府转变片面追求 GDP 的行为模式，从而在一定程度上形成地方政府在农村社会保障领域投入上的弱激励性。

3. 农村社会保障水平较低

中国农村社会保障项目的保障水平与农民的生存需求之间有一定的差距。例如，我国农村救助的标准仅仅是保吃饭的最低生存标准。2007 年，农村五保分散供养平均标准为 1432.0 元/(人·年)，农村五保集中供养平均标准为

1953.0 元/(人·年)。而全国农民人均生活消费支出 3224 元/(人·年)，两者相差悬殊。在一些贫困人口多的地区，救助人口的多少是依据当年的资金量和救助标准确定的，然后下达给各个村。这样，农村特困户救助制度在执行中演化成了“轮流救助”。农村社会养老保险的领取标准与农民的人均生活消费支出之间的差距更大。

农村居民所享受的社会保障水平与城镇居民有很大的悬殊。2005 年，中国企业离退休职工年末人数 3842.4 万人，离休、退休费 3280.3 亿元，人均 8803 元。而当年共有 302 万农民领取农村社会养老保险养老金，人均领取大约 696 元。前者是后者的 12.6 倍。城镇居民最低生活保障的保障水平是农村居民的 2 倍以上。例如，2007 年，全国各城市低保的平均标准为每人每月 182.4 元，而农村的标准只有 70 元。城市低保对象平均每人每月实际得到补差 102 元，而农村低保对象所得只有 37 元。前者是后者的 2.76 倍。即使把城镇生活成本比农村高的因素考虑在内，这个差距仍显过大。2008 年，农村低保月人均补差提高到了 49 元，但也仅相当于城市低保月人均补助水平的 1/3。甘肃省等 13 个省份 2008 年的平均低保标准低于 2007 年的贫困标准（785 元）。近年来，中国新型农村合作医疗进展快，农民得到了切实的实惠。但其保障水平与城镇医疗保险相差悬殊。城镇医疗保险对住院、门诊、大病、小病都报销，而新型农村合作医疗只以大病统筹为主。城镇职工基本医疗保险参保职工可以报销 70%以上的医疗费，而参加新农合农民住院报销还不足 40%，60%以上的医疗费仍需自付。

4. 农村社会保障制度未能有效促进社会公平

改革开放后 30 年的改革历程，是我国社会主义市场经济逐步建立和完善的过程。在这一进程中，由于起点和过程的不公而形成了结果的不公平。社会保障的核心功能就是熨平市场经济中的结果不公平，调节初次分配的结果，促进社会公正、公平。但是，中国农村社会保障制度改革没有能够有效发挥这种作用，在有的社会保障项目中甚至存在着逆向补贴的现象。其主要表现是：

（1）瞄准性偏差。由于农村治理和民主政治的滞后，农村社会保障项目存在着瞄准失误的问题。其中既包括一些应该享受保障的农民没有得到保障的现象，也包括不应该享受的群体或个体却得到了的现象。而且，不同类型农民享受的社会保障相差悬殊。低收入家庭在医疗保险、医疗救助、养老保险等社会保护项目中的受益偏低。

（2）区域之间农民享有社会保障的差距呈现逐渐拉大的趋势。中国区域之间的经济发展水平和人们生活水平有很大差异。越是落后地区，人们的生存风险越大，应对手段越少，对社会救助等社会保障的需求越强烈。但是，从目前的改革结果看，落后地区社会保障制度的改革力度小，农民享有的社会保障水平低。从未来的趋势看，城乡之间和区域之间农民享受的社会保障水平差距有继续扩大的可能。东部沿海发达地区尤其是大中城市郊区，农村社会保障体系的改革和发展速度可能更快。这一判断的主要依据是：在快速工业化和城市化的过程中，沿海发达地区农民有更强的对社会保障的需求，也具备相应的缴费能力；土地稀缺、价值高，地方政府希望尽快通过社会保障，从而剥离土地对农民的社会保障功能；地方政府有雄厚的财力；农村集体经济实力相对雄厚。在中西部欠发达地区，农业人口及贫困人口的比例高，对社会保障支出的需求大，但可支配财力少。这种地区间财政能力和需求的差异，使其在同样的努力下无法提供与其他地区所能提供的社会保障。

5. 农村社会保障事业的改革和发展具有不确定性

从总体趋势看，中国农村社会保障体系建设的速度将加快。①科学发展观要求政府关注民生，加大农村社会保障事业的发展；十七大报告提出，社会保障是社会安定的重要保证，应加快建立覆盖城乡居民的社会保障体系。②中国总体上已进入以工促农、以城带乡的发展阶段，初步具备了加大力度扶持农村社会保障事业的能力和条件。③由于农村社会保障属于地方政府的事权，地方政府出于社会稳定及地方间竞争等多种考虑，快速发展农村社会保障事业的激励因素增加了。

但是，农村社会保障体系改革及其成效具有不确定性因素。①目前的财税制度、干部选拔、土地制度等，都不利于地方政府转变片面追求 GDP 的行为模式。地方政府依然会优先考虑经济发展、税收收入、FDI 以及全国性的包含政治和政策导向性的硬性目标（如计划生育、社会稳定）。②诸多农村社会保障项目的投资大、见效慢、在效果上难以测量、难以量化。由于干部任期短，农村社会保障事业的成效难以在任期内显现，忽视农村社会保障发展的恶果也难以即刻显现。③从中央与地方的关系看，中央的经济发展指标需要地方的较高指标来保证。这会导致中央政府在一定程度上纵容地方政府忽视农村公共事业的行为。④从农民的参与、压力及监督作用看，基层政府在与农民关系中的强势地位，无组织的农民不能约束地方财政的投入方向和结构；在农民异质化的背景下，农民在监督公共财政资金的用途、效率方面存在着“搭便车”倾向，影响其参与的主动性。

（五）进城农民工的生存权和发展权处于没有保障的状况

1. 资本挤压劳动存在着制度性基础

因为市场化和全球化而产生的收益如何在归于资本所有者的利润与改善工人工作条件及劳动者工资之间进行分配是十分重要的。但中国的利益分配不均衡，对劳动者是不利的。尽管中国制造业实际工资有了较大的增长，但值得注意的是，工资虽有增长但增长是滞后的，或者低于生产率的增长。中国农民工在初次分配中的状况，并不全部是市场甄别的结果，而是存在着制度性和政策性因素。

（1）政府偏袒资方和不作为。对于资本拥有者来说，压低农民工工资是一种理性的选择。而政府此时应履行应有的职责，保障劳动者的合法权益，协调劳动与资本的关系。但地方政府往往从自身的政绩出发，与资本结盟，忽视农民工的合法权益。调查显示，89.8%的农民每周工作时间超出劳动法规定的 44 小时。住宿餐饮业农民工每周工作时间超过了 60 小时。以受雇形式存在的农民工平均每月工作 26 天，每周工作 58.4 小时。2005 年，农民工每周工作时间在 41~60 小时的占 1/2，超过 61 小时的占 1/3，也就是说，有约 85%的农民工的工作时间超过了法定时间。2005~2009 年，农民工的工作时间反而越来越长。除了违反劳动合同法的超时工作，沿海地区在农民工方面存在的问题是"三低两多"。即合同签约率低、社会保险低、工资水平低；工伤多，劳动争议多，尤其部分地区存在三大顽症：拖欠工资、不签劳动合同、劳动条件差。

（2）农民工缺乏组织。在供大于求的条件下，一般劳动力价格会被压低，工资水平相对较低有其部分合理性。但是，现代劳动力市场中的工资水平不仅受到供求关系的影响，还要受到劳资集体谈判的影响。关键问题是中国至今尚未形成完善、有效的集体谈判机制。代表劳动者利益的工会组织，在为劳动者维权方面的作用尚未充分发挥。

（3）法律法规不完善。由于法律政策不健全或者是法律政策本身就有不公平的地方，同时实施起来也有问题，从而导致雇主肆意侵害农民工权益，又没有受到应有的惩罚。中国的法律和政策只对农民工的权利作了笼统的规定，对于如何保障这些权利的实现，以及这些权利受到侵犯该如何追究、如何补救等问题，都没有具体的规定。

2. 城镇社会保险制度缺乏对农民工的包容性

把农民工纳入社会保障的覆盖范围，不仅可以改善农民工的福祉，而且有利于提高企业的竞争力。从政策层面看，现行社会保险制度没有排斥正规就业的农民工。但是，农民工参保率不高，政府的政策导向或干预并没有取得预期的效果。

农民工排斥城镇职工社会保险的主要原因在于现有的社会保险与农民工的特点不吻合。现有的城镇职工社会保险在满足农民工需求方面，存在着明显的制度缺陷。

从就业机会与收入水平看，农民工在城市劳动力市场上属于弱势群体。他们一方面难以找到稳定的工作，另一方面在找到工作后的工资待遇相对较低，而且工作具有不稳定性和间歇性。在这种情况下，农民工势必优先考虑获得就业机会。但是，社会养老保险和医疗保险均要求雇主和农民工共同承担缴费义务。在这样的制度安排下，雇主可以拒绝接纳农民工，从而使得农民工失去就业机会；农民工的低工资也难以承担高昂的保险费。

从工作性质上看，农民工具有高度的流动性，在城市定居的可能性比较小。这一特征要求社会养老保险和医疗保险账户资金的可转移性。但是，目前的社会养老保险制度不能满足这一要求。农民工在回到家乡或者到其他地方就业后，其养老保险账户中的统筹部分只能留在原来的城市，而不能随身带走。

从年龄结构看，农民工大多为青壮年，其年龄分布非常集中，近80%的农民工集中在18~35岁。由于距离失去劳动能力的时间跨度比较大，因而对养老保险的需求相对较弱，在其需求序列中比较靠后。同时，在这一年龄段的农民工身体比较好，疾病风险相对较小，患大病的风险更小，因此对“仅保住院，不保门诊”的医疗保险制度的需求相对较小。

除了上述几方面的特征，农民工在农村还有承包土地。土地的就业功能和养老观念也降低了农民工对养老保险的需求。而且，目前的城镇职工社会养老保险和医疗保险在保障程度上采取了城镇职工和农民工差别对待的做法，农民工的待遇偏低。这与农民工较低的个人保障能力不相称，从而也削弱了农民工参保的积极性。

国家出于保护农民工利益，曾试图把他们纳入城镇保障体系，但由于这种制度与农民工的特点不吻合，以及制度在衔接、续接方面的困难，因此农民工的参保率很低，退保率很高。农民工并没有从制度中得到好处。

2009年国家制定了一些新的保护农民工的政策，这是保护农民工的新举措。但是《暂行办法》存在着明显的缺陷，而这些缺陷势必损害很多农民工的利益，甚至因为剥夺了农民工退出权而导致农民工的利益损害可能比以前更甚。《暂行办法》第六条第四款规定：“基本养老保险关系不在户籍所在地，且在每个参保地的累计缴费年限均不满10年的，将其基本养老保险关系及相应资金归集到户籍所在地，由户籍所在地按规定办理待遇领取手续，享受基本养老保险待遇。”这意味着很多农民工最终都要回到户籍所在的县市领取养老金，因为能在一个地方持续打工10年以上的农民工很少。可是，由于打工所在地与户籍所在地的经济发展水平及工资收入水平存在着很大的差距，按照《暂行办法》执行的结果就是：那些在每个地方持续打工都不到10年的农民工，在每个打工所在地按照很高的标准缴纳了养老保险金，却要回到户籍所在地按照很低的标准领取养老金，最终的结果可能是领到的还没有交上去的多。《暂行办法》第三条规定：“未达到待遇领取年龄前，不得终止基本养老保险关系并办理退保手续。”农民工退出的权利被剥夺，意味着那些在每个地方打工都不满10年的农民工只能等着吃亏。

3. 城乡分割的管理体制导致农民工不能享受城市的公共产品和服务

在城乡二元结构中，一方面，法律上没有赋予农村人口与城市人口同等生存、生活的条件与权利。所以，城市在“许可”接纳农村人口的过程中，很多接纳办法实际上演化成向非城市人口索取高额费用的手段。农民工在就业机会、劳动安全、工资收入、教育、医疗、保险等各方面与城市居民有较大的差别，甚至根本谈不上保障。

从农民工的在城市获取公共服务方面，目前存在三个方面的问题：一是一些随迁子女不能享受与城镇子女同等教育权利，一些农民工学校存在安全隐患。二是缺乏住房保障，大多数地方尚未将农民工住房问题纳入城镇住房保障体系和住房规划之中。三是农民工落户条件较严，一些地方限于小城镇和经济发展滞后，带动农民工就业和落户的能力不足。

四、农村发展新模式与经济发展的关系

（一）农村发展新模式是否会阻碍经济发展

1. 农村社会保障制度与农村经济发展

学术界对于社会保障体系与经济增长之间的关系进行了比较多的研究，但并没有在社会保障是否会影响经济增长这一问题上形成较为一致的意见。一些传统的经济学观点认为，一些追求再分配的政策有可能对发展有害，除了再分配项目本身的负面激励效应以外，将富人的钱再分给穷人，会降低整体储蓄率，并因此影响经济发展。一些研究探讨了西方福利国家的法定社会保障体系对劳动力市场的扭曲以及对激励机制造成的负面影响。但是，相反的观点认为，在全球化和市场化的背景下，社会保障是一种促使经济增长具有包容性和亲贫的机制，将增长的收益通过再分配的形式直接提供给那些不能从经济增长中受益或受益较小的群体（如老年人、残疾人）。而且，社会保障项目具有直接促进经济增长的功能。例如，社会救助向穷人提供了生产性资产，从而使得他们可以从事生产性活动；社会保险使家庭更加有效地使用家庭的资源，鼓励人们从事具有风险和创新的生产经营活动。还有，社会保障有助于在上层收紧信贷的同时，放松底层信用限制，从而导致更多聚集资本的形成和高增长。

我们认为，即使承认社会保障会对经济发展有不利的影响，但中国农民享受的福利和保障水平还远远没有达到形成对劳动激励产生负面效应的程度。不能以欧洲福利国家社会保障制度对劳动者的负的激励效应为依据，推断农村社会保障就必然阻碍经济发展。而且，中国农村社会保障制度也没有必要以福利

国家为样板，福利国家的问题未必就会出现在中国。

中国目前处于过剩经济的状态，主导经济增长的是需求。从这一角度看，农村社会保障制度将有利于扩大内需并促进中国的经济发展。

2008 年农村人口占全国人口的比例是 54%，但县以下的社会消费品消费总额占全国的比例仅为 32%。城乡消费水平的差距持续扩大，1978 年城乡居民消费支出比为 2.68∶1，2008 年该数据变为 3.07∶1。农村居民平均消费倾向明显下降。1990 年为 0.85，2006 年为 0.74。同时，农村家庭的存款数额居高不下。2006 年公报显示，当年城乡居民存款额达 166617 亿元。按照全国 4.4 亿户家庭数计算，户均存款 37867.5 元。考虑城乡收入差距，农村居民户均存款应超过 20000 元，且该数据以每年 15%增长。

农民收入低，农村消费水平低和缺乏社会保障是制约国内消费需求的重要因素。中国农村人口占多数，农村地域辽阔，只有提高了农民的消费需求才能提高全国的消费需求，才能促进经济发展，解决产能过剩的矛盾，从根本上抑制全球化可能带来的负面效应。如果我国每户农村家庭能把家庭储蓄每年的增长部分用于消费，全国每年就可新增近万亿元消费。按照 2008 年我国 GDP 总量估算能拉动 GDP 增长 3%。如果我国农村人均消费支出能够达到城市的一半，则将带来至少 3.63 万亿元的消费需求，对经济增长的贡献更是惊人。

2. 基础性公共产品和服务与农村经济发展

教育、医疗等农村基础公共产品方面的投入可以提高农村劳动力的人力资本，从而有助于经济的发展。从经济学的角度分析，提高人力资本是很好的生产性投资，而且提高穷人的购买力，能够刺激经济的需求。阿玛蒂亚·森对中国与印度经济发展水平的差异进行了解释：中国之所以比印度经济发展速度快，其中一个很重要的因素是，中国在改革开放之前政府有公共行动，这些公共行动包括建立农村卫生供给体系、农村合作医疗制度、土地改革、农民公平享有食物的生活保障制度、在初次分配和再分配中扣除农村公益事业发展资金的制度安排等。在改革开放之前的 30 年中我国人类发展指标有了很快提升，健康和教育指标在发展中国家名列前茅，处于中等人类发展水平，优于世界上 2/3 的国家。正是这些公共行动对改革开放后中国 30 年的经济增长和国外所称道的中国奇迹产生了重要作用。

增加农村公共产品的硬件供给和加强农业基础设施建设，必然会促进农村经济社会的发展。一是创造就业。国家投资的基本建设重大项目，往往资本的有机构成较高，雇用劳动少，而农村的公共工程和中小型建设项目往往吸纳劳动力较多，有利于在短期内为农民创造更多的就业机会，增加农民的收入。二是公共投资的增加可以刺激私人扩大投资，促进农村二、三产业的发展。三是偿还长期以来在农村基础设施建设方面的欠债，改善农民的生产条件和生活条件，增强农业的综合生产能力，提高劳动生产率、土地产出率和资源利用效率。

3. 农民的民主权利与经济发展

农村治理以及更广泛的政治自由和公民权利，是农村发展新模式的重要内容。强调农村治理及农民政治自由和公民权利是否与经济发展有冲突？阿玛蒂亚·森对政治自由及公民权利与经济发展关系问题进行了深刻的阐述。阿玛蒂亚·森指出，在世界上的不同国家里，有许多人被系统地剥夺了政治自由和基本的公民权利，但却不时可以听到有人断言：剥夺这些权利有助于经济增长，而且对于快速经济增长是“好”的，有些人甚至进而提倡那种更严厉的政治体制——否定基本的公民权利和政治权利——因为据说那样能够促进经济发展。阿玛蒂亚·森认为这一命题与新加坡前总理李光耀有某些联系，因为李光耀简洁地概括了这一观点，因而这一观点常常被人称为“李光耀命题”。阿玛蒂亚·森否认政治自由及公民参与不利于经济发展的观点。[①]

（1）“李光耀命题”的基础实际上是特选的、有限的信息，而不是对可以获得的广泛的信息资料所做的全面统计检查。阿玛蒂亚·森指出，“某些相对地更为权威主义的国家（例如韩国、李光耀自己的国家新加坡和改革前的中国等），与许多较少权威主义的国家（包括印度、哥斯达黎加和牙买加）相比，经济增长速度更高，这确实是事实”。但是，“我们确实不能把亚洲的一些国家的高速经济增长看做是权威主义能更好地促进经济增长的确凿证明，正如我们不能根据非洲增长最快的国家博茨瓦纳（也是世界上增长最快的国家之一），一直是那个多灾多难的大陆上的一片民主绿洲的事实而得出相反的结论”。阿玛蒂亚·森说，“事情在很大程度上取决于确切的具体境况”。

（2）对于政治自由和经济成果之间存在广泛冲突的论断，系统的实证研究没有提供任何真正的支持。阿玛蒂亚·森指出：“事实上，几乎没有什么普遍性的证据表明权威主义政府以及对政治和公民权利的压制确实有助于促进经济发展。统计的结果远为复杂。”他也并不否认政治自由和经济成果二者之间的方向性联系，只是认为，“二者之间的方向性联系看来取决于许多其他的情况，尽管某些统计结果发现二者之间有微弱的负相关，另外的研究则发现有很强的正相关。总的来说，二者之间不存在任何正的或负的关系的假说，是很难被推翻的。”即使二者之间存在任何正的或负的关系，而不仅仅是方向性的关联，但“既然政治自由具有其本身的重要性（政治自由具有‘建构性’功能——自由是发展的首要目的），其地位（完全）不受上述统计结果的影响”。

（3）导致东亚经济体经济成功的经济政策和境况，在今天已有相当好的理

① 阿玛蒂亚·森：《以自由看待发展》，中国人民大学出版社，2002 年。

解。阿玛蒂亚·森认为，对东亚经济增长奇迹的理解，经济学家已经达成了基本的共识。“尽管不同的实证研究所强调的重点有所不同，但现在对于‘起促进作用的政策’的一个清单已经有了充分的共识，其中包括：①开放竞争。②运用国际市场。③高识字率和高就学率。④成功的土地改革。⑤对投资、出口和工业化积极性的公共支持。”阿玛蒂亚·森说：“没有任何证据表明，上述任何政策与更多的民主不相容，或者这些政策实际上必须要靠正好出现在亚洲一些国家的权威主义因素来维持。”阿玛蒂亚·森强调他这是从研究方法论这个更基本的问题视角，即经济增长和发展所涉及的因果性过程来立论的。

（4）在判断经济发展时，仅仅看到国民生产总值或者某些其他反映总体经济扩展的指标的增长是不恰当的。民主和政治自由能够全面提升公民的生活及其可行能力，而且对政府产生一种强烈的约束和激励的机制。“在这个意义上，特别重要的是考察以政治权利和公民权利为一方，以防止重大灾难（如饥荒）为另一方，二者之间的联系。”阿玛蒂亚·森强调：“政治和公民权利能够有力地唤起人们对普遍性需要的关注，并要求恰当的公共行动。对于人们的深切痛苦，政府的反映通常取决于对政府的压力，这正是行使政治权利（投票、批评、抗议等）可以造成重大区别的地方。这是民主和政治自由的‘工具性作用’的一部分。”

（二）农村发展新模式对经济发展的促进作用——河北省青县的个案

青县隶属河北省沧州市。2009年全县农民人均纯收入为5647元，全县所辖10个乡镇、1个农场、345个行政村，耕地面积85万亩，总人口39万人。青县的发展模式有三个特点。一是实行新型农村治理模式，把村代会由虚变实，以村代会为载体，真正实现村民自治。在青县新的农村治理框架中，村代会是一个权力机构，而村民委员会只是它下属的具体执行部门。二是鼓励草根组织的发育，把农村组织的发育放到与经济建设同等重要的位置。从2002年开始，青县的各乡镇都成立了公民道德建设促进会；在各村和街道都建立了“老年道德评议会”和“青年敬老协会”。三是高度重视民生事业的发展。在县可支配财力的分配上，青县在民生、工资运转和发展之间按照1∶2∶1的比例进行分配，最大限度地把财政资源向民生事业倾斜。从2004年到2008年的5年内，县财政用于教育、医疗、公益事业等的投入总额达3.72亿元，其中社会保障体系建设的投入逐年大幅度增加，几乎每年翻一番，5年分别投入资金306万元、845万元、2348万元、4526万元和7468万元，累计达1.55亿元。2009年，青县用于社保、教育、救助、卫生等民生事业的投入达2.4亿元，占该县全部财政预算支出的一半。

显而易见，上述几个方面的改革和发展措施，与科学发展观和农村发展新模式的要求是吻合的。但青县的这些举措并未影响其经济发展，反而实现了与经济发展之间的相互促进、相得益彰。2004 年，青县的财政收入为 2.91 亿元，2008 年增加到了 6.45 亿元，在 4 年的时间中翻了一番多。全县综合经济实力在河北省 173 个县（市、区）中的排位由 2005 年的第 42 位上升到 2008 年的第 35 位。2009 年，青县在面对全球性金融危机的不利情况下，财政收入达到了 8.13 亿元，是近几年青县财政收入增幅最高、增量最大的一年。

（三）在较低的经济水平上是否可以实行农村发展新模式

一些为中国农村传统发展模式进行辩护的观点认为，在较低的经济发展水平上不可能实行新模式，优先改善农民的生存状况及以经济发展为中心具有历史合理性。我们认为，这种观点是值得商榷的。农民的生存权与发展权、经济权利与政治权利是不可分割的，互为依托。

从经济发展水平与农民福利的关系看，农民福利和社会事业也可以在较低的经济发展水平上得以实现。阿玛蒂亚·森指出，在经济发展处于较低的水平时，也可以采取支持导向（Support-led）的发展模式。他强调，社会保障是奢侈品的观点是错误的，经济增长和社会保护之间的联系并不是自动形成的，一个贫穷的国家可能只拥有较少的钱用于医疗保健和教育，但与富国相比，它也只需要较少的钱就能提供富国要花多得多的钱才能提供的服务。相对价格和成本是决定一个国家能负担什么的重要参数。医疗保健和教育以及一般的人类发展都具有很强的劳动密集性质，因而在经济发展的早期阶段，当劳动成本很低的时候，是相对便宜的。从发达国家和一些发展中国家建立农村社会保障制度的历史看，可支付性（Affordability）与政治意愿紧密相连，可支付性依赖于政府政策的优先序以及由此所决定的预算再分配。例如，德国是世界上第一个建立社会保险制度的国家，也是率先建立针对农村人口的社会养老保险制度的国家。但其当时的经济发展水平远远落后于英、法等国，德国建立社会保险制度主要出于政治上考虑。最近的经验也表明，需要重新审视发展中国家财政可支撑性的忧虑。例如，南非的经验表明，在中等收入的非洲国家实施和扩大社会保护是可行的，即使在收入水平很低的撒哈拉沙漠以南的非洲国家，也可以实行部分社会保护项目。国际劳工组织认为，任何国家都能支付其建立社会保障的费用。发展中国家只用支付占 GDP 6%的费用，就可以实现社会保障全覆盖的目标（Hagemejer，K. and C，Behrendt，ILO，2008）。

五、实现农村发展新模式的政策选择

(一) 深化政府行政管理体制改革，创造有利于为农村发展新模式的管理和服务环境

如果政府更多地关注民生和社会保障事业，就意味着需要更多地再分配，就会面临资金来源问题。即国家必须要有充足的资金来源，这就面临税收政策问题。如果提高税收好的政府会比较好地、有效地分配这些资源。治理不良的政府就会出现问题，贪污腐败问题就会出现。如果是这样，就会影响人们对政府税收政策的支持。这就涉及政府管理体制的改革，以便更好、更有效率地分配公共资源。

中共十七大报告指出，行政管理体制改革是深化社会事业改革的关键，对于构建社会主义和谐社会、促进社会公平正义具有重要意义。行政管理体制改革是深化政治体制改革的关键，对于发展社会主义民主政治，保障人民政治、经济、文化、社会等方面的权利和利益具有重要意义。应继续深化政府行政管理体制改革，创造有利于实现农村发展新模式的管理和服务环境。

1. 进一步转变政府职能，建设服务型政府

政府要从直接干预或者直接管理经济活动中跳出来，要完整地认识并掌握政府的四项职能——经济调节、市场监管、公共管理和社会服务。政府不应直接参与资源的配置，直接干预经济活动，而应充分发挥市场在配置资源上所起的基础性作用，着力创造一个有利于资源优化配置的良好的制度环境。应不断强化政府履行社会管理和公共服务的职能，明确政府在农村社会事业发展方面的职责，为农村社会事业发展服务，向农村社会发展倾斜。

2. 建立健全有利于农村发展新模式的绩效考核制度

应弱化GDP和财政收入等经济发展类指标，加大农村公共产品和服务在市、县（区）、乡（镇）政府绩效考核中所占的比重，推动政府加大对农村社会事业发展的财政支持力度。

对于农村教育、卫生、文化、社会保障等各类农村公共产品和服务，应该分门别类建立绩效考核的标准。应引入反映城乡社会事业均衡发展水平的指标，引入公共服务均等化实现程度的指标，以及目标实现程度的指标。通过这些考核指标的变化，引导各市、县（区）财政支出结构的变化，形成各县（区）竞相发展社会保障事业的良性循环。

3. 整合农村社会事业发展的职能部门，探索实行“大部制”

中共十七大在部署未来的行政管理体制改革中特别指出，要“加大机构整合力度，探索实行职能有机统一的大部门体制”。即在政府的部门设置中，将那些职能相近、业务范围趋同的事项相对集中，由一个部门统一管理。大部制改革的核心在于把部门之间的协调从外部协调转为内部协调，有利于避免政府职能交叉、政出多门、多头管理。

中央的改革，势必要求省、市、县各级政府的机构改革来衔接、延伸和深化。各县（市）农村社会事业发展中政出多门、各自为政所导致的资源配置扭曲、浪费、分散又难以整合等一系列问题，也形成了进行大部制改革的内在要求。应大胆创新措施，通过“大部制”解决部门之间协调机制的问题。在农村社会事业领域，可以考虑整合社会救助、保险、优抚、福利等部门的职能，形成“大社保”部门；整合文化、广电、体育、新闻出版及文物等职能部门，形成文化综合管理部门等。

（二）建立有利于落实农村发展新模式的资金保障机制

1. 完善财税体制，推动地区之间基本公共服务均等化

对于我国社会经济发展的走向，我们的基本判断是：城乡之间在经济上的差距、发达地区与欠发达地区之间在经济上的差距在短期内还难以缩小。但农村社会事业的发展可以通过财政支持而不完全依赖经济发展水平的发展水平。这就要求加大政府在这方面的投入力度，在政策制度和措施中，通过财政制度和转移制度的安排，保证落后地区的农民能够享受到与其他农民大致相当的公共产品和服务。

（1）制定公共服务的最低标准。中国政府明确提出了公共服务均等化的目标。但是，在一些公共服务领域对于要达到的结果没有明确的界定；对可接受的“逐步实现”的步伐和实现的义务没有明确。这样，中央政府没有一个衡量的尺度去考核地方政府的努力程度，地方政府完全可以以自身财力不足为理由掩盖其不努力的行为；同时，没有相应的标准，中央政府也就没有理由向那些中西部“没有条件”的地方进行这方面的转移支付。在实现公共服务均等化的进程中，中央政府应对公共服务的最低标准有一个明确的规定。如果地方的财力不足以支付成本，就通过转移支付加以解决。这种做法，在政策的目标上并非消除差异。发达地区如果财力充裕，可以制定更高的标准，以其自身财力向农民提供种类更多、标准更高的保护项目。

（2）财力向下倾斜，促进基层政府提供公共产品和服务的能力。进一步明确中央和地方的事权，并据此确定财力与事权匹配的财税体制，完善中央和地方共享税分成办法，同时也应考虑给地方一定的税收自主权。只有明确事权，并给予财权保证，也才有可能有效问责和监督。

根据公共产品和服务提供的基层化原则和成本与收益的外延范围，把农村基础教育、医疗卫生服务、计划生育、技术推广、社会救济等公共产品和服务的事权划归县乡政府是适宜的。但是，县乡政府的财力与事权不相匹配。所以，应该建立新的财政管理体制框架，体现财力与事权相匹配，以事权定财力，以责任定财力。对加强的职能要增加财力支持，对弱化的职能要减少支出，体现财力支出向公共服务倾斜、向基层倾斜，增强乡镇政府履行职责和提供公共服务的能力（金人庆，2006）。

（3）加大转移支付力度，促进地区间基本公共服务均等化。转移支付制度是实现基本公共服务均等化、调节收入再分配和实现政府政策目标的重要手段。我国的转移支付制度主要包括税收返还、一般性转移支付和专项转移支付，对公共服务均等化需求重视不够。在对转移支付体制的改革中，应以基本公共服务均等化为目标和重点，弱化税收返还；强化一般性转移支付；削减、规范专项转移支付。在此基础上，逐步形成以一般性转移支付为重点、以专项转移支付为辅助的复合型转移支付模式。

目前，就以专项资金形式的转移支付所存在的问题，全国有 160 多个县（市、区）正在开展以县为主的支农资金整合试点工作，试图使各类专项资金在县这一层次上进行捆绑使用。这种做法对于提高资金的使用效率有一定作用，但没有解决中央各部门之间项目的交叉重复和分头下达的问题；也没有解决中央各部门争相立项以及项目审批中如何选择优先序、如何分配项目等更深层的问题。同时，在基层财政困难、监督制衡机制缺失的情况下，资金的挪用、挤占风险很大。针对这些问题，有人提出应在中央层面上进行资金整合，归并国家各个部（委）掌握的专项资金，从而改变财政支农资金渠道多、分类不合理的状况。这又涉及由哪一个部门来整合、如何整合的问题。而且，即使在中央层面上进行整合，如果项目的设计和分配没有科学、透明、公开的制度作保证，结果就可能会形成各个部门都争相掌握整合的“地位”，而且这一“地位”又极大可能会落入国家发改委、财政部等综合部门，资金使用的效率和公平问题依然无从解决。针对以上情况，可以考虑在压缩专项资金的情况下，成立专门的机构负责。其职责是归并交叉重复的项目；对各部门申报的项目进行综合性评估、排序，把评估的方式、程序和结果公示与众；在公开透明的基础上，实行按需分配。

（4）统筹中西部地区内部的均衡发展，加大对中部地区粮食主产区的转移支付。[①]改革开放以来，我们更多的是关心东、西部地区之间的差距，近几年更是如此。在中央对中、西部农村地区的转移支付中，西部地区得到了更多的份额，对东、中部地区之间的差距没有给予足够的重视。这显然不利于区域之间的均衡发展。

目前，应统筹中、西部地区内部的均衡发展，加大对中部地区转移支付。主要的理由有三个。

第一，中部省份是我国的粮食主产区，加大对中部地区的转移支付对于确保我国的粮食安全具有重要意义。中部地区的土地面积为102.8万平方公里，占全国的比重为10.7%。2004年末，中部地区的总人口3.65亿人，占全国总人口的28.1%，其中乡村人口2.44亿人，占31.2%。2005年，中部地区的粮食产量为14778万吨，占全国的比重为30.5%，棉花产量为176.4万吨，占全国的比重为30.9%，油料作物产量为1253万吨，占全国的比重为40.7%。[②]但是，目前的财政支农政策与中部地区在全国的地位不相称。例如，河南省的粮食产量约占全国的1/10，其中夏粮占1/4，但2005年国家给河南的农业综合开发资金是3.7亿元，只占全国的1/30。国家对中、西部地区乡村道路建设的支持力度不一样，中部共有50万公里乡村道路需要改造，国家支持改造43万公里，每公里补助10万元，而西部需要改造的公路全部纳入了国家补助范围，且每公里补助标准为44万元。[③]

第二，中部省份财政实力较弱，得到的转移支付也少。据统计，2004年，中部六省地方财政收入为1796.6亿元，占全国31个省（区、市）地方财政收入合计的15.4%，比其GDP所占的比重低4.3个百分点；中部六省人均地方财政收入为493元，不仅低于东部的1549元和东北三省的918元，而且也低于西部的536元（周雪元，2006）。由于经济结构和税源的不同，全面取消农业税对中部地区的影响最大。虽然中央财政以转移支付的方式对此进行了补偿，但转移支付的数额小于先前的农业税收入。资料显示，在目前我国的转移支付结构中，东部地区得到的税收返还最多，西部地区得到的财力性和专项转移支付最多，而中部地区的县乡无论哪一类转移支付的比重都是最低的（周飞舟，2006）。

第三，中部省份的人均公共开支低于西部省份。2004年，我国东部地区人均政府支出是全国平均水平143%，西部地区是全国平均水平的94%，中部

① 对我国东、中、西部的划分有不同的标准。本书的“中部地区”指山西、安徽、江西、河南、湖北和湖南6个省份。这是目前我国区域经济发展战略安排的划分方法，东部沿海地区有10个省份，西部大开发有12个省份，东北老工业基地振兴有3个省份，中部地区有6个省份。

② 贾若祥：《中部地区“十五”发展回顾和“十一五”发展重点》，人民网，2006年6月23日。

③ 喻新安：《中部不是“问题区域”吗?》，中国宏观经济信息网，2005年8月3日。

地区是全国平均水平的64%。由此可见，中部地区的状况最差。从农村义务教育的财政支持水平看，2004年，中国东部地区的生均小学支出是西部地区的2倍，是中部地区的2.7倍，中部地区处于最不利的地位。我国中部地区的河南省的生均小学支出在全国各省（市、区）中最低，只有663元，不到全国最高的上海市生均小学支出的1/10。2004年，我国东部地区初中生均预算支出是西部地区的1.7倍，是中部地区的2.8倍，中部地区仍然是处境最不利的地区。河南省仍然是初中生均支出最低的省份，只有77元，仅仅是最高的上海市生均支出7014元的11%（王小林、梅鸿，2006）。

在医疗卫生领域，2004年，我国各省（市、区）人均医疗卫生一般预算支出的均值为87元，变异系数为85.3%，极差为333元。2004年，人均医疗卫生预算内支出最低的10个省（市、区）低于50元，其中，中部地区5个，分别是安徽、河南、湖北、湖南和江西；西部地区4个，分别是重庆、广西、四川和陕西；东部地区1个，为山东省。北京、上海两个东部地区的市人均医疗卫生预算内支出在250元/年以上。北京是湖南（29元）的12.5倍（王小林、梅鸿，2006）。

2006年3月国家颁布新的五保供养条例后，全国多数省份都修改了五保供养标准。全国分散五保供养保准为1691元。其中，东部地区的上海市为4320元、北京市为3634元、浙江省为3400元。中部地区6省的标准均低于全国平均水平。其中，湖南省只有923元，仅仅高于云南省的814元，处于全国倒数第二位。河南省（1100元）和江西省（1200元）处于全国的倒数第四、第五位。全国集中供养标准的平均水平为2229元。东部地区的浙江省达到了5005元，北京市为4193元，上海市为4320元。中部六省的供养标准也均低于全国的平均水平。其中，河南省为1541元，江西省为1800元，湖南省为2008元，安徽省为2039元。[①]

为了使中西部均衡发展，应该适度调整目前的财政支农政策。一方面，可以移植中央财政对西部和东北省份的优惠性支持政策。例如，对于中部的贫困地区，特别是集中连片的贫困地区，农村基础设施建设中中央财政的补贴部分及发展义务教育中中央财政负担的比例应提高至西部地区的水平。又如，应像西部地区一样增加中央财政投入（包括国债）用于中部贫困地区疾病防控机构建设。一般性转移支付和调整工资转移支付应对中部地区给予照顾。另一方面，中央财政转移支付应适用中部省份的特点，充分发挥其比较优势。例如，对于国家新增的农业、农业综合开发资金，应该主要用于中部地区等粮食主产区；增加对中部地区粮食主产区的农业综合开发资金投入，

①《全国各省（自治区、直辖市）农村五保供养标准》，http://www.mca.gov.cn。

增加粮食风险基金。

（5）引导地方政府将资源配置到农村公共领域。一是建立客观的、公正的、统一的预算分配程序。在不同领域之间配置公共财政资金应该基于规则和一套统一的标准体系。具体来说，要按照公共性、市场化和引导性原则，进一步明确政府支出范围。凡属于社会公共领域的事务，市场不能解决或不能有效解决的，财政就必须到位，没有到位的，应当逐步到位；凡属于可以通过市场机制解决的领域，财政不应介入，已经介入的要逐步退出；介于二者之间的，财政要发挥“四两拨千斤”的杠杆作用，积极引导社会资金投入（金人庆，2006）。

二是建立新的政绩和干部考核体系。在上级政府对下级政府的综合性的政绩考核中，要弱化 GDP 和财政收入等经济发展类指标，加大农村公共产品和服务在地方政府绩效考核中所占的比重，推动地方政府加大财政投入的力度。对于各类农村公共产品和服务，应该分门别类建立绩效考核的标准。加大民众对地方政府政绩考核的参与力度。各级政府都应确立体现社会公平的发展指标，定期向社会公布，通过群众的知情参与改变地方政府的行为方式和政策优先序，并进而逐渐形成自下而上的干部评价、考核机制。

三是加强问责和监督。对于公共财政资金的使用方向和用途，上级政府应建立问责和监督工作。应综合运用各种监督手段，与人大、政协等部门以及社会舆论监督相结合。

2. 通过农村土地制度的变革，支付农村发展新模式所需要的资金

在快速的工业化、城市化过程中，土地转为非农用地不可避免。应探索社区集体和农民对土地财产权利的真正实现形式，使土地转变用途的增值收益能够用于新农村建设，用于增进农民的福祉。

除了将农村土地农转非的增值收益的主要部分回流农村之外，政府应允许集体建设用地进入土地一级市场。

目前，除了兴办乡镇企业、农民建房和乡村公共公益事业用地外，其他任何单位和个人要想搞建设，必须使用国有土地，农民集体所有的土地不得出让、转让或者出租用于非农建设。这实质上就确立了国家对建设用地市场的垄断地位，农村集体建设用地的发展权从此被剥夺。应修改《土地管理法》中，禁止农民集体建设用地出租转让的条款，允许农村集体建设用地能够进入土地一级市场，从而使农民能够分享工业化、城市化过程中的土地级差收益，实现农村集体土地流转与国家征用农村集体土地的同地、同价。

改革必然会带来一些既有利益格局的调整。土地征用的市场化可能在短期内损害地方政府的财政利益。但如果不进一步推动这项改革，目前存在的严重侵犯农民利益并最终危害社会乃至政治稳定的局面就无法遏止，以 GDP 为中心的传统发展观就不能得到根本性的扭转。

3. 通过一些正式的制度安排，促进公共财政资金流入农村

制度带有根本性、全局性和稳定性。同时，制度本身具有路径依赖和自我强化的功能。例如，在西方国家，由于任何政党都绕不开社会保障一体，每个新上任的政党都必须依靠现存的社会保障制度去实施，因此，社会保障制度在各政党之间建立了一种制度的连续性，从而出现不同政党的社会政策主张趋同的现象。在我国目前的政治体制下，尽管基层政府官员的任期普遍较短，其行为选择可能与上级政府的要求及农民的利益都有某种程度的不相容乃至冲突。但是，只要建立了一些促进公共资源流向农村的机制或制度，历任政府官员就很难绕开、回避和取消这些机制或制度。

4. 改革金融体制，为金融资金流向农村构造机制、疏通渠道

在最近的几年中，中国的农村金融领域进行了连户担保等多种尝试和探索。但农村金融领域的改革相对滞后，难以满足农民的金融需求。在建设社会主义新农村的实践中，应继续解放思想，进行制度和机制性改革，解决农民的贷款难问题。

（1）完善农村金融服务供给体系，实现多样化的金融资源供给。应大力培育多层次、广覆盖、可持续的农村金融体系，积极构建投资多元、种类多样、贴近“三农”、服务高效的新型农村金融组织，着力满足不同层次的农村金融需求。

第一，加大商业金融支农力度。目前农村金融体系不完善，四大国有商业银行和其他股份制商业银行或逐步撤离农业贷款，或根本就不进入，面向农民贷款的正式机构仅仅有农村信用合作社。但是，在各种金融机构中，信用社的信贷能力远远低于中国银行、农业银行、工商银行、建设银行。仅仅由农村信用社来承担占全部人口近70%的农民的金融需求，是不合理的。而且，由于其他金融机构的退出，农村信用社作为扎根在农村的唯一的正规金融组织，独享农村金融资源。由于没有与之竞争的金融运作形式和金融机构存在，不但造成融资渠道单一，而且垄断性经营的存在，必然会通过降低效率的方式阻碍农村市场经济的发展。

由于农民贷款的额度小、居住分散，商业银行没有在农村开展业务的激励。但是，现有各大银行在内部机构的设置上，都没有相应的农村信贷机构。这表明国家政策已经默许其不承担农村贷款的功能。国家应制定相应的政策，推动这些机构到农村去。例如，通过税收等政策，引导商业银行把一定比例的资金用于农业。又如，改革农民贷款缺乏担保的机制。目前，应特别强调按照中央的要求，促使农业银行、农业发展银行和邮储银行服务“三农”的功能。

第二，积极引导农村民间金融组织的健康发展，努力培育农村金融多元化主体。由于政府监管的问题，在 20 世纪 90 年代末民间金融机构出现了一些问题，对各种基金会和民间金融组织进行清理整顿的政策是正确的。但是，各地在清理整顿中“一刀切”地取缔了所有的民间金融机构，这实际上削弱了农村金融的服务供给渠道。

在今后的改革中，应从限制转向积极促进、引导农村民间金融组织的发育。在认识上，应破除民间金融是正规金融补充、只有正规金融机构不愿进入或者进入成本高的领域，才允许民间金融存在的误区。民间金融行为具有交易成本低、信息对称、能够充分利用地方局部知识等特点，一般具有较高的效率。在法律、制度、政策方面，应尽快建立市场准入、监管和退出等各项规章制度，引导和鼓励民营的小额信贷银行、合作银行、私人银行等多种形式的农村民间金融健康发展，使其合法化、公开化和规范化，并纳入农村金融体系中加以监管，以增加农村金融的服务供给。

第三，规范和完善邮政储蓄功能，建立农村资金回流机制，保证农村市场对资金的需求。农村邮政储蓄则更是在农村地区只储蓄不贷款，强化了农村地区金融抑制的不合理状况。2005 年中央一号文件明确指出，要推进农村金融改革和创新，明确提出要“采取有效办法，引导县及县以下吸收的邮政储蓄资金回流农村”。2005 年 7 月 20 日，国务院出台了邮政体制改革的方案，提出“加快成立邮政储蓄银行，实现金融业务规范化经营”，标志着酝酿多年的邮政储蓄银行终于即将破茧而出。这有助于理顺我国邮政管理体制，防止农村资金过度流失。但是，单纯将“只存不贷”的邮政储蓄改为一家商业银行，并不一定就能够增加农村的资金供给。在利益驱使下，邮政储蓄银行将会同其他商业银行一样，将吸收的储蓄资金转移到市场机会较多的城镇中。因此，在邮储改革中必须要有一套良好的机制设计，保证邮政储蓄银行对“三农”的贷款。

（2）继续推进农村信用社的改革。农村信用社普遍存在着支持农村发展不足的问题。支农不足的深层原因在于农村信用社的产权不清晰，产权不清晰造成了真正的产权主体缺位，导致农村信用社难以形成有效的内部治理结构。在产业比较利益不均衡的外因作用下，农村信用社丧失了原有的合作性，导致支农不足问题发生。农信社的改革要围绕产权，要处理好清股、扩股工作，处理好农村信用社的历史积累问题。

在新形势、新政策下，农村信用社应紧紧抓住深化改革试点契机，继续做好“三农”资金的投放工作，加大对“三农”的信贷支持力度，在增加小额信贷的同时，调整信贷结构，重点支持农业企业化发展，尤其要扶持农业种养企业和农民专业合作经济组织发展。深化农村信用工程建设，积极扩大农户评定范围，开展信用农业专业协会和农民专业合作社评定，提高授信额度，从现有的最高授信额度 5 万元调整到 10 万元，并实行贷款优先、利率优惠，从而让更多的农户和农业企业得到实惠。

(3) 完善农村保险政策，转移农业风险。在调整产业结构、发展现代农业的背景下，农民对信贷的需求越来越强烈。同时，与传统农业相比，现代农业面临着更多的自然风险和市场风险，农业信贷资金风险系数相对较高。银行在利润最大化的驱动下，将尽可能将资金投向最安全、盈利最有保障的部门。如果农业贷款的抗风险能力弱，那么金融机构的“惜贷”行为将不可避免。针对这一问题，一些发达国家的经验之一是在政府的支持下开办农业保险，在一定程度上降低、控制农业自身风险及信贷风险。我国至今没有一个完整的农业保险体系，现有农业险种很少。在今后的改革中，应完善农业保险政策，逐步建立一套补偿、扩散和转移风险机制，有效地分散和降低农业信贷风险。对商业性保险公司无力承担的保险范围，实行低费率和高补贴的政策；引导商业性保险进入农村市场，建立政府和公司结合、基本保险和补充保险相结合的保险体系，降低涉农保险风险；对于地震、洪水等巨大自然灾害，建议试验区成立专门基金或者专业公司运作农业巨灾保险。

(4) 继续改革农民的信用担保机制。从某种程度上说，农户“贷款难”实质上是由于农民信用体系不健全造成的。目前，很多地方正在实行的“五户联保”在本质上是农户担保方式的创新，把原来分散的农民个体信用整合成信用联合体，解决了农民因抵押不足、信用单一、贷后监管难而导致的“贷款难”。

中共中央国务院《关于促进农民增加收入若干政策的意见》中明确指出：“探索实行多种担保形式和设立农业担保机构等多种途径，切实解决农户和农村中小企业贷款担保难的问题”。但时至今日，农民贷款担保难的问题并未改观。在今后的改革中，应按照党的十七大的精神，进一步解放思想，改革农民贷款缺乏担保的现实问题。一是进一步完善联保政策；二是积极探索农村担保贷款新途径，可以通过制度安排、财力扶持，催生一批专业性的农村信用担保组织，多渠道筹集农村信用担保基金，解决农民缺乏担保的问题。

(三) 改革和完善农村公共服务体制

1. 压缩政府财政供养的农村公共服务机构的规模

现有稀缺的公共财政资源仍在为一些无论从公平还是效率看都不需要政府干预的活动提供资金。同时，对于实现国家优先目标起关键作用的核心服务又面临严重的资金不足。在农村事业单位的改革中，要把那些承担执法、行政和管理职能的事业单位划归行政管理系列。把从事经营性业务的事业单位从事业序列中剔除。对于事业单位兴办的各类实体和后勤服务机构，要从主办单位中脱离出来，明确投资主体和产权关系，使其成为自主经营、自负盈亏、自我积累、自我发展的企业法人，并尽可能转为民营机构。

2. 对于公益性的公共服务机构，财政应足额投入

在基础教育、保健、农业科技推广等社会服务领域，不适合使用者收费。这些物品具有在个人消费的同时会产生对社会良好的影响。收费机会常常是这些物品消费不足。而那些被排除在外的，恰恰是那些最需要这类服务的穷人，他们根本无力负担增加的开销。

改革不是推卸政府的责任。对于改革成效的评判，不能只看机构和人员精简了多少，更要看改革后对农民的公共服务的提供是否有所改善。对公益事业，财政必须到位。不仅要保证人头经费，对于开展业务需要的费用必须给予支持；要保证对从事公益服务机构人员培训的费用。定为公益性的服务机构，不能再从事与其本身业务相关或无关的经营活动。

在调整农村公共服务体系布局时，要充分考虑对农民特别是贫困农民获取基本公共服务可获得性的影响。例如，随着交通条件的改善、农村学生的减少和对优质教育需求的增加，农村学校的“撤并”有一定的合理性。但是，这种做法也增加了学生的食宿费用和交通费用。

3. 对供方的财政支持应该具有策略性，提高财政资金的使用效率

政府生产是传统的公共支持手段。从提高效率角度出发，可以根据服务的性质采取更多的干预手段。

（1）购买服务。所谓购买服务是指政府与服务机构签订合同，根据服务机构所提供的服务内容、数量、质量而给予其费用。这种做法的好处在于把服务绩效与获取的财政补贴挂钩，增加了公共服务提供者的激励。农村公共服务的类型多种多样。政府购买服务在一定程度上取决于该服务的特点。在下一步的农村事业单位改革中，可以尝试实行这种制度。对于承担部分公益性职能的事业单位，实行“政府拿钱办事，不拿钱养机构、养人”的办法，由财政给予其所承担的公益性服务给予定额补助。理论和实践都证明，基于结果的合同很难执行。但基于产出的合同执行起来的困难较少。对于那些可以标准化的、易于监督的、产品单一和面向大众的服务而言，基于产出的合同是非常成功的。当服务的数量和质量可以明确规定时，可以向提供者支付基于产出的服务费，这有利于提高服务效率（世界银行，2004）。

（2）实行需方补贴。所谓需方补贴就是向消费者直接补贴，由农民选择服务机构。减税、转移支付和其他补贴以及教育补贴都是向需求方补贴的例子。为了保证服务惠及穷人，这种需方补贴可以采取区分多种形式。例如，对于收入水平低于一定标准的农民，发放一种只能用来看病的代金券。这种做法的好处：一是鼓励贫困家庭农民消费公共产品和服务；二是可以通过需方对提供者的选择，激励提供者通过主动控制费用，提高服务质量。在这种方式下，农民可以通过“用脚投票”的方式表达自己的需求；同时，引发不同的服务主体之间潜在的竞争。目前，我国一些地方在农村教育、医疗等重要的公共服务领域正在探索着需方补贴的办法。例如，近年来已经有不少地方探索实行支持需方的教育券制度。[①] 其主要内容是，政府改变对公立学校给予直接补助的教育投入方式，把教育经费折算成一定数额有价证券发给每位学生；学生也不再受到学区或学校类别的限制，可自主选择学费标准不同的学校就读，并可用教育券抵顶部分学费；学校把所收集的教育券向政府兑换现金，用以支付办学费用的新型教育运作模式。

(3) 服务外包。公共服务的合同外包是指政府与私人部门签约承包合同，由私人提供者来提供服务。从一定意义上可以把其理解为公共部门根据公共服务的性质在“内部生产”和“市场购买”间的权衡。考虑采用合同外包提高服务的三个基本条件：服务的要求和标准能够被清晰地表达；监督成本不是很高；存在一个提供服务的竞争市场（句华，2006）。

4. 制定优惠政策，鼓励民办学校和医疗机构等的发育，形成对政府公共服务部门的压力

私营服务提供者的进入，使得消费者有了更多的选择机会，能够满足农民对服务类型和质量的多样化需求。同时，私营服务提供者的存在还可以促进公共服务机构降低成本、努力提高服务的质量、改善服务态度。即使公共提供部门处于支配地位，只要公平对待公共部门和其他服务提供机构，竞争就能产生上述效果（世界银行，2004）。而且，与公共服务机构相比，私营服务提供者也有诸多优势。例如，非政府组织通常更能接触穷人，也拥有更高的灵活性和更强的内在动力，所以他们在为原本会被排斥的群体提供服务方面也处于有利地位。非政府组织工作人员的利他主义动机也有助于克服合同的不完全性。

改革开放以来，我国公共服务的供给主体多元化的态势，非政府的公共服务机构几乎介入了所有政府提供的公共服务领域。但私营服务机构的发育发展仍受到诸多制度层面的制约。应该尽快改变这种情况，促进民办服务机构的发育。一是打破公立服务机构为主的思想观念障碍，凡是民间资本可以发挥作用的公共服务领域，均可由其替代或补充公立服务机构。二是保证公共权力的运行公正，实现民办服务机构在市场准入上的公平问题。三是根据农村的实际情况，适当降低进入注册登记门槛，在管理上成立包括农民代表在内的中立性准入、监管机构，改变由公共服务机构管理同类型民间服务进入的做法。四是加

---

① 所谓教育券是一种在教育领域试行代币券制度的政策主张。教育券最早可追溯到美国经济学家弗里德曼的主张。1955 年，弗里德曼在一篇文章中论述政府在教育中的角色，提出了学券制（schoolvouchers），建议把竞争引入公立学校体系，在“学券”的流动中实现优胜劣汰，医治公立学校的“集权过度症”，适当遏制教育官僚主义的滋长。

强扶持。如提供场地、信贷、税收、资金等方面的支持；为民间组织提供培训、辅导；将传统上由政府提供的公共服务外包给民间组织承担等。

（四）保障农民工的政治权利、经济权利和社会权利

1. 调整劳资关系，建立更加公平的初次分配

中国初次分配的差距反映的并不完全是市场的力量，恰恰是非市场的因素太大。如果初次分配的差距过大，就增大了再分配的难度。在政策取向上，应改变农民工待遇的人为扭曲。同时，通过对农民工的培训等手段，促进农民工人力资本的提高，从而改善其在初次分配中的不利地位。

2. 对不同类型的进城农民工，采取针对性的政策

在解决农民工就业问题上，流入地政府能够也应该发挥更大的作用。由于农民工群体的异质性，应针对不同类型的农民工，采用不同的解决之道。

政策应特别关注那些已经在城市定居特别是已经购房的农民工。这类农民工不可能再回到农村，但是，他们中的有些人在经济危机的冲击下失去了就业机会，收入来源中断。同时，城市的生活成本比较高，而且这些人中的一部分用按揭的方式买房，还需要逐月还贷。在经济危机的背景下，这类农民工处于最不利的境地，最值得关注。流入地政府应在低保、就业培训、就业岗位提供等方面，给其与当地下岗职工同样的待遇。

对于从事建筑、工矿等行业的农民工，应保护其基本的工作权利，如保证他们足额、及时拿到工资。

宽容对待小摊小贩。在公交车站等人口密集处的小商小贩能够满足人们的某些需求，给人们的生活提供了方便。现在城市政府总是以市容市貌为理由，打击、取缔小商小贩。从促进就业、满足公众需求等各种因素考虑，应使小摊贩合法化，划定区域和时段，让其有序经营。

3. 完善农民工社会保险制度

（1）积极、谨慎和有序地把进城农民工纳入城镇社会保险体制。相同的职业要有大体相同的保障方式和保障程度。进城农民工已经成为我国产业工人中的一部分，把进城农民工纳入城镇社会保险体制是统筹城乡劳动力市场的体现。但是，由于农民工的流动性和我国各地社保体制的不统一，这一工作既要积极，也要慎重。第一，从保护农民工的利益出发，根据农民工从事职业的类型，把符合一定条件的农民工纳入城镇社会保险体制。城镇职工养老保险要求连续缴纳 15 年保险费才能享受养老金中的社会统筹部分，而农民工流动性强，很难符合这一条件。同时，个人账户在各省之间也不能自由流动。所以，目前把农民工完全纳入城镇社会保险体系的条件还不成熟。不能仅仅站在城市的角度、站在社会保障部门的角度，通过把年龄结构轻的农民工纳入城镇社会养老

保险体系来实现城镇社会保险制度的转轨。第二，根据农民工对不同保险项目的需求程度和先后次序，更加重视农民工的工伤保险和失业保险。进城农民工最需要的是工伤保险，其次是失业保险，而对疾病保险和养老保险的需求相对较弱。这是因为，农民工在城市从事的主要是建筑等危险性行业，工伤问题关系到农民工后半生的生存能力，是农民工直接面对的大问题。进城农民工找工作不容易，却比城市人更容易遭受失业的威胁，一旦失业之后，找到新工作的成本相对更高，很多人不得不返回农村，因此，失业保险也是农民工迫切需要的险种。而养老保险实质上就是老年阶段的收入保障问题，是延期消费。没有工作，也就谈不上为将来的生活储蓄。第三，控制缴费比例，防止把农民工纳入城镇社会保险体制而可能对农村劳动力转移造成不利影响。在把进城农民工纳入包括养老在内的社会保障体制的过程中，用人单位可能因生产成本的急剧上升而大量裁减农民工。农民工也有可能因为即期收入的减少而削弱在城市打工的激励。中国现代化建设的最大难题在于农业和农村经济的现代化，以及与之伴随的几亿农业劳动力向非农领域的转移，而这一现代化成功的关键是为从事农业和非农产业的农业劳动者提供有保障及有稳定预期收益的就业机会。因此，在农民就业和社会保障的关系上，应以就业政策为主导，建立一种有助于劳动力流动、能够增加农村剩余劳动力转移的社会保障制度。在政策实施的过程中，可以考虑进城农民工的缴费比例适当低于城镇职工。

(2) 钱随人走，全部转移。农民工在离开城市的时候，不仅能转移走个人账户中的资金，而且社会统筹部分也能一起带走。这种做法的好处：一是避免城市政府、社保部门不考虑农民的需求，仅仅从解决城市社保资金亏空的角度把农民纳入城市体制；二是从制度导向上，激励城市政府把已经参加保险的农民工留在城市，促进真正意义上的城市化。也就是说，如果城市政府或社会保障主管部门不主动接纳，想办法让农民留在城里，政府就得退还已经参加保险的那些人的保险费。

为了实现“钱随人走，全部转移”的目标，应改进完善社会保险关系转移接续办法。为此，应逐步提高统筹层次，逐步建立全国统筹。

(3) 依法强制用人单位为农民工参保。基于目前劳动力供给仍然大于需求的状况，部分企业从自身利益出发，拒绝缴纳农民工的社会保险费。这种短视行为损害了农民工的利益，而且从长期看也降低了企业的竞争力和活力。因此，政府应发挥其调节职能，干预企业的短视行为，从而为在整体上提高我国企业的活力和竞争力奠定基础。

首先，要进一步加强社会保险立法，对不依法缴纳社会保险费的单位和个人规定严厉的法律责任，除经济处罚外，必要时可借鉴有关国家做法追究违法者的刑事责任，通过加大违法成本，促进依法参保缴费；其次，要加强劳动保障监察执法力量，强化执法力度，督促用人单位依法登记、申报和缴费，对拒不履行法定社会保险责任的，要依法处罚；最后，要动员有关媒体和社会各方广泛宣传保护农民工权益、促进农民工参保工作，通过正反两方面典型案例的宣传和曝光，形成依法维护农民工权益的氛围，促进用人单位依法为农民工参保缴费（华迎放、何平，2006）。

（五）改革和完善农村社会保护制度

有效的农村社会保护制度有助于农村贫穷人口获得基本的公共产品和服务。农村社会保护应被视作以权利为基础、以需求为导向。也就是说，政府有责任、义务保证农民获得基本的生存和发展条件；基本的生存和发展条件是农民的一项社会权利。同时，这种社会保护应该基于农民的需求，政府应该通过制度和政策安排满足农民的需求。

1. 以财政资金为支撑，建立健全农村社会安全网

农村社会安全网是农村社会保护中的防护性保障。有效的安全网包括的项目非常广泛，如公共工程项目、贫困儿童奖学金、现金转移、与食品有关的转移、食品补贴、社会基金、必要服务费用的豁免等。社会安全网的作用主要表现在可以缓解经济和自然危机对穷人的影响；保护准穷人不致陷入贫困；有助于防止对穷人人力资本的不可逆转的破坏（世界银行，2001）。在发展中国家，由于农民是自雇者，没有固定和稳定的收入，从而难以被纳入现代社会保险制度，因此农村社会安全网尤其重要。就我国而言，目前农村贫困人口呈现出区域分布上的分散化、致贫因素多样化等新特征，这要求建立社会安全网而不是继续实行以区域瞄准为手段的项目扶贫（Sarah Cook，2003）。

目前，我国已经建立了防护性的社会安全网性质的社会保护项目，主要包括：针对社会农村五保户的农村五保供养制度；瞄准农村特困户的低保制度和特困户救助制度；农村临时性的灾害救济；瞄准农村计划生育家庭（独女户、二女户）的社会养老保险奖励制度；缓解农民疾病风险的新型农村合作医疗和贫困家庭医疗救助等。但我国的农村社会安全网面临的主要问题是财政支持力度小，从而导致其保障范围窄、保障程度低、制度性安排差等问题。

构建农村社会安全网的重点是加快建立和完善农村最低社会保障制度的步伐。中央政府应根据各地的生活水平确立农村低保的标准，核定应该享受低保的人口，从而确定各地所需要的资金。对于中西部财力不足的县（市），由中央财政转移支付解决。

在低保的基础上，着手建立另外两种类型的救助制度。一是针对农村特殊群体（如残疾人、五保户、孕产妇）的救助；二是满足农民特殊需求（如住房、疾病、教育而产生的特殊开支）的救助。当前，最急迫的是加强和完善农村医疗救助制度建设。目前的农村医疗救助资金量太少，与新型农村合作医疗制度没有很好衔接。要加大政府对医疗救助资金的支持力度，扩大救助范围，提高救助水平，重点解决好农村五保户等贫困家庭的医疗救助问题。

2. 进一步完善新农保制度

（1）不宜追求较高的参保率。在试点地区不宜追求较高的参保率，而应注重培育农民对新农保制度的信任。在制度建立的初期，较低的参保率是正常的，也是发达国家在建立社会养老保险制度过程中所普遍出现的现象。中国农民基数较大，收入较低，政府的财力有限，而且养老是将来的需求，在农民的需求序列中相对靠后。这种情况决定了我国建立新农保以及把多数务农的农村居民纳入该制度将是一个非常缓慢的过程。因此，在新农保建设中，应始终坚持农民自愿的原则，不宜制定过高的参保指标和参保标准。根据调研，目前影响农民参加新农保的主要因素主要为五个方面：一是农民对新农保制度的了解不足。二是由于新农保制度在地区之间转移续接的困难，在地域之间流动性强的农民担心流动后所导致的利益流失。三是由于“老农保”的制度缺陷和基层政府工作的失误，使得农民对政府和新农保制度的信任度不高。四是农民收入较低以及收入的多用途性与保费不能流动间的矛盾。即农民应缴纳的新农保参保费用并不高，但对于农民尤其是中低收入的农民家庭来说，其收入的用途非常广泛，而且养老需求的支出相对靠后。五是农村缺乏老年服务设施和服务机构建设滞后，从而影响了新农保制度功能的发挥，并削弱了农民自愿参加新农保的积极性。政府应从这些影响农民参保率的因素入手，逐步完善制度，使农民了解制度、相信制度，从而促使农民自愿加入这一制度之中。

（2）应进一步完善新农保制度的筹资机制。一是建立政府财政资金保障机制，通过制度性安排，保证中央补贴的基础养老金能够足额、及时拨付给试点地区；保证省、市的补贴资金能够足额、及时拨付到试点地区。二是建立基础养老金自然增长机制。三是继续加大中央财政对中西部地区的财政支持。

在新农保的筹资体系中，应弱化村集体在资金分摊中的责任，更不宜将政府对农民的直补资金挪用于农民的新农保缴费。应谨慎对待“对选择较高档次标准缴费的农民给予适当鼓励”的政策导向。因为选择较高标准缴费的农民通常是农村中的富裕户、村干部、企业主等强势群体。给予这些强势群体更多的参保补贴，实质上就是用公共财政资金补贴农村中的强势群体，不符合新农保制度维护社会公正与社会公平的理念。而且，政策效果可能完全背离初衷。该项政策的目的是鼓励农民选择较高的缴费档次。但是，如果补贴被强势群体得到，就会激发普通农民的不满及社会矛盾，进而形成对新农保制度的不信任，并拒绝参保。

（3）废除父母享受基础养老金与子女必须参保缴费之间捆绑的做法。国家新农保试点的指导意见指出，新农保制度实施时，已年满60周岁、未享受城镇职工基本养老保险待遇的，不用缴费，可以按月领取基础养老金，但其符合参保条件的子女应当参保缴费。这种捆绑做法的目的是提高试点地区适龄农民的参保率。但是，捆绑做法的结果是，有相当比率的已年满60周岁的老年农民因为子女拒绝参保缴费而不能享受养老金待遇。特别是，越是经济困难的家庭，其子女往往因为收入限制而缺乏参保缴费的能力，从而导致其父母也无法享受养老金。这样，政府的补贴更多地被农村中的富裕家庭所享受，形成一种新的社会不公。还应该特别注意的是，现在已超过60岁的农民大多有一个以上的子女。由于子女之间在参保缴费上一致性的困难，大大降低了父母享受养老金的可能性。因此应取消父母享受基础养老金与子女必须参保缴费之间捆绑的做法，从而使公共财政的阳光能够照耀到试点地区的每一个老年农民，尤其是使那些困难家庭不被遗忘。

（4）对因新农保制度而引起的农村资金外流问题应予以关注。国务院指导意见指出，试点阶段，新农保基金暂实行县级管理，随着试点扩大和推开，逐步提高管理层次；有条件的地方也可直接实行省级管理。目前，重庆市已经实行新农保基金省级管理。其所辖各区县征收的新农保基金以及应由区县财政承担的政府补贴资金要全部按时上划市财政专户，发放养老金所需资金由市财政统一调拨、兜底。

基金管理层次提高的好处是显而易见的。重庆市通过全市统筹，不仅缓解了区县财政压力，而且做大了整个基金规模，增强了基金管理运营能力和抗风险能力，从而有助于基金的安全性，也可能有利于基金的保值增值。但是也应该看到，统筹层次提高后，主要来自农民积累和地方财政补贴的新农保资金，就必然更多地用在了城市建设和发展方面。这样，新农保制度就有可能成为又一个源源不断抽取农村资金这一稀缺资源的制度载体，从而影响农村社会经济的发展。

基金统筹层次提高所引发的另外一个问题是，县(市)金融机构经办新农保业务的积极性降低了。这是因为，当基金的统筹层次提高后，县级金融机构从农民手中所收取的保费需要在很短的时间内转到上级政府的财政专户，从而导致其不能从经办新农保业务中得到相应的利润。

3. 建立和完善各类促进农民能力提升的社会保护措施

提升型社会保护是旨在“提高正常的生活条件，处理经常性的持久剥夺”的干预措施。增加公共财政在提升农民能力方面支出的理由有三个：①提升型保护措施可以对收入分配状况的改善产生积极影响，并因此减轻了社会安全网的压力。②在有限的财力下，贫困人口以转移支付方式可能获得的救济项目和救济数量相对有限。③许多提升型措施，如基础教育、预防性保健、自来水与卫生设备、农村基础设施等，都是对穷人十分重要的领域。为了保证充足的服务，这些领域的财政投入不应当削弱而应当加强（世界银行，2001）。

目前，在促进农民能力提升措施中，需要重点关注以下几个方面。

（1）增加在农村教育方面的支出。教育对改变弱势群体的处境具有根本性的作用，许多弱势群体成员把希望寄托在子女身上。政府要高度重视弱势群体子女的教育问题，加大对农村弱势群体子女教育的援助。

近年来，由于农村学校迁并，农村学生上学的交通、生活方面的支出比过去增多了。政府应通过给予补贴的方式，防止可能由此引起部分贫困家庭学生辍学。

中央实行免费义务教育的政策是解决农村贫困家庭子女上学难的突破性举措。但是，在非义务教育阶段特别是大学教育的学费高昂，普通大学的学费已经达到了每年5000元以上。高昂的费用远远超过了贫困家庭的承受能力，并因为这方面的预期而影响贫困家庭子女完成义务教育阶段的学习。针对这种情况，国家需要采取特殊措施解决贫困学生上大学难的问题，激励贫困家庭子女完成义务教育。

对农民进行有针对性的培训，可以提高农民的人力资本，有助于农民进城找到工作并增加外出打工的收入。应在明确责任和分工的基础上，建立各级政府对农民培训的投资保障机制。

（2）就业支持措施。农民通过就业获得的收入是其抵挡生活风险的第一道屏障。在促进农民的非农就业方面，我国目前所采取的主要措施是对农民进行各种各样的培训。这种做法无疑促进了农民人力资本的提升，有助于农民在非农领域找到就业岗位并得到更好的待遇。但是，从效果上看，最好的方式应由用工招工企业所组织的培训，针对性强。由第三方（非用工单位）所组织的培训，很难避免培训内容与需求的脱节，潜在的能力难以转化为现实的收入。我们认为，在农民就业支持方面，目前可行也比较有效的途径，一是公共财政支持劳动密集型产业的发展，通过产业政策上支持来创造更多的就业岗位；二是借鉴国际上的一些成功做法如政府组织公共工程吸纳剩余劳动力。印度2006年开始实施的《全国农村就业保障法案》就是公共财政支持农民就业保障的例子。印度政府每年向每个农村贫困家庭提供至少100天的就业机会，每天的工资是55卢比。如果农民愿意工作而政府不提供就业机会，农民可以按照每天55卢比的标准申请领取生活补贴。由于政府提供的工作工资少、比较苦，也不需要特殊的技能，因而只有那些极端贫困、急需用钱的人，才会愿意接受这种公开的就业机会。这种方式所暗含的自我选择机制，可以使政府的救助资金自动流向穷人，降低了甄别穷人的开支，同时，也减少了富人对政府救助穷人的不满，在一定程度上化解了政府与富人之间以及贫富之间在政府公共开支投入方向上的矛盾。目前，我国的贫困农民因为所拥有的财产少、收入低以及人力资本差，从而导致在几乎所有的惠农政策中都不能得到与其他农民相同的受益。借鉴印度政府的这种做法，通过公共财政资源创造、购买一些瞄准农村穷人的工作机会，可以使有限的资源用到最需要、最困难的弱势群体身上，也是公共财政的职能。

（3）医疗卫生。医疗卫生条件的改善，能够避免一些家庭因为疾病而陷入贫困，尤其是能够带来劳动力素质的提高，有助于改善收入分配状况的长期目标。特别是在我国农村，改善广大农民的医疗卫生条件的要求更为迫切，努力增加这方面的投入，将会产生更为明显的效果。

公共卫生属于纯公共产品，公共财政应保证预防、保健、健康教育等公共卫生事业发展所需要的资金，使得这些机构能够向农民提供基本免费的公共卫生服务。这样，既减轻了农民在这些方面的开支，也会减少农民患病的概率，资金使用效率更高。

农村公共卫生服务体系建设的重点应是村级的服务机构。在修建村卫生室、解决村医工资方面，公共财政应承担责任。

新型农村合作医疗制度已经产生了明显的效果，目前正在快速推进。完善这一制度的关键是如何解决中西部地区一些县（市）无力负担配套资金问题。同时，制度和措施也要跟上。一是加强资金的管理与监督，保证资金确实用于农民的医疗补偿，而不会被挪用或侵占；二是通过设计更好的补偿方案最大限度地减轻农民的经济负担，并能够有效约束医疗机构和消费者的行为；三是加强医疗卫生机构改革，防止医疗价格的不断攀升。

（六）完善农村的治理结构，实现农民参与决策的农村发展

农村发展新模式要求农民成为农村改革和发展的主体，农民能够自主决定或者拒绝建设项目。农民的主体性意味着农民不是被动地接受，而是自觉、主动地参与到如何改善其自身生活和福祉的行动中。尽管我们应特别关注农民在获取公共产品和服务中的被剥夺现象，但更重要的是应采取一种以主体性为导向的路线。这是因为，农民的主体性地位有助于消除损害农民生活和福祉的不公正现象。应逐步消除那些影响农民主体性发挥的诸多的制度性障碍。

1. 创新农村基层的民主制衡机制

在中国的农村基层民主政治建设中，民主选举取得的成绩最为突出，而民主决策、民主管理和民主监督却处于被忽视和较低的水准。其实，与民主选举相比，后几个民主的实现更为重要也更为困难。因为民主政治的发展，不仅要有选举制度实现官由民选，而且还要有民主决策、民主管理和民主监督制度作

保障，实现广大群众对基层事务的最起码的知情权、参与权和监督权。后几个民主的发展状况，往往决定基层民主的质量和水平。否则民主选举仅仅是老百姓将自己享有的权利的“一次性转让”。为使农民在新农村建设中真正起到主体作用，应改革和完善乡村治理结构，探索在农村建起一种有效的民主制衡机制，解决“老板（广大农民群众）缺位”的问题。可以借鉴有些地方的经验，做实村民代表大会制度或成立村民理事会，将其塑造成行政村的议决机关，而原来的权力机关村委会则成为具体的执行机构。建立有效制衡机制的结果是：中国 62 万多个行政村的领头人，一方面是农村能人，另一方面他们的权力又不是无限的，是受到制约的。只有这样，民主决策、民主管理、民主监督才不至于流于形式，农村基层才能真正做到“有人管事，有钱办事，有章理事”，政府的主导作用和农民群众的主体地位才能真正落实，中国共产党在农村的执政基础才能真正巩固。

2. 建立农民的组织

农民的组织能够促进政府向农村基层社区和农民的授权，迫使政府更好地为农民的利益服务。例如，印度克拉拉邦的案例已经表明，更高程度的市民社会在健康和教育上的产出更好。构建促进市民社会和厚实化的制度环境是一件必须的事情（世界银行，2001）。

组织对农民需求的表达和实现有重要作用。一是可以作为一个平台把分散的农民粘合在一起，使农民更好地表达并论证各种需求，以及在不同类型农民及其各种需求之间安排优先次序。二是通过组织形式而形成的需求，更能得到政府的重视。目前，村委会、党支部等正式的基层组织在代表农民利益方面存在很多的问题。这要求完善村民自治制度，改革村组织现有的对上和对下的关系。更重要的是促进农村中代表农民利益的各类农民组织的发育，使其成为农民表达其需求的有效载体，从而促使基层政府对其需求的回应。

农民并非没有表达需求、显示偏好的能力。同时，公共财政在农村的投资关乎农民的切身利益，农民也必然有参与反映自身要求的意愿。但是，需求意愿表达出来以后，最后的决策还得由政府做出。如果农民的需求表达不能得到及时的回应，就会阻碍农民参与的积极性。这就要求政府建立快速的回应、对接农民需求的机制。如何才能促进基层干部对农民的诉求做出反应？根本的措施在于建立由农民选拔干部、考核干部的制度和机制。譬如说，如果地方领导不理会农民的诉求，就有被农民罢免的可能。这样，地方领导为了回避这种风险，就可能主动倾听农民的呼声。以印度的克拉拉邦为例，该邦的经济发展水平在印度 28 个邦中仅仅处于中等水平。但是，人们享受的社会福利水平远远高于印度同等经济发展水平的其他邦。据印度专家介绍，[①] 这与克拉拉邦社会资本强有很大的关系。在克拉拉邦，政府、企业、社会组织和个人比较好地组合在一起，在合作、矛盾、协调中不断完善。如果政府的决策与公众的期望有差距，公众会通过其所属的组织向政府反映，也有的通过聚会、游行的形式来表达其诉求。在这种情况下，反对党会利用这种机会对执政党施加压力。同理，执政党为了避免出现这种情况，会更多地考虑民意。据印度专家介绍，该邦一些在保护穷人方面产生很好作用的社会计划，至少部分上是为了减少反对党对民众的吸引力而设立的。与克拉拉邦的情况相反，印度的奥里萨邦的经济发展水平在印度各邦中处于落后的位置，其社会发展水平同样很落后。这既是该邦财力薄弱的表现，也与社会资本薄弱有关。由于奥里萨邦在组织、治理结构与机制、信任等社会资本的发育方面比较滞后，削弱了政府倾听农民呼声及向农民提供福利的激励。

3. 提高村级财务的能力及其独立性，为农村民主政治的发育奠定物质基础

尽管中国农民政治上的弱势、组织上的分散、素质上的较低等因素在一定程度上阻碍了农民在农村发展中的主体性地位的发挥，但应看到农民是农村改革与发展的直接受益者，因此农民有足够的参与愿望和动力。农民的这种内在的参与和动力之所以没有释放出来，根本的原因是村级治理的不完善。

影响农村治理和农民参与的重要因素是中国村级财务能力低下而且没有独立性。印度克拉拉邦把邦财政预算中的计划基金（占总额的 50%）中的 40%交到乡一级，让乡来决定如何支配。这个比例占整个乡财政预算的 20%左右。因为有了能够预见的、稳定的收入来源，乡级政府就可以参与项目选择和实施计划。中国要实现农村治理模式的转变和农民参与发展，就应让最基层这一级能够明白他们有什么样的自然资源、人力资源，自己能够规划长期、中长期的发展，激发内在的发展动力。这种方式有利于提高资源的利用效率，有利于使非常有限的资源能够被有效地利用，以比较小的投入产生比较大的效益。

参考文献：

[1] 阿玛蒂亚·森：《以自由看待发展》，中国人民大学出版社，2002 年。

[2] 张晓山等：《中印农村社会保护比较》，社会科学文献出版社，2011 年。

[3] 张晓山：《有关“三农”问题的几点理论思考》，《国家行政学院学报》，2004 年第 1 期。

[4] 世界银行：《2000–2001 年世界发展报告：与贫困作斗争》，中国财政经济出版社，

① 本课题组的张晓山研究员和崔红志副研究员 2006 年底在印度考察期间，印度发展研究中心的科南教授（Prof.K.P.Kannan）和皮莱博士（Dr. Pillai）比较详细地介绍了克拉拉邦和奥里萨邦的情况。这些内容系他们所介绍的部分内容。

2001 年。

[5] UNDP:《2003 年人类发展报告——千年发展目标：消除人类贫困的全球公约》，中国财政经济出版社，2003 年。

[6] 世界银行:《2004 年世界发展报告——让服务惠及穷人》，中国财政经济出版社，2004 年。

[7] 世界银行:《中国：深化事业单位改革，改善公共服务提供》，Adams Media Corporation，2005 年。

[8] 世界银行:《中国卫生领域的公共支出与政府的作用》，《中国农村医疗简报信息》，2005 年第 5 期。

[9] 阿玛蒂亚·森:《印度：经济发展与社会机会》，社会科学文献出版社，2006 年。

[10] 让·得雷兹、阿玛蒂亚·森:《饥饿与公共行为》，社会科学文献出版社，2006 年。

[11] 王雍君:《中国的财政均等化与转移支付体制改革》，《中央财经大学学报》，2006 年第 9 期。

[12] 金人庆:《扩大公共财政覆盖农村范围　建立支农资金稳定增长机制》，http://www.crifs.org.cn，2006 年 4 月 18 日。

[13] 李金华:《关于 2005 年度中央预算执行的审计工作报告》，htpp://www.sina.com.cn，2006 年 6 月 27 日。

[14] 王小林、梅鸿:《中国预算体制与儿童教育卫生服务筹资》，联合国儿童基金会与国务院妇女儿童工作委员会办公室。

[15] 周飞舟:《分税制十年：制度及其影响》，《中国社会科学》，2006 年第 6 期。

[16] 华迎放、何平:《促进农民工参加社会保障问题研究》，http://www.cnss.cn/xyzx/yjcg/200611/t20061101_84087.html.

[17] 侯岩:《农村社会事业发展情况》，http://www.bjpopss.gov.cn/bjpssweb/n22957c49.aspx。

[18] Hagemejer，K.and C. Behrendt，"Can Low-income Countries Afford Social Security?"，Forthcoming. ILO，2008.

[19] Sarah Cook. Naila Kabeer and Gary Suwannarat，"Social Protection in Asia"，Har Anand，2003.

第六章　他山之石——全球化进程中印度农业发展、农村改革与对农民的保护

一、引言

2003年中共十六大提出建设惠及13亿人口的和谐社会，为农村发展带来了新的历史机遇，是中国农村发展进入新历史阶段的重要标志。在此之后，包括税费改革在内的一系列重大政策的推出，将中国农业、农村发展推向新的高度。这是中国国内经济与社会发展的必然要求，也是在全球化背景下，应对全球化的机遇与挑战，中国政府对农村发展道路的探索。印度在其改革发展及应对全球化的过程中，也经历着类似的探索。虽然基础薄弱，农村还面临比较普遍的失业和贫困问题，但印度政府从社会公平出发针对农村弱势群体设计了很多计划，以消除贫困、促进农业发展、提高农民保障水平。这些计划往往将短期救助与长期发展相衔接，通过关注资本积累、设施改善和技能提升，逐步增强农村弱势劳动者的自我发展能力，实现长期的可持续发展。在中国，农村经济水平、农民保障水平整体上高于印度，但面对新的冲击，当弱势群体的相关保障不能通过市场得到解决时，又缺少类似于印度的各类计划为其提供保障和缓冲，这实际已成为中国农村贫困和贫富差距拉大的重要原因。从这个意义上来说，印度的发展模式、实施的各类发展计划与保障措施为我们在农村发展道路上的探索提供了有益借鉴。

二、印度经济、社会与农村发展状况

（一）　经济增长与结构转变

由于人口众多，印度农村经济发展面临人多地少的制约，贫困问题严重。印度国土面积329万平方公里，有农用土地180万平方公里，人均耕地0.15公顷，折合2.25亩，谷物生产用地占耕地面积的61.7%。最近30多年印度发

展水平稳步提高，其人类发展指数从1975年的0.413提高到2004年的0.611，但在世界上的排名仍很落后，2004年为第126位。2005年印度人均GDP达到690美元，比2000年增长了56%，是1980年的2.7倍。2004~2005年，印度共有贫困人口3.02亿，其中农村贫困人口2.21亿，农村贫困率高达28.3%。

印度经济结构逐步转变，但就业结构转变严重滞后，城市化水平很低。1950~2007年，第一产业增加值在印度GDP中所占比重从53%降到20.8%。2001年第一产业就业所占比重仍高达58.2%，比同期第一产业增加值的比重高出30多个百分点。2001年农村地区第一产业就业比重更是高达73.3%。农业就业比重高，因为二、三产业就业增长缓慢，城市化进程落后。目前印度仍有超过70%的人口在农村。在1901~2000年的100年中，印度城市人口比重从10.8%上升到27.8%，增长了不到20个百分点，2005年城市人口比重也仅有28.7%。

（二）人口与素质

根据印度人口普查，截至2007年3月1日，印度总人口已达到11亿，占世界总人口的16.7%。由于近年持续的高速人口增长，15岁以下人口比重很高，2008年达到32%，虽然老龄化不严重，但总抚养比仍高达37%，高于世界平均水平，比发达地区或不发达地区的平均水平也都高。鉴于印度很低的劳动生产率，人口负担显得更加沉重。

印度人口素质与健康状况经过几十年的发展也有明显改善，但整体状况仍较差。20世纪90年代以前印度人口的预期寿命经历了快速增长，从20世纪初的20多岁上升到60岁，之后增速明显放缓，2002年达到62.5岁。在婴儿死亡率方面，则从1971年的129‰下降到2003年的60‰。在教育方面，2004年全部人口的成人识字率为61%，其中女性成人识字率达到47.8%，均比1990年提高了近12个百分点。与中国相比，近年印度人口预期寿命一直低了10岁多，婴儿死亡率也是中国的两倍多，高出35个千分点，而且差距持续扩大。印度全部人口的成人识字率比中国低了近30个百分点，女性成人识字率则低了近40个百分点。

（三）粮食生产

在农业基础设施建设与农业科技投入等的作用下，自独立以来，印度农业取得了巨大进步，粮食生产实现了从自给不足到自给有余。1950~1951年至2006~2007年，粮食总产量就从5080万吨增至20860万吨，年均增长2.5%，同期人口增长率为2.1%，因此，自1976~1977年以来，印度基本实现了粮食自给。粮食贸易也从净进口国变成了净出口国，1950~1951年净进口410万吨，2005~2006 年净出口 380 万吨。但 1990~2007 年，粮食生产的增长速度降至 1.2%，低于 1.9%的人口增长速度，人均粮食消费也随之下降。谷物消费从 1990~1991 年人均每日 468 克的最高值降到 2005~2006 年的 412 克，降幅达到 13%。

粮食产量的增长及粮食安全状况的改善源于农业基础设施与生产条件的提高：高产品种播种面积从 1966~1967 年的 189 万公顷扩大到 1997~1998 年的 7600 万公顷；粮食灌溉面积从 1950~1951 年的 1761 万公顷增加到了 2005~2006 年的 5550 万公顷，占粮食总播种面积的比重从 18.1%增加到 45.5%；1950~2005 年，肥料施用量从几乎可以忽略的水平增加到每公顷 104.5 千克；1950~2000 年，谷物、稻谷、小麦和玉米的单产分别增加 383%、186%、318%和 236%（董运来、余建斌、刘志雄，2008）。

虽然取得了显著的成绩，但与其他部门相比农业的增长仍比较缓慢，而且增长速度的差异还在进一步拉大。按增加值计算，1991~1996 年是独立以来印度农业第一个快速增长阶段，超过了绿色革命时期，农业及相关产业取得 3.7%的年增长速度，但却比非农业部门的增长速度低了近 3 个百分点。“十五”时期，农业及相关产业取得 4.8%的增长速度，这是印度独立以来最高的，但却比非农业部门低了近 6 个百分点（Economic Survey，2008~2009）。

三、印度各阶段改革举措与农业、农村发展

独立以来，印度的经济改革与农业、农村发展可以划分为三个阶段：1947~1991 年的改革前阶段；1991~2004 年的市场化改革阶段；2004 年以来的辛格政府改革阶段。整体来看，印度历届政府的发展战略以工业、服务业为主，相对忽视农业，严重制约了农村与农业的发展。各个阶段面对全球化的挑战，为确保粮食安全、促进社会公平发展，印度政府的农业、农村政策又在不断调整变化。

（一）改革前阶段

尼赫鲁政府在独立后不久就开始采用社会主义战略发展重工业，农业开支比重大幅下降，农业政策被认为是为优先发展城市服务。农业、农村发展因此被忽视。“三五”计划时期农业和轻工业的相对滞后开始成为经济发展的“瓶颈”。“四五”计划又开始强调农业的重要性，“五五”计划农业取得较快发展，粮食实现自给自足（宋志辉，2009）。为应对严重的农村贫困问题和农业发展落后问题，在 1991 年改革前印度政府实施了一些重要的改革和经济发展举措：

通过土地改革建立更加公平的发展基础，通过绿色革命、农业机械化、金融保险支持促进农业发展，通过粮食分配、就业促进来缓解贫困、加大农民保护。

1. 土地改革

从 1949 年开始，印度实施了以废除“柴明达尔制度”为中心的土地改革。“柴明达尔制度”，是一种处于政府与耕作者之间的土地中间人制度，也是对印度农民剥削程度最深的制度（何一峰、杨张乔，2007）。除了废除“柴明达尔制度”，土地改革的内容还包括租佃制度改革、土地持有最高限额法的实施、分配政府荒地和合并土地项目等。土地改革将印度农村简化为地主、自耕农、佃家和雇农四个阶层，并最终确立了土地私有权，为农业资本主义在印度的发展奠定了基础。但由于多种原因，印度温和的土地改革并不彻底。佃户改革中地主以各种“理由”夺佃。政府宣布剩余的土地远远少于人们所期待的，而获得的土地又少于宣布的，在无地农和边际农中间分配的土地又少于获得的土地，实际可耕种的土地又少于分配到的土地。到 1992~1993 年为止，实际可耕种土地占宣布剩余土地的 2%。改革后，无地和少地农民大量存在，约占印度农村人口的 3/4。因此，土地改革没有直接或间接地阻止印度农村贫困化进程（宋志辉，2009）。无地农民只能在当“契约劳工”和流入城市寻找工作之间选择，而无地农民大量涌入城市导致城市贫民窟的出现。

2. 绿色革命

印巴分治，印度接收了 82%的人口却只分得 75%的谷物种植面积，粮食安全也因而成为印度长期面临的问题。独立之初，谷物产出增长速度低于人口增长速度，印度开始依靠进口粮食来满足粮食消费需求。1965 年，印度与美国签署 480 号公法协定，获得以小麦为主的食品援助。1966~1967 年，印度进口粮食（以小麦为主）增长到 1000 万吨，而国内小麦产量在 1200 万吨左右。在“冷战”背景下，美国的粮食停运使印度领导人认识到依赖外国食品导致的高度政治危机，决心不惜代价实现谷物自给。

为从根本上解决粮食问题，印度从 20 世纪 60 年代中期开始发起以提高农业技术和引进高产品种为特点的“绿色革命”。1965 年农业价格委员会成立，建立“最低保护价”。1966 年印度政府从墨西哥引进 1.8 万吨高产小麦种子。在新的农业政策下，肥料、电力、灌溉和信贷等公共投资的支持使得新种子得到普及。1971~1972 年印度粮食总产量达到 1.05 亿吨，实现粮食自给（印度农业部，2003）。贫困率从 1967 年的 64%降到 1973 年的 56%（Indiastat，2004）。在失败的改革方案、旱灾与石油危机的共同影响下，1973~1976 年印度每年从美国进口的粮食又达到了 400 万吨（Faostat，2004）。之后印度加大了对肥料、管井等的补贴，绿色革命从小麦延伸到水稻，粮食总产和单产再次出现显著增长。农村贫困率也从 1972~1973 年的 56%降到 1979~1980 年的

50%。之后高产品种的应用从东部向西部扩散，但绿色革命对农业增长的拉动作用开始减弱。

所谓“绿色革命”实质就是农业新技术革命，即集中一些自然条件好的地区（印度西北部地区），实施精耕细作和科学管理。具体内容有：第一，增加农业投资，特别是增加对新技术的投资，以此刺激农业新技术的发展；第二，引进、培育和推广高产品种，特别是小麦高产良种；第三，改良灌溉设施，扩大灌溉面积；第四，增加农业机械、化肥的使用量（董运来、余建斌、刘志雄，2008）。“绿色革命”在解决温饱问题上取得很大成绩，但也带来了其他问题，其中一个就是收入差距扩大问题。“绿色革命”主要是在条件和气候较好的地区开展，得到优惠信贷的也大多是地主和富农，因此，“绿色革命”的成果多为大中型农户所享有，结果“绿色革命”加剧了地区间和农户间的收入差距。另一个问题就是可持续发展问题。增加耕地、双季种植及推广良种是“绿色革命”的三大法宝（林毅夫，2000），但化肥、农药、土壤和地下水的过度利用与开发，导致资源承载力与环境的恶化，土地盐碱化和沙漠化现象严重，影响粮食产量的进一步提升。

3. 农业机械化

为推进农业机械化，印度政府实施了有利的贷款政策。90%以上的农民通过银行贷款购买拖拉机、水泵等农机，对拥有耕地 2 公顷以下的农户提供年利率为 10%的贷款，拥有 2 公顷以上的贷款利率为 12.5%。农户购买拖拉机的支出 80%可以通过贷款获得，拖拉机销售量因而增加很快，1976 年为 3.7 万台，1981 年为 7.9 万台，1988 年达 9.3 万台。为方便农民贷款，允许农民将储存在仓库里的产品抵押给银行，获得相当于产品价值 75%的贷款额。为了促进本国农机制造业发展，鼓励农民优先购买国产发动机、动力耕耘机、拖拉机、配套农具等产品，银行向拖拉机和农机制造厂提供优惠贷款。另外，还与德国、波兰、美国、苏联、捷克、罗马尼亚、日本等国家的农业机械生产企业合作生产，提高印度拖拉机工业的生产能力，加快国产化步伐。1961 年，印度进口拖拉机 3248 台，为本国生产量的 5.3 倍，到 1970 年进口拖拉机 1.27 万台，只有本国生产量的 63.7%，到 1973 年仅相当于 8.5%，拖拉机基本实现国产化（中国农业信息网）。

4. 金融保险支持

1969 年商业银行国有化后，印度中央银行规定各商业银行必须将其放款的一定比例用于农业和农村发展，包括：对小农、边际农和农村小手工业者等扩大信贷扶持；对化肥和其他农业投入物提供贷款支持；对农产品销售、运输、储存和加工等发放贷款；为印度粮食公司收购并储备粮食提供资金支持。另外就是对初级农业信贷合作社提供资金融通。农村合作银行即信贷合作社包括只为社员提供中短期贷款服务的初级农业信贷合作社和专门提供长期贷款服务的土地开发合作银行。各县初级农业信贷合作社联合起来成立中心合作银行，向初级农业信贷合作社发放贷款。各邦成立邦合作银行，向中心合作银行提供资金支持，并可从印度储备银行获得资金融通。从 20 世纪 50 年代初到 80 年代末期，初级农业信贷合作社提供的贷款占农村信贷总额的比例从 3%上升到 33%（席增雷、白思然、张萌，2008）。

为解决农村地区商业银行机构网点少、农村金融服务不足问题，印度政府 1975 年设立了地区农村银行。其营业机构主要设立在农村信贷服务薄弱的地区，直接向小农、边际农、农业工人、农村手工业者和其他小业主提供贷款，实行优惠的贷款利率，并向贫苦农民提供维持生活的消费贷款。到 20 世纪 90 年代初期，印度已经建立了 196 个地区农村银行和 14500 个分支机构。

1982 年由印度政府和印度储备银行各出一半股本，建立支持农业发展的政策性银行——国家农业农村发展银行，简称国民银行。该行接替农业筹资开发公司的职能和印度储备银行农业信贷的全部功能。

在农业保险方面，印度政府于 1979 年开始推出了一些实验性农作物保险计划，其中一项就是《农作物保险指导计划》。《农作物保险指导计划》保险品种覆盖了谷类作物、粟、油料作物、棉花、马铃薯和鹰嘴豆等，保险遵循自愿原则，但只有贷款农户才能参加这项保险。农户可以购买的最高保险额是农作物贷款的 100%，后来则提高到 150%。政府向小农和边际农提供 50%的保险费补贴，中央政府和邦政府各分担一半。保险风险则由印度保险总公司和邦政府按 2∶1 的比例分担。到 1984~1985 年度《农作物保险指导计划》已经在印度 13 个邦执行，共有 62.7 万农民参加保险（金永丽，2007）。1985 年印度又发起了《农作物综合保险计划》，共有 15 个邦参与实施了这一计划。

5. 农民保护

为缓解贫困家庭购买力不足、缺乏食物保障的问题，印度政府建立了食品公共分配系统（Public Distribution Scheme，PDS）。这是一个由国家对平价商店给予财政补贴，专门向低收入居民提供基本生活保障的零售商业系统。平价商店主要供应小麦、大米、白糖、食用油、布匹、煤炭和煤油等七种生活必需品，有的还供应茶叶、肥皂、火柴、食盐、豆类等重要生活品。通过降低质量和价格，使得需求主体得到控制，主要是贫困人口与家庭，从而起到补贴穷人、缓解贫困的目的（崔红志，2011）。但最初 PDS 在设计上并不是用来维持粮食安全和消除贫困，而仅仅是一种维持价格稳定的工具。直到 1970 年，其适用范围仍仅限于城市和粮食短缺的地区。从 1980 年开始才逐渐覆盖到广大的农村地区（董运来、赵慧娥、耿建，2008）。

20 世纪 60~70 年代食物短缺及干旱等自然灾害推动各类消除贫困、促进就业的项目发展，包括面向非正规部门的就业救助项目。1969~1974 的第四个五年计划时期是就业保障的快速发展时期，主要面向干旱贫乏地区与小农和农业雇工，形成了一系列具有导向性的就业计划，如农村人力项目（Rural Manpower Programme）、集中的农村就业项目（Intensive Rural Employment Programme）等。20 世纪 70 年代中期印度实行了“缓解农村贫困计划”。在 1980~1985 的第六个“五年计划”期间两类项目得到发展：农村综合发展项目（Integrated Rural Development Programme）和农村就业项目（Rural Employment Programmes）。前者是首个大型自主就业计划，开始于 20 世纪 70 年代，80 年代在全国推广。该计划为贫困线以下的农村家庭提供贷款和补贴，以实现资本积累、获得技能和技术。受益对象包括无地农民、小农、边际农、农业劳动者和农村工匠等。为了加强农村综合发展项目，印度还出台了一些配套的子计划。建立于 1979 年的农村青年自主就业培训计划（TRYSEM）旨在关注农村综合发展项目下选定和援助的人群的培训要求。1982~1983 年启动的农村地区妇女和儿童发展计划（DWCRA）则关注农村贫困妇女。农村综合发展项目另外还包括一个工具分配项目。截至 1999 年 3 月超过 54 万户家庭从农村综合发展项目中受益，信贷总额达到 225 亿卢比，总投资（包括补贴）达到 339 亿卢比。1980~1999 年，有 460 万青少年通过农村青年自主就业培训计划获得培训。1982~1999 年，农村地区妇女和儿童发展计划共组建了 27.3 万个团体，女性成员有 410 万人，支出达到了 42.25 亿卢比（古拉蒂、樊胜根，2009）。

农村就业项目主要向农村劳动力提供公共就业的机会，包括 1981 年开始实施的国家农村就业计划（替代 20 世纪 70 年代的以工代赈计划）和 1983 年实施的农村无地劳动力就业保障计划。国家农村就业计划主要有三个目标：一是每年在乡村地区创造 3 亿~4 亿个劳动日的额外就业机会；二是创造社区资产；三是改善穷人的营养状况和生活标准。计划实施过程中无业和非充分就业的乡村穷人、无地劳动者和无地穷人、残疾人和疾病患者都享有优先权。农村无地劳动力就业保障计划的目标主要有两个：一是扩大乡村无地人口的就业机会，每年为无地家庭中至少一个成员提供 100 个工作日的就业；二是加强社区基础设施建设，创造持久耐用的资产。

（二）市场化改革阶段

市场化改革阶段可以进一步划分为拉奥政府开始的改革阶段（1991~1998）和瓦杰帕伊政府改革阶段（1998~2004）。20 世纪 80 年代及之前进行的政策调整没有从根本上触动根深蒂固的半管制、半封闭的经济体制。拉奥政府执政后，以 1991 年的财政危机为契机开始了以“自由化、市场化、全球化、私有化”为目标的改革，拉奥也被誉为“印度独立以来第一个改变国家一系列的理念和国家运转的最大胆的人”。拉奥认为，“更高水平的生活只能在生产提高的基础上才能得到保证，没有任何捷径可走”，“如果国家能够以更快的速度创造财富……也就能够得到更多的社会资本投资于教育，扫贫和卫生等社会部门，所以，政府应把创造财富放在至高无上的重要地位”。因而拉奥政府在改革中把经济增长放在发展的首位，并使印度经济很快恢复增长，实现连续五年的较高增长速度，这在印度经济发展历史上是罕见的（文富德，2001）。虽然改革内容基本没有涉及农业领域，改革措施主要贯彻在非农领域，不过拉奥政府及随后几届政府的改革仍通过两个重要途径对农业产生影响。第一，改革引起的较高的经济增长率和相应的人均收入的增长增加了对食物的需求。第二，逐渐降低的工业保护通过改善国内农业和工业价格间的贸易条款而显著促进了农业部门的激励结构。[①] 但总体来看，政治格局的特点限制了农业发展与消除贫困等方面长期战略的实施，各主要政党及一些低种姓政党虽然都打着为穷人服务的口号，实际却在谋求党派利益。政党和政治领导人仅着眼于任期内的发展和大选，经济改革的愿望以短期稳定和中期改革调整为主，主要关注收支平衡、通货膨胀、财政赤字以及工业化效率等问题，在消除贫困、农业和农村部门改革、基础设施建设等方面仍需要长期发展的项目。

瓦杰帕伊政府加速了印度的经济改革，也加大对农业、农村的改革和发展力度。1998 年瓦杰帕伊领导的印度人民党联合政府上台后，表示新政府的目标重点是解决社会安全、饥饿和腐败、消灭文盲与疾病，使越来越多的人享有充分的就业保障。联盟 13 个政党共同签发的“全国施政纲领”的主要内容是：以就业为导向的增长，代替以生产为导向的增长，强调农业和小型工业的发展。在 1998~1999 年财政预算报告中，农业改革被放在以增长为目标的预算战略的首位。2000~2001 年印度财政预算又宣布“下一个十年为印度发展的十年”，对人力资源发展如教育、健康和其他社会服务，特别是针对社会最贫困和最弱势群体予以高比例的支出。2002 年的印度“十五”计划提出：要在“十五”期间提供 5000 万个就业机会；2003 年所有儿童能够上小学，所有村庄有可饮用的水等；到 2007 年实现将贫困线以下的人口比例降低 5 个百分点的目标；到 2012 年贫困人口减少 15%。

市场化改革阶段印度各届政府在应对全球化挑战的过程中，对农业基本采取了保护的态度，并采取了一系列的措施增加对农民的保护、促进农业和农村的发展，下面具体介绍。

1. 加强农业保护

拉奥政府开始的自由化、市场化改革涉及诸多部门，但几乎没有触及印度

---

① 古拉蒂、樊胜根：《巨龙与大象——中国和印度农业农村改革的比较研究》，科学出版社，2009 年。

经济发展中最基础的农业部门。在加入世界贸易组织的过程中，印度利用《农产品协定》中的特殊差别条款，有选择地接受 WTO 规则，逐步调整农产品贸易等相关政策，回避在农业领域内的具体承诺和明显减让。印度政府以必须保证众多人口的粮食安全为由，在农产品市场准入、削减补贴以及国内支持等方面都没有做出任何明确的承诺。在市场准入方面，除本土不能生产的农产品外，印度把约束关税率普遍定在 100%~300%之间的上限水平，对其余农产品的进口依然采用关税或非关税壁垒限制。对包括脱脂奶粉、优质小麦、谷物、水稻、大米、玉米、粟、高粱、油菜、芥子油、鲜葡萄等在内的各种重要的农产品的进口都规定了关税约束范围。在印度政府向世界贸易组织提交的有关承诺通知中，除了明确提到工业品和中间产品的关税削减以及约束税率外，对于农产品的关税削减只字未提（文富德，2005）。这些措施在一定程度上缓解了对外开放过程中印度农业所受的冲击。

对照《农产品协定》中的“绿箱”规则，印度在农业谈判中提出了有助于自身和大多数发展中国家的“粮食安全箱”规则。按照印度的提议，“粮食安全箱”只适用于发展中国家，尤其是只适用于粮食安全形势严峻的发展中国家；在这一规则下允许发展中国家在政策措施选择方面有更大灵活性，允许发展中国家采取更多特殊和差别待遇条款。印度提出：发展中国家在为缓解贫困、促进农村发展和农村就业以及实现农业多样化经营目的而采取的所有措施都应当免于任何形式的削减承诺；发展中国家对关键性农业投入所提供的补贴方式具有灵活性；对于消极的特定产品支持措施应当允许将其调整为积极的一般产品支持措施；允许发展中国家保留适当水平的关税限制，并以此作为对发展中国家的特殊和差别待遇，从而使它们能够保护国内绝大多数以农业为生的农民的粮食安全和生计；在农业协议特殊保障条款下，包括在指定情况下实施的对进口数量进行限制的征税行为在内，所有发展中国家都应当有权采取一种独立可行的农业保护机制；发展中国家应当免除提供任何形式的最低市场准入义务；产品保障体制的合理化，包括橡胶、初级林产品、黄麻纤维、椰子纤维、西沙尔麻等初级产品生产的风险保障等（向元钧，2002；文富德，2005）。

但是在美国等国家的压力下，为了更加适应 WTO 规则，印度政府也逐步修改和调整了与农业相关的部分法规政策，包括取消国内农产品贸易的限制措施和改革农产品贸易政策等。印度农业贸易政策改革的最大特点则是用关税来代替进口数量限制措施（董运来、赵慧娥、王大超，2008）。在农产品短缺的情况下，印度要求出口农产品必须获得许可证并予以登记，对某些农产品的出口价格也予以限制。1994 年阻碍农产品出口的许可证制度被取消，允许自由出口特级大米巴斯马蒂，并放松对其最低的出口价格限制（文富德，1999）。到 2002 年，几乎所有的农产品进口数量限制措施都已取消，关税成了印度保护国内农业的主要手段。印度在取消数量限制的同时也提高了实施税率，令实施税率更加接近最高约束税率，结果是农产品进口的平均税率明显提高。根据印度计划委员会（Indian Planning Commission）的估计，农产品进口的平均税率由1999~2000年的24.4%提高到了2001~2002年的57.7%。但是，印度对包括玉米和奶粉在内的少数农产品实行关税配额制度，超出配额的进口部分征收较高的关税（平均为56%~60%）。印度还利用WTO规则，通过政府和国营贸易企业垄断稻米、小麦、所有粗粮（除了玉米和大麦）和干椰子肉的进口来规避放开市场准入的影响。目前，仍然由国营贸易企业垄断贸易的农产品贸易额相当于印度农业生产总值的40.5%（董运来、赵慧娥、王大超，2008）。

2. 促进农业发展

庞大的贫困人口使印度难以进入发达国家行列。有印度专家指出，造成这种现象的原因主要有三个，一是农村基础设施投资不足，抗灾能力差，遇到自然灾害，农业就会大幅度减产。二是农产品附加价值低，影响农民生产积极性。三是农民受教育的程度普遍偏低，传统的小农经济意识根深蒂固，限制了农业的产业升级。为了促进农业发展，应付经济全球化进程加速带来的挑战，印度政府积极利用“绿箱”规则加大农村基础设施建设、改善农业生产条件、提高农业科技投入，增加对国内落后地区和小农的支持力度，向贫困农民提供化肥、种子、电力、生产工具等方面的补贴等。根据Pursell and Gulati（1995）测算，印度对肥料、灌溉、电力和农业信贷的补贴总额（非特定农产品的综合支持措施）占到印度GDP的2.7%、农业生产总值的11%。经过发展，虽然农业在国民经济中所占比重仍在下降，印度已由粮食净进口国变为粮食净出口国。2001~2002年印度粮食产量创2.12亿吨的纪录。

为保证印度在经济全球化背景下的粮食安全，瓦杰帕伊政府2000年出台的国家农业政策，提出了随后20年印度农业发展的长远目标。其政策目标包括：使农业的年增长率超过4%；保证农业可持续发展，提高农业资源的利用率，加强对土地、水资源和生物多样性的保护；在全国最大范围内促进农业发展，保证效率与公平；为农业增长提供充足的国内市场和驱动力；利用农业技术，促进农业生产持续稳定增长。为实现这些目标，印度政府努力要加强农业基础设施，改善农业资源条件，促进农业可持续发展，加强农业技术创新和农业技术推广，增加农业投入，提供农业激励机制，实行农业土地制度创新，改善政府对农业的管理（文富德，2005）。

印度历来重视科技在农业发展中的重要作用。“绿色革命”及随后的“白色革命”、“蓝色革命”都是市场化改革前农业领域的重要科技革命。市场化改革以来，为进一步提高农业竞争力，印度在农业领域的新技术研究、科技推广方面做了巨大投入。1994年，印度用于农业科研的经费占国内生产总值的比重为 0.9%，接近发达国家的水平（文富德，2005）。在农业生物技术方面，2000 年印度公共财政支出大约为 2700 万美元，与 1990 年相比增长了 40%。自建国以来，印度逐步建立了三级农业科研体系。在印度中央一级农业科技机构中，印度农业研究理事会（ICAR）是全国性的农业科研协调机构，下设 48 个国家级农业研究院（所）、30 个国家级农业研究中心、5 个综合性国家农业研究局、12 个科研项目指导委员会、77 个全印协作研究项目和网络、551 个农业科技中心（中国农业考察团，2007）。ICAR 体系中的科学家占到印度农业科技人员的 25%。按 1999 年价格，每个科学家的平均支出从 1981 年的 72 万卢比增长到 1991 年的 111 万卢比，2001 年则达到了 179 万卢比。这表明，农业科研投入的强度在不断得到提高（古拉蒂、樊胜根，2009）。为了加快农业技术推广，印度还积极利用现代信息和通信手段。印度政府建立了专门的农业呼叫中心，并与地区农业教育和农业研究机构连接起来。由农业院校的毕业生接听热线电话，一般免费接受农民的咨询服务。还发起农业计算机革命，在农村建立互联网系统，设立电子集市项目，使农民从网上学习农业科技知识，缩小城乡在数字化方面的差距。鼓励那些从农业院校毕业的学生建立“农业医院”，这些“医院”在向农民传播农业科学技术知识的同时，还可以向农民销售必要的农用物资（文富德，2005）。为促进农业科技发展，及与 WTO 规则接轨，农业知识产权保护在印度也日益得到重视。瓦杰帕伊政府的国家农业政策提出，要加强对生物物种和基因资源的保护，研究和开发更多的抗旱、抗病虫害、耗水少、营养价值高及适应不同气候条件的农作物新品种，并加速现代农业技术的转让。2001 年的《植物新品种保护与农民权利法案》允许通过特殊制度或者申请专利对生物多样性进行了保护。2002 年的《专利修正法》允许制造方法和产品申请专利登记，并且适用于农药、兽药、药物和食品的制作方法。知识产权保护的发展加速了科研成果私有化的进程。在知识产权保护趋势日益明显的情况下，印度民营科研投资增长迅速，由科研组织登记的专利数量增长很快（Ramanna，2002；古拉蒂、樊胜根，2009）。

为保护农民利益、鼓励农民采纳新的农业技术、促进农业发展，印度在 1999 年开始执行全新的《国家农业保险计划》，取代原来针对信贷农户的《农作物综合保险计划》，在自然灾害发生时向农民提供保险服务和金融支持。《国家农业保险计划》由农业保险总公司代表印度农业部执行，承保面扩大到所有农户，不管农户拥有多少土地，也不限于申请贷款的农户。《国家农业保险计划》的另一优点是有多种作物均可选择投保，涵盖所有的粮食作物、油料作物、经济作物及园艺作物。政府为农户参保提供财政支持，小农和边际农交纳的保险费享受 50%的补贴，中央政府和邦政府各分担一半。新保险还允许以乡村自治委员会为单位投保，以促进农民参保，并将大面积灾害保障与单独灾害分别承保。之后，印度开始办理经济作物保险，包括得到政府补贴的一般的经济作物和没有政府补贴的单独的园艺和种植园等经济作物（吴臣辉，2007）。

为促进农业发展，印度政府还加强了农业基础设施建设。国家农业政策提出要加强农村水库、灌溉渠、排水设施、农村公路、农村电网、农村通信和农村计算机网络等农业基础设施的建设，以增强印度农业发展后劲，保证印度农业的稳定增长。为此，首先在 100 个最落后的县实施基础设施发展特别计划，完善农村公路、农村电信、农村电力、农业灌溉等。为保证该计划的实施，印度储备银行计划在随后五年向农业部门提供总额为 5000 亿卢比的信贷资金，用于从事开垦荒地、选育良种、改造农业基础设施，提高粮食加工储备能力，完善粮食市场流通环节以及新农业技术的应用（文富德，2005）。在道路基础设施建设方面，2000 年印度实施了 PMGSY（Pradhan Mantri Gram Sadak Yojana）计划，由中央筹集全部资金，以公共就业的形式，为农村的交通落后地区建设全天候道路。截至 2006 年，项目累积支出 1828.1 亿卢比，修建完成 10.76 万公里道路。另外，还计划向 70%的农民提供低息贷款，指导农民进行农业结构调整，实现产品升级。

3. 食品保障

印度的食品公共分配系统（PDS）在保障贫困农民食品安全方面发挥了重要的作用，但仍存在一些明显的问题：在分配过程中过多地偏向城市贫民；忽略了对真正低于贫困线居民的分配和支持；缺乏透明度和可计量的措施不可避免地导致了腐败（胡锡骥，2001）；分配过程中的浪费很严重；私人储备系统、谷物流通市场以及粮食征收市场都非常分散，没有整合，制约了粮食从过剩地区流向短缺地区。这些问题的存在削弱了 PDS 的基本功能，使得那些脆弱地区和人群的粮食安全目标不能得到充分保障。在意识到这些问题后，印度开始对原有的分配系统做了改革和发展。修补的公共分配系统（Revamped PDS，RPDS）于 1992 年开始实施。RPDS 将覆盖范围进一步扩展，增开更多粮食平价商店，通过平价商店按人均每月 5 公斤的标准每月向每个家庭分配 20 公斤粮食，以补贴的价格来增加产品品种数量，并通过 50%补贴和 50%贷款的形式修建仓库和购置货车来改善粮食供应链，提高分配效率（董运来、赵慧娥、耿建，2008）。

由于原系统存在对广大低于贫困线的人口保障不足的问题，印度政府又进一步做了合理化改革，并于 1997 年实施了定向公共分配系统（TPDS）。RPDS 的政策目标如果是补贴“贫困地区的所有人”，TPDS 的目标则是补贴“所有地区的贫困人口”。为实现这个目标，TPDS 划分了低于贫困线（BPL）和高于贫困线（APL）两类家庭，并向 BPL 家庭发放专用定量供应卡。BPL 家庭可按补贴价格购买一定数量的粮食（以大米和小麦为主），这种价格相当于经济成本的一半左右，而 APL 家庭只能按照经济成本来购买粮食。随着项目的实施，BPL 家庭所获粮食的比重不断提高。1997~1998 年有 41%的粮食分配给了 BPL 家庭，而 2000~2001 年则上升到 64%（董运来、赵慧娥、耿建，2008）。到 1999 年已向 BPL 家庭发放了 7300 万张供应卡，而针对 APL 家庭发卡 1.186 亿张。直至 TPDS 的实施，贫困的发生与谷物的生产和分配之间才有了直接关系（古拉蒂、樊胜根，2009）。

瓦杰帕伊政府又通过公共食品分配系统实施了两个计划：一个是贫穷困人口食品保障计划（AAYS），一个是老年贫困人口食品保障计划（Annapoorna Scheme）。前者 2000 年开始实施，通过 PDS 按每千克 2 卢比的价格向最贫困家庭提供小麦，按每千克 3 卢比的价格提供大米，每个家庭共提供 25 千克粮食，2002 年进一步提高到 35 千克。计划设计覆盖 6500 万 BPL 家庭中的 1000 万个，最后实际惠及 6520 万个贫困线以下的家庭。在 2003 年，又增加了 500 万个家庭。老年贫困人口食品保障计划向 65 岁以上没有养老金的赤贫人口每月免费提供 10 千克大米，计划覆盖 4.5 万这样的贫困人口。

作为食品公共分配系统的补充与发展，着眼于直接瞄准贫困人口中的弱势群体（如儿童）的营养干预计划也得到发展，包括午餐计划（Mid-day Meals Programme）和综合儿童发展项目（Integrated Child Development Scheme）。午餐计划于 1995 年开始实施，除了提高贫困儿童的营养水平，该项目也希望能够提高入学率、降低辍学率。

4. 教育保障

拉奥政府于 1992 年对 1986 年的国家教育政策（National Policy on Education）进行了修改，希望教育在矫正社会失衡与地区差距、为妇女赋权、为弱势群体增强权利保障等方面发挥积极作用。但实际上，教育方面的责任很大程度上被转移给地方政府。20 世纪 90 年代末，教育支出占 GNP 的比重从 1990~1991 年的 3.4%下降到 3.1%，大大低于 6%的国际标准（Dev and Mooij，2005）。另外，1999~2000 年小学一年级到五年级的毛入学率为 94.9%，但是六年级到八年级的入学率只有 58.8%，表明高年级入学率低或辍学严重（National Human Development Report 2001：54）。

瓦杰帕伊政府为实现普遍的初等教育，实施了一些计划。其中，最主要的是 2001 年开始的普遍初等教育国家计划（SSA）。根据该计划，到 2005 年所有 6~14 岁儿童都在学校、EGS（教育保证计划）中心或 Bridge Course 接受教育；到 2007 年，消除性别、种族之间在小学教育阶段的差距，到 2010 年消除在初等教育阶段的差距；2010 年实现普遍接受初等教育；注重小学教育质量。印度政策为此建立了小学教育基金（Prarambhik Shiksha Kosh）。计划覆盖了 97 万所现存的小学和 370 万名教师。截至 2006 年，SSA 计划新建了 16.4 万所学校，9.8 万座学校建筑，28.1 万间新教室，15.0 万处饮用水设施，19.4 万个卫生间，为 5780 万孩子提供了免费书本，新雇用了 66.7 万名教师，每年有 30 万名教师接受在职培训。在 SSA 计划的干预下，辍学率大幅下降（Government of India 2007：Chapter 10）。

2003 年印度实施的另一个重要教育项目，着眼于提高女孩教育水平的女孩初等教育计划（NPEGEL）。该项目计划为弱势女孩提供初等教育的保障，具体覆盖地区（全国 25 个邦的 3164 个地区）包括农村女性识字率低于全国平均水平或性别差异高于全国平均水平的教育落后地区，以及列表种姓、列表部落人口占人口 5%以上，而这些劣等种姓与部落的女性识字率低于 10%的地区。截至 2006 年，NPEGEL 项目在没有被 ICDS（Integrated Child Development Services）覆盖的地区建立了 5.13 万所儿童护理与教育中心，向 2000 万名女孩发放了校服，1840 万名女孩在项目中受益。

5. 就业保障

农村综合发展项目在整体上被认为不是很有效，劳动者收入普遍很低，不足以帮助他们脱离贫困。对 20%~50%的受益者来说，形成的资产将在 2~3 年内消失，即使仍存在，对收入的贡献也非常低（Osmani 1988：31~41）。只有 14.8%的受援助家庭脱离“贫困线”，29.3%的受援助家庭没有增加任何收入（Chelliah and Sudarshan，1999）。而且由于不良资产和拖欠贷款还款的比例增长，项目对于金融机构的健康还产生了消极影响。各种相关研究中还提出农村综合发展项目存在的其他一系列问题，如出现漏洞、挪用资金、违反计划方针、选择非贫困人口作为目标群体、缺乏适当的账户维护等。1997 年，印度对农村综合发展项目及其子计划连同工资性就业计划进行了审核，建议对农村的贫困人口实施一个单一的自主就业计划，并建立努力克服使个别人受益的措施而更注重团体行为和集群措施所表达的偏好（古拉蒂、樊胜根，2009）。

着眼于严重的农村失业与贫困问题，瓦杰帕伊政府实施了一系列就业促进与保障计划。根据目的和手段的差异，这些计划可以分为就业创造计划（Employment Generation Programmes）和劳动福利计划（Workfare Programmes）两类。就业创造计划最初在执行上着眼于推进财产的（再）分配，但之后都调整为（自主）就业的创造。劳动福利计划则主要为没有正规就业的穷人提供就业。就业创造计划正是在原有农村综合发展项目及相关项目的基础上发展而来的整体就业创造项目，于 1999 年开始实施，包括农村自主就业创造计划、城市自主就业计划和城市工资就业计划在内。农村自主就业创造计划通过信贷或补贴为贫困家庭提供资金帮助，促进农村地区兴办“微型”企业（Micro-level Enterprises）。在发展“微型”企业的同时，这个新计划还鼓励建立自助组织（Self-help Groups），因而具有赋权（Empowering）的性质。截至 2006 年底，印度政府通过贷款推动形成了 244 万个自助组织，共发放贷款 1644.37 亿卢比（Budget Speech of the Finance Minister，2005），涉及 733 万名自主就业劳动力。劳动福利计划的主要目的是在农村地区提供额外的工资性就业、食品安全、社区固定资产及改善基础设施。此类项目在不同的政府有着不同的称谓。2001 年 9 月开始实施的项目被称为“Sampoorna Grameen Rozgar Yojana（SGRY）”，主要是在农村提供现金、谷物粮食和工资性就业机会。2000 年 12 月开始实施的“Pradhan Mantri Gram Sadak Yojana （PMGSY）”是另一个完全由中央发起的劳动福利计划项目，通过公共就业使所有符合条件的农村居住点具有对外连接的道路。截至 2006 年 12 月，累计支出了 1828.1 亿卢比，修建道路 10.76 万公里。

四、印度市场化改革的不足及当前发展的制约因素

自独立以来，印度农业和农村都取得了很大的发展。在整个市场化改革及应对全球化的过程中，农业开放也是逐步进行的，印度政府通过有限承诺和各类“绿箱”政策，对农业发展起到了保护和促进作用。通过完善保障系统、促进就业增长，在消除贫困、加快农村发展方面也取得了显著的成绩。但是也要看到，改革仍然存在很多问题，改革前后农民的弱势地位在整体上并没有得到很大或者彻底改善。而不成功的土地改革、严重的收入差距与社会分割、权贵阶层对经济社会的控制等都成为制约印度进一步推进农业改革与加快农村发展的重要制约因素。

（一）市场化改革中的不足

对于农业、农民来说，市场化改革的主要不足就是保护不充分，甚至在一些方面发展条件出现了退步，对农业、农民发展的支持仍有待进一步加强。综合来看，瓦杰帕伊政府及以前的经济改革受益的主要是城市居民和中产阶级，农民与广大贫困地区的人民受益比较有限。2001 年 4 月，印度政府取消所有的贸易数额限制，农民开始直接面对国际市场。再加上政府补贴不到位，在国际市场的冲击下农民日益贫困，甚至连农村人均粮食消耗量也出现大幅减少，降到第二次世界大战以来的最低点。联合国粮农组织一份关于 2003 年世界粮食安全状况的报告指出，1/5 的印度人仍遭受着长期饥饿的折磨。为贫困和债务所迫，印度农民自杀现象严重，在农业大邦旁遮普邦也非常普遍，而在信息业最为发达的安德拉邦尤为突出。即便在殖民时期的印度，这种高自杀率也不常见。印度政府虽然实施了一系列旨在消除贫困、创造就业的项目与计划，但

是实施效果仍很有限。这些项目存在一些普遍的缺点：一是瞄准问题，覆盖了相当一部分的非贫困人口；二是有效性很低，大大低于政府预计目标；三是没能照顾到地区之间存在的巨大差距（Srivastava，1997）。

与改革初期相比，虽然瓦杰帕伊政府更加重视基础设施建设和农业、农村的发展，但政府对农村的公共投资还是在逐年下降，占 GDP 的比重由原来的 14.5%减至不足 6%，个别年份甚至低于 5%。五年间农村发展开支年均减少约 3000 亿卢比，约合 60 亿美元，导致与农村发展密切相关的农村就业计划、农业特区计划、乡村工业、农村基本建设等都得不到有效落实。因而，国大党抨击瓦杰帕伊政府的经济政策是“反农民、反穷人和反民众的”（王月清，2008）。

在金融方面，改革结束了乡村银行扩张过程，商业银行的乡村部门或者乡村分支被关掉，一些与农业有关的专业培训也停止了。结果 1991~2004 年，印度农村商业银行的贷存比例快速下降，各个邦之间发展不平衡状况也变得更加突出，不发达地区受到最为严重的打击。这直接导致农业部门融资结构的变化。农业部门从正规金融部门所得贷款占贷款总额的比重在 1985 年一度达到 80%，从 1999 年开始又重新下降，并降至 22%，略高于 20 世纪 70 年代末的水平（拉玛钱德朗，2009）。非正规渠道资金又占据主导地位。

由于对教育、卫生、社会福利等社会公共部门重视不够，相关财政支出也增长缓慢，甚至出现下滑。在 1998~1999 财政年度，预算评估修正后社会支出比重由 1.18%减少到 1.09%，减少了 160.1 亿卢比，1999~2000 年则减少了 178.2 亿卢比；占 GDP 的比重则从 1985~1990 年的 6.6%下降到 1995~2000 年的 5.5%。教育投资增长停滞或下降导致文盲率居高不下。到 2000 年末，世界上 15~19 岁的文盲中，印度占 54.8%。基础设施投入同样不足，在印度广大农村的许多地区，食品供应与水电道路等基础设施依然成问题。印度目前只有 38%的家庭能用上自来水，超过 500 万个家庭依靠河流和池塘取水，只有 56%的家庭通电，50%以上的农村居民家庭用煤油照明；公路基础设施落后，在 2004 年大选中，还有一些地方靠大象运送投票机。

对农业、农民保护不充分的原因既有以上提到的计划设计与执行等方面问题，也有更深层次的宏观经济因素，这实际也是进一步改革的重要制约因素。印度市场化改革是在国际收支失衡、政府财政赤字严重的背景下发生的。缩减补贴、改善收支和财政状况是这一阶段改革的重要目标，这就必然影响到农民、农业的保护和发展，因为农业相关补贴一直是影响印度财政的重要因素。1988~1989 年度仅对化肥的补贴就达到 350 亿卢比，到 20 世纪 90 年代初，化肥补贴高达 500 多亿卢比，粮食补贴也达数百亿卢比。这都给印度带来严重的财政负担和不断上升的财政赤字。此外，随着农业优惠贷款的增加，各商业银行补贴的利息越来越多，利润率则不断下降，使印度各公营商业银行利润率大大低于私营银行利润率，而本国私营银行利润率又大大低于外国银行利润率，削弱了金融系统的竞争力。

（二）当前改革与发展的制约因素

1. 贫困与收入差距问题突出

经过几十年的发展，印度贫困问题虽得到了很大的缓解，但依然严重。根据印度国内统计，1973 年印度农村贫困人口比重高达 56.4%，到 2000 年降至 27.1%，2005 年进一步降至 21.8%。根据世界发展指数（WDI）数据，1997 年印度每日不足 1 美元的人口所占比重仍有 44.2%，每日不足 2 美元的人口占到 86.2%，2005 年两个比重分别降至 33.5%和 80%（见图 6–1）。

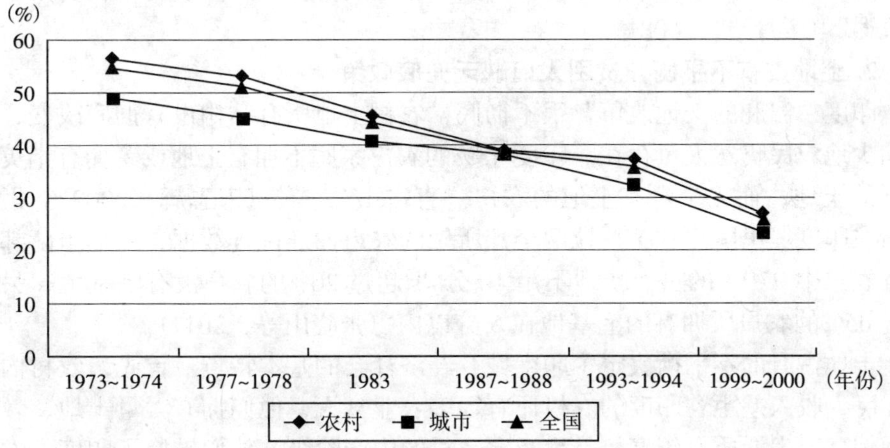

图 6–1　印度农村贫困人口比重

资料来源：Databook for DCH，第 18 页，Planning Commission。

贫困人口的大量存在，使得家庭层面长期缺乏食品保障的现象非常普遍，虽然在印度国家层面已经实现整体性粮食安全（Radhakrishna，2005）。证据显示，印度人口营养不良的患病率在全世界是最高的。根据印度 1998~1999 年家庭健康调查，30%的儿童有发烧症状，20%有腹泻，20%有传染性咳嗽。在一些经济较差的邦，情况更加严重。例如，在比哈尔邦的儿童中有 90%缺少疫苗，有 26%严重营养不良。印度国家营养监测局数据表明，2000~2001 年印度 5 岁以下儿童中有一半存在营养不良，成人中 40%长期能量不足（Radhakrishna，2005）。联合国粮农组织指出印度有 2.25 亿印度人长期营养不良。世界发展指数显示，2000~2006 年印度儿童因营养不良而体重不足的占 43.5%，发育不良的占 47.9%，2002~2007 年婴儿体重不足的占 28%（见表 6–1）。

表 6-1　印度国民营养状况

营养不良的患病率		儿童营养不良的患病率				出生时体重不足影响	
		体重不足		发育不良			
1990~1992 年	2002~2004 年	2000~2006 年	1995~2003 年	2000~2006 年	1995~2003 年	2002~2007 年	1995~2003 年
25	20	43.5	46.7	47.9	44.9	28	30

资料来源：WDI2008、WDI2009。

与普遍存在的贫困相联系的是持续扩大的城乡和地区收入差距。印度南部发展明显快于北部，城市明显快于农村。印度南部月均工资为 514~700 美元，而广大北部地区则不到这个数字的 1/6。城市中产阶级年收入达 2000~4000 美元，而农民工一年只能挣 60 美元左右，相差约 60 倍（宋志辉，2009）。1994~2004 年印度的基尼系数从 29.7 上升到 36.8（WDI）。印度经济发展的成就“掩盖了在不同地区、不同邦和印度人口不同群体中不均衡的增长和不平等的机遇”（王月清，2008）。

2. 土地占有不平衡，贫困人口缺乏兜底政策

印度“温和的土地改革”很不彻底，农村土地所有结构没有彻底改变，无地和少地农民仍然大量存在。印度 43%的农户家庭不拥有土地或者拥有半英亩以下的土地，而完全没有土地的农户一直占 1/4 左右（宋志辉，2009）。根据一项在印度奥里萨邦和喀拉拉两个邦所做的农户抽样调查数据，在奥里萨邦的调查农户中 97.1%的占有耕地不足 10 分，[①] 超过 20%的农户没有宅基地，另有超过 65%的农户所拥有的宅基地在 5 分以内（张晓山等，2011）。

土地占有的不平衡决定了印度城乡经济社会的基本特点。首先，农村内部存在巨大收入差距。印度的农村还有很多农业富人，他们拥有大量土地、教育水平较高、生活质量较高，是生活在乡村的中产阶级。他们转换了印度的农民收入问题（宋志辉，2009）。其次，没有土地的农民大量涌入城市，引发城市了贫民窟问题。无地的印度农民面临两种选择：一种是当“契约劳工”，另一种是流入城市寻找工作。但是，流入城市的农民缺乏必要的技能与资本，而印度的城市经济结构无法吸收这些大规模流入的低素质劳动力，最终只会形成边缘化的城市贫民。

3. 种族歧视问题依然严重

在印度种族歧视至今仍未消除，广大农村地区尤为严重。印度的种姓制度将人分为婆罗门、刹帝利、吠舍和首陀罗四个不同等级，以及被排除在种姓外的“不可接触者”或“贱民”。种姓世袭，按《摩奴法典》规定，高级种姓由于“穷困”可以从事低级种姓的职业；相反，低级种姓不得从事高级种姓的职

① 相当于中国的市亩的 6 分地。

业。不同种姓的人还不能同坐、同饮食。1948 年，印度国会通过了一项废除种姓制度的法案，1955 年又通过了消除种姓歧视的宪法条款。政府还在教育、就业、福利等方面对低级种姓者提供帮助。但是，延续了数千年的古老种姓制度和种姓歧视有着广泛而又顽固的社会基础和宗教基础，在短期内难以根除，其造成的隔阂、分化与不平等仍在发挥作用。近年，在经济快速增长的同时，印度社会等级制却有愈演愈烈之势。2008 年印度一名低种姓男子因向同村高种姓女子写情书而被游街，后被送至火车轮下碾死。事发过程中甚至有警察旁观。在一些乡村学校，种族歧视也影响了包括午餐计划在内的政府项目的实施。据《印度斯坦时报》报导，一些学校的低种姓学生在食物分配上较少，并被禁止与高种姓学生坐在一起进食。

种族歧视带来了社会分化与对立，也制约了进一步的改革和大多数农村贫困人口的发展。1991 年为了增加低种姓人口的就业机会，印度政府提出种姓就业配额改革计划，保障低种姓（包括“贱民”）人口拥有一定比例的工作机会。这一计划遭到强烈抗议，引发自焚、冲突与流血事件，并最终导致政府垮台。在这样的制度下，人们缺乏开展经济活动的动力和进行人力资本投资的积极性。人们不能通过自己的努力来改变自己的社会地位及对于财富的占有，最终只能走向宿命论。那些在种姓制度中处在底层的阶级，特别是那些无法进入种姓系列的“贱民”阶级，根本不会有动力，实际上也没有能力，对自己和家人进行人力资本投资、接受正规的学校教育。由此，低种姓人群在职业、社会地位上都将被锁定，社会结构趋于凝固。

4. 政治制度对改革的制约

印度被认为是世界上人口最多的民主国家，但不健全的民主制度实际也成为印度改革和农村发展的掣肘因素。印度有复杂的种姓、宗教、语言和各种地方势力集团，社会利益的矛盾非常复杂，议会民主制使不同群体可以通过自己的党派等政治组织和选举政治来表达利益诉求。这有利于缓解社会矛盾以达到一定的平衡，但也造成了印度的“弱政府”，并限制了政策的稳定性和有效性。印度经济改革的主要弱点是缺乏有力稳定的中央政府，印度的政治领袖们一直没能克服他们党派利益的局限性（孙士海，1998）。印度人民党、国大党、共产党及一些低种姓政党对经济改革各有主张，打着为穷人服务的口号，谋求党派利益之实惠（陈本昌，2009）。

议会民主制对印度改革的影响突出体现在选举政治上。选举制度的选举周期导致政府政策的短视性，制约了长期政策的制定和执行。各党派用一只眼睛盯着经济改革，而另一只眼睛盯着大选。对眼前政治利益的追求使得政党和政府领导人很难履行竞选中的改革承诺，他们所想的是任期内的发展，而不是经济社会发展的长期规划。消除贫困和收入差距、农业与农村的改革和发展等需要长时间努力才可能得以解决的问题，在政治利益的考量中往往被政府忽略或摆在次要的位置。由于党派间缺乏共识，一些有深远影响的经济社会改革方案也很难得到通过。与竞选承诺得不到兑现相联系的是，政党权力更替经常是在相同或相似的竞选纲领下实现，出现了失去权力的政党往往反对其在位时推行的政策等一些奇怪现象。

印度期望利用民主制度，使无地和少地农民根据普遍参加和群众选举原则，建立村合作社和村评议会，借以改变收入、地位和权力的分配状况，摆脱占支配地位、拥有土地的高级种姓的控制，事实证明是行不通的。因为对有产者的不断让步，对旧有制度的改革逐渐减缓以至停顿。有产阶级利用他们政治、经济上的优势，操纵由于宗姓、种族、教派和经济等原因而处于分裂状态的农民，取得了对议会和政府组织的控制（杨冬云，2006）。印度的自由化改革和民主最终使印度经济和政治分裂成两个不同的方向，那些被市场排斥在外的人民又被包含在民主政治中，从而构成了政治、经济上的不对称，在经济领域和政治领域的分配能力也是不平等的。富人比以前在经济上更占主导地位；而穷人也比以前发出更大的声音。这就造成了政治和经济的不匹配。政党体制的变化使得国家在调和这种经济政治的矛盾中日益困难。

五、印度近年来的主要改革举措

2004 年 5 月印度国大党及其盟党组成的统一进步联盟执政。联盟强调以人为本的经济改革，重视农业发展和基础设施建设，主张创造社会公平、缩小贫富差距、解决地区发展不平衡等问题，要使那些在以前改革中未能受益的人在未来的改革中获得实惠。执政之初，辛格政府即颁布了最低共同纲领，纲领针对人民党政府时期的不足，提出重振农村经济、促进乡村工业发展、扩大就业机会、增加农民投入，还主张增加对农村地区公共投入和贫困落后地区农业基础设施投入。

（一）农业发展与保护

为促进农业发展、提高农业科技含量、改善农村生态环境，辛格政府实施了一系列新的农业发展计划。

1. 实施 RKVY（Rashtriya Krishi Vikas Yojana）计划

RKVY 是对农业和相关部门的补充性中央扶持计划，于 2007 年 5 月由国家发展委员会（National Development Council）通过，同年 8 月正式实施，其目标是调整农业发展战略以更好满足农民需求、实现中央与地方政府重振农业的打算。RKVY 根据地方农业气候条件对农业生产进行综合干预，预计在“十一五”期间投放资金 2500 亿卢比，保证年增 4%的农业发展目标的实现。

RKVY 计划的一个目标是促进地方政府在农业及相关部门上的公共投资。每个邦都有资格获得 RKVY 支持，但要求邦政府制订地区和邦农业计划，并增加或至少维持邦预算中农业及相关部门支出所占的比重。邦政府在项目选择、计划、核准和执行上享有自主性和灵活性，独立确定本邦的首要发展项目。由秘书长负责的邦级委员会负责审核批准项目。在 RKVY 计划中优先发展的项目包括：粮食作物综合发展、农业机械化、土壤质量与生产力、雨养地（Rainfed）灌溉系统发展、害虫综合管理系统、市场基础设施、农艺、养殖技术、乳品与渔业、农业与农艺专门机构支持、有机与生物肥料、创新项目等。

分配到邦的 RKVY 计划补贴分为两类。第一类资金，在全部补贴中至少占 75%，用于邦和地区 RKVY 计划中的特定项目；第二类资金，最多占全部补贴的 25%，可以用于加强邦现有的一些项目，弥补资金缺口。2007~2008 年，RKVY 计划中第一类补贴共计 124.8 亿卢比，其中有 4.8 亿卢比用于地区农业计划的制订，每个地区 100 万卢比。这些资金主要用在节水灌溉、流域发展、农艺技术、市场基础设施等方面。RKVY 计划得到各邦的积极响应，2007~2008 年有 22 个邦由秘书长主持的委员会召开了会议。2008~2009 财年，316.6 亿卢比的 RKVY 计划补贴得到批准并分配到各邦。

2. 完善农业宏观管理（MMA）

农业发展的基础任务，如增加产量、提高生产力以开发潜力等都主要由邦政府完成。但作为补充，中央政府也发起了一系列的相关项目，以进一步促进全国范围农业增长和增效，及农民收入的增长。农业宏观管理计划是 2000~2001 年由中央发起的农业项目，其目标是确保中央扶持资金被用于各邦优先发展地区及农业发展的目标领域。该计划为各邦根据自身需要制定具体发展计划提供了充分的灵活性，是实现分权、发挥邦政府在农业发展中主导权的重要一步。在 2008~2009 年，农业宏观管理计划被修订以进一步提高其效力。计划的目标被修订为避免重复建设，使其与邦农业现状更加相符，以更好地实现粮食安全、提高农民生活的基本目标。

修订的农业宏观管理计划包括 11 个与农业生产、自然资源管理相关的子计划。其最突出的特征有以下几个方面：①将资金分配标准从原来的按各邦历史基数改为按作种植物面积及小农、边际农比重来进行。②补贴结构更加合理化，使得农业与合作部实施的所有项目都有统一的补贴方式。③增加两个新内容，一个是在 ISOPOM（Integrated Scheme of Oilseeds，Pulses，Oilpalm and Maize）计划没有覆盖的地区实施黄豆与油籽生产计划，一个是在现有碱性土壤改造的基础上增加酸性土壤改造。④自主计划占资金的比重的上限从 10%提高到 20%。⑤至少 33%的资金必须专门用于小农、边际农及妇女。⑥项目实施中各阶段，包括监测、审核、评估等，都必须有镇委员会（PRI）的积极参与。

3. 农业的科技与生态建设

一是发展节水灌溉。更高效的灌溉技术有助于保持水土，并能增加作物产量、提高产品质量。为更加合理地利用水资源，2005 年 12 月经由印度内阁批准，印度农业与合作部发起新的节水灌溉项目，在全国范围内推广节水灌溉技术。项目的目标有两个：一个是节水改革技术扩大覆盖面积；一个是技术转移与人力资本积累，包括在相关部门的示范项目。在覆盖面积方面，项目将致力于滴灌、喷洒灌溉技术的推广，以提高作物产出能力，项目目标是建设 62 万公顷的节水灌溉面积。最终重点通过全国园艺行动（National Horticulture Mission）的推广来促进园艺作物的发展应用，因为滴灌、喷洒灌溉及滴灌施肥等技术更容易得到采纳。其他作物则限于缺水、干旱和半干旱地区。中央政府对项目支出的 40%进行补贴，邦政府负担 10%，剩下的 50%由受益者自己承担，每个受益家庭最大补贴面积为 5 公顷。受益对象覆盖各类农户，但是其中至少有 25%是小农或边际农户。另外，项目通过对官员、农民、企业家和其他参与人员的培训达到人力资本积累的目的，另外，通过研讨会、示范项目等实现技术转移。示范项目支出的 75%完全由中央政府承担，每个受益家庭最大补贴 0.5 公顷。

二是发展有机农业。2004 年底，印度实施了国家有机农业计划（National Project on Organic Farming），在“十五”期间为有机农业的生产、促销和市场发展投资 5.7 亿卢比。计划主要包括以下一些内容：①建立有机农业认证体系。②服务供给建设。③有机投入品生产企业的资金支持，包括水果与蔬菜的废物混合饲料生产、生物杀虫剂生产等。④有机农产品的促销、延伸与市场建设。

三是建立雨养地农业系统（Rainfed Farming System）。联盟内阁于 2006 年 8 月批准成立国家雨养地区局（National Rainfed Area Authority）。该局的职责是开展效应评估研究，对研究雨养地全面发展所需要求的项目进行协调，以保证雨养地的可持续全面发展、建立适宜的耕作及生活系统。NRAA 包括由农业部长领导的政府委员会和执行委员会组成，执行委员会又包括一个全职 CEO、五个技术专家和相关政府部门的代表等。2008~2009 年雨养地发展计划（Rainfed Area Development Programme）获得 34.8 亿卢比的财政预算支持。

4. 实施国家扶持农民政策（National Policy for Farmers）

2007 年开始实施的国家扶持农民政策旨在提供一整套方法促进农业部门发展，其关注的核心是农民的经济利益以及农业生产和生产率，内容主要涵盖以下几个方面：通过改革保证农户拥有或有权使用生产资料，或掌握谋生技能；提高水资源利用效率，强调单位灌溉水所取得收益的最大化；鼓励新技术，如生物技术、信息通信技术、可再生能源技术、空间技术及纳米技术等的应用，以提高土地单产及水的利用效率；建立国家农业生态安全体系，来协调农业生态安全计划的实施；提供合格的种子和抗病的秧苗及对土地进行改良等被作为提高农业生产率的关键手段。每个农民将获得土地质量证书，其中注明土壤的详细信息以及相关指导意见；加大对妇女的扶持与保护，托儿所、儿童护理中心及营养补充都可以得到资助；在信贷和保险服务方面，要在合理的利率水平上，向农民提供及时、充足和易获得的金融服务；在村级水平，通过ICT和农业学校的帮助，推动农民的互助学习；为农民建立适当的社会保障计划；在全国范围内有效贯彻最低保护价制度，确保农业生产的盈利能力；在食品安全保障的产品中增加粟类，成立一个跨部门的委员会推动政策实施。

（二）促进就业增长，缓解农村贫困

为促进就业、缓解农村贫困问题，印度2006年正式开始实施《全国农村就业保障法案》（NREG）。该法案与劳动福利计划（SGRY）一起共同为农村劳动力提供工资性就业机会。全国农村就业保障法案为每个符合条件的农村家庭每年提供100天有保证的非熟练工资性就业机会，如修路、架桥、平整土地、开凿运河、兴修水利等，日工资不低于60卢比，工资在15天内支付。由此产生的开支90%由中央政府或失业基金承担，就业都是劳动密集型的，没有承包商和机械作业。另外，法案规定参与者中必须有33%是妇女。农村就业保障法案以前所未有的规模提供工资性就业机会。作为需求导向的就业计划，在提供扩大就业机会的同时，该法案还希望项目实施有助于增强自然资源管理，以实现水土保持、干旱预防、土地整治、洪水控制与保护，以及建设全天候乡村道路等目的，从而有助于解决长期贫困问题。同时，该法案还希望在计划、监测和实施阶段深化分权，强化草根阶层民主，提高政府的透明度和责任。法案分阶段实施，第一阶段覆盖200个最贫困的地区，第二阶段（2007~2008年）又增加了130个地区。原计划在5年内覆盖所有的600个地区，实际在2008年4月覆盖了剩下的274个地区。

从实施情况来看，全国农村就业保障法案较好地实现了设计目标。一是扩大了就业规模。截至2007年1月，农村就业保障计划共发放3470万张工作卡，在1500万个申请就业的家庭中有1470万人得到了就业；截至2006年12月，在已创造的5.375亿个劳动日中，有2.113亿个是给妇女的；在2007~2008年，3.39亿个家庭得到了就业，在330个地区总共提供了143.5亿个劳动日的就业。二是提高了工资性就业的作用。2007~2008年投入资金中的68%以工资的形式支付给了劳动者，2008~2009年工资比重上升到73%。三是对贫困

人群的瞄准更加准确。2007~2008 年，就业总量中列表种姓与列表部落人群占 57%，妇女占 43%；2008~2009 年前 7 个月列表种姓与列表部落人群占 54%，女性占 49%。四是改善了农村自然环境基础。在 2007~2008 年的 178.8 万项工程中有 49%与水土保持有关，2008~2009 年前 7 个月的 168.8 万项工程中的 49%与水土保持有关。

从就业方面来看，全国农村就业保障法案是解决促进农村就业增长、缓解农村贫困问题的重要政策，但还是受到很多批评：一是项目覆盖面太窄，只包括了在贫困线以下的家庭；二是在计划执行过程中，乡村委员在项目选择方面发挥的作用不够；三是投入不足。该计划的实施并没有使政府在农村就业方面的支出大幅增长（Chakraborty，2007）。农村就业项目直接支出占 GDP 的比重从 1997 年的 0.2%下降到 2001 年的 0.13%，随后在上升到 0.4%后又开始下降，在 2007 年为 0.33%。在中央财政预算中，农村就业项目所占比重没有受到全国农村就业保障计划的影响。从绝对数来看，劳动福利计划项目资金从 2003~2004 年的 964 亿卢比降到 2006~2007 年的 270 亿卢比，2006~2007 年整个全国农村就业保障计划支出额只有 1017 亿卢比。Vaidyanathan（2005）在估计了印度农村就业保障计划的执行成本后认为，印度政府有足够的财力来实施一个水平更高、更加完备的计划。

（三）完善社会保障，加强农民保护

辛格政府在各种既有项目的基础上，加大投入力度，从食物、教育、医疗卫生、养老与救助等多个方面提高农民的保障与保护水平。

1. 教育

2004 年印度实施了 KGBV 计划。根据该计划，将在女性识字率低于全国平均水平、识字率性别差异高于全国平均水平的教育落后地区，专为属于列表种姓、列表部落及少数民族团体的女孩建立小学高年级阶段社区学校。学校为列表种姓、列表部落及少数民族团体的女孩保留不少于 75%的名额，剩下部分重点分配给贫困线以下家庭的女孩。项目实施所需经费由中央政府和地方政府按 3∶1 的比例分别承担。

根据原午餐计划（MDM Scheme），在政府小学、政府资助小学、地方社团学校、教育保障计划或备选与创新教育中心上学的孩子可以获得含 450 卡路里、15 克蛋白质的午餐。在 95 万所学校学习的 1.2 亿个孩子从该计划中受益。2006 年午餐计划得到修改以提高食物质量。每个孩子每餐食物补贴标准是 2 卢比，其中中央政府对东北各邦的补贴标准为 1.8 卢比，对其他邦为 1.5 卢比。考虑到适当的基础设施的重要性，2006~2007 年还援建了 9.45 万个厨房，按每个学校 5000 卢比的标准对购买和修复厨房用具进行了补贴。

种姓制度对印度社会发展失衡的影响一直是印度改革的难点。2006 年 4 月，印度人力资源发展部宣布，在印度理工学院、印度管理学院以及全印医学院 3 所印度最知名的院校，将来自低种姓家庭和经济不发达地区学生的入学名额从原来的 22.5%提高到 49.5%，其他 20 所普通大学则提高到 27%。通过改革，使来自较低阶层的学生能够有更多的机会接受高等教育，以实现公平发展、缩小阶层差距。但是与 1991 年种姓就业配额改革计划一样，该计划在印度全国也引起了强烈的反对。

2. 医疗卫生

2005 年印度政府颁布全国农村健康计划（NRHM），根据该计划，将把公共医疗支出占印度国内生产总值的比重从 0.19%提高到 2%~3%，各邦的公共医疗预算每年至少增加 10%，用以支持国家农村健康计划的各项活动。中央预算资金直接拨到邦政府，并对落后省份倾斜，特别是 18 个医疗基础设施落后、健康状况较差的邦。向贫困人口与脆弱人群提供容易获得、可以负担并且有效的医疗设施，缩小农村医疗设施的差距、保证人口稳定、促进部门间收敛、维持性别平衡等目标成为全国农村健康计划的基本特征。在该计划中，病人可以免费得到诊治和基本的常用药，需要输血或手术的重大疾病患者也只需负担 5%左右的费用。贫困线以下的病人还可以获得“全国健康优惠基金”资助，全免费治疗。

为确保农村医护人员数量，印度政府将医生的退休年龄提高到 65 岁，将医生的录用权力下放到区级政府。为提高农村医生的待遇，农村医院可以高薪雇佣医生，在农村服务的医生的子女在各级学校还可以优先录取。让初级和高级的住院医生到“初级保健中心”和“社区保健中心”任职一定时间，以提高他们的技术水平，并向“初级保健中心”和“社区保健中心”的医生和主要工作人员提供住宅设施和充足的住房补贴，还为在“初级保健中心”服务的医生提供持续的医学课程。

全国农村健康计划还在 18 个健康指标低、公共医疗设施不完备的邦、少数民族聚居区和医疗设施落后的地区培训了 40 万名女性社区健康工作者（ASHA）。这些工作者是由村务委员会选出、志愿提供劳动的积极分子，平均每位工作者负责 1000 个村民，以提高卫生保健服务的可获得性。她们的主要任务是加强社区机构的医疗服务能力，通过与 AWW（Anganwadi Workers）的紧密协调强化社区行动，以普及疫苗接种、提供健康服务、生育护理、预防传染性疾病传播、改善营养和卫生等。ASHA 的另一重要作用在于为农村人口提供及时的、易获取的基础健康服务，如口服补液盐、避孕药具等。该计划还针对农村情况，设计了一系列的基础药物和乡村专用健康包。

3. 养老与救助

1995 年建立的全国社会救助计划（NSAP）确立了向贫困人口提供救助的政策基础，其目标是在地方政府提供的福利的基础上，明确社会救助的最低全国标准。目前，NSAP 的主体之一是 2007 年开始实施的英迪拉·甘地全国老年生活补助计划（IGNOAPS）。根据这个计划，生活在贫困线以下的家庭的 65 岁以上人口每月可以从中央获得 200 卢比的补贴。根据原来的全国老年补助计划（NOAPS），受益者限于赤贫人口。IGNOAPS 计划受益人口估计达到 1600 万，原来的 NOAPS 计划只有 870 万。老年补助金额也从每月 75 卢比增加到每月 200 卢比。地方政府被要求另外支付不少于 200 卢比的补助，那么老年生活补助的受益者每月至少得到 400 卢比。目前，25 个邦的邦级补助每月超过 200 卢比。

4. 食物

为解决贫困农民的粮食保障问题，2004 年印度在 150 个由计划委员会、农村发展部及邦政府共同确定的最落后地区开始实施国家劳动换食品计划。该计划是在 SGRY 项目[①] 的基础上，向这 150 个最贫困地区提供额外资助，以带来更多工资性就业机会，通过创造最稀缺的经济、社会和社区资产满足食品保障需求。计划资金完全由中央政府筹集。2006 年以后劳动换食品计划被全国农村就业保障法案替代。

（四）完善农村基础设施

辛格政府更加重视农村基础设施建设，并加大了投入力度。在 2005~2006 年政府预算中对印度的整体发展做出强调，并提出在随后四年实施“建设印度（Bharat Nirman）”计划。该计划的目的是通过重点建设印度农村地区的基础设施包括公路、经济住房、水利灌溉系统等，以达到增加就业、消除贫困以及实现可持续发展的目标。其具体目标包括：①改善 1000 万公顷耕地的灌溉状况。②保证每个 1000 人以上的村庄通路，山区或少数民族的村庄按 500 人的标准。③为贫困人口建造 600 万所房屋。④为 7.4 万名居民提供安全饮用水。⑤让余下的 12.5 万个村庄、2300 万个家庭通电。⑥让余下的 6.7 万个村庄通上电话。随着计划的加速实施，政府投入也日益增加，2005~2006 财年投入 1216 亿卢比，2006~2007 财年则达到 1869.6 亿卢比，增幅达到 54%。

1. 安全饮用水

为改善农村饮用水，印度于 1991 年将 1986 年开始实施的全国饮用水行动

---

① SGRY 是 2001 年 9 月开始实施的“Sampoorna Grameen Rozgar Yojana”项目的简称，也是一个劳动福利计划，主要在农村提供现金、谷物粮食和工资性就业机会。

修改为拉吉夫·甘地全国饮用水行动。这个行动的目标是：为所有的村庄提供安全饮用水；帮助当地社区保持安全饮用水水源的状况；对列表种姓和列表部落的饮水问题给予特别关注。在这个行动框架下还开展了 ARWSP 计划，其目标是为人口数量超过 100 人的聚居区提供饮用水，特别是那些缺少相关设施的地方，并保证系统和资源的可持续利用，解决水质问题和水质监测与跟踪的制度化问题。但截至 2005 年，仍有 3.55%的农村居民的饮水问题只得到部分满足，有 0.32%的人完全没有饮水设施。而且越来越多的人群因为地下水位下降、设备老化等原因从完全覆盖人群退化到部分覆盖或完全没有覆盖的状态。

为进一步解决农村饮用水问题，印度政府将饮用水供给作为 Bharat Nirman 计划中最重要组成部分之一，设想建设高质量的乡村基础设施，为余下的没有安全饮用水的农村居民、饮用水供给状况退化或饮水质量存在问题的人口提供安全饮用水设施。印度政府与 2006 年启动全国农村饮用水质量监测与跟踪计划（National Rural Drinking Water Quality Monitoring and Surveillance Programme），希望能够以制度化的形式将基层组织包括村、镇水与卫生委员会纳入饮用水资源的监测与跟踪中。政府采取的另一项措施就是于 2006~2007 年启动解决饮用水问题的专项资金。ARWSP（Accelerated Rural Water Supply Programme）基金中 20%指定用于解决水质量问题。

2. 乡村道路建设

PMGSY 计划开始于 2000 年，完全由中央筹资。原来的目标是让每个符合条件、没有通路、人口超过 500 人的农村聚居区都能够通路，山区或沙漠地区的人口标准是 250 人。在 Bharat Nirman 计划下，目标得到调整，人口标准提高到 1000 人，山区或少数民族地区为 500 人，但限定于 2009 年前完成。对现有农村道路网络进行系统升级也是新计划的总体目标之一。相应制订的行动计划包括为 6.68 万个聚居区修建 14.6 万公里全天候道路，更新升级 19.4 万公里现有农村道路网络。据估计，实现目标需要投资 4800 亿卢比。截至 2008 年 7 月，已为全部相关工程投放资金 3850 亿卢比，覆盖道路 86146 条，道路里程达 33.2 万公里。

3. 农村电气化

在印度的 58 万多个村庄中，大约有 14 万多个尚未实现电气化。2005 年 4 月印度开始实施拉吉夫·甘地乡村电气化计划（RGGVY），该计划是由原来的农村电气化加速发展计划（AREP）与农村村庄与农户电气化计划整合而成，并被纳入 Bharat Nirman 计划中。计划用来推进农村电力基础设施与农户电气化建设，保证未来五年内所有农村家庭在电气化方面达到联盟最低共同纲领的要求，后者可以说是联合政府六条基本准则中“全面平等”的体现。这一基础工程可以满足农村地区农业和其他活动，包括灌溉、中小企业、乡村工业、医疗、教育和信息技术等需要，也将有助于农村整体发展、创造就业和减少贫困。RGGVY 计划通过农村电气化公司（REC）来实施，将为以下项目提供最高 90%的投资补贴：①建立一个在每个区至少有一座 33/11 千伏（或 66/11 千伏）小型变电站的农村电力配送骨干网（Rural Electricity Distribution Backbone）。②在未实现电气化的村庄与聚居区建设电力基础设施，提供适当的变电器。③在传统电网供电不经济、非传统能源计划不能提供电力的地区使用分布式发电与输电系统。无电贫困线以下人口（un-electrified BPL）的电气化建设可以获得全额的资本投资补贴，即所有农村地区每连接一户家庭 1500 卢比。计划覆盖全国，但是各邦在获得相关投资补贴前：①向企业分配特许经营权。②按 2003 年电力法要求为邦设施提供必要的收入补贴。③为电力供应做出充分的安排，并确保在城乡之间没有歧视。据估计，整个计划的实施需要 1600 亿卢比资金。作为计划的第一阶段，中央政府为“十五”期间批准的项目拨付了 500 亿卢比投资补贴。根据电气化的新标准，有 12.5 万个村庄没有实现电气化。

4. 项目监测与评估系统

2006 年，印度建立地区级监测系统（District Level Monitoring System, DLMS），通过引入外部研究组织和机构来加强对项目实施机制与实施结果的监控，具体可以是按月对工程建设和财务状况进行汇报，或是对政策环境、项目执行环境、项目形成的实体资产等给出定性的分析报告。系统的目标一个是为各类项目提供持续、透明的评估报告，另一个则是识别在村庄、地区和邦等不同层次供需之间存在的差距。监测系统还需要了解各相关方面的意见，对制度做出评估，开展案例研究，发现好的实践经验教训及创新。目前监测系统已覆盖 466 个地区，46 个独立机构参与到项目中来。为强化监测机制，农村发展部在全国层面还建立了由 250 名内政、国防部门退休人员组成的监测队伍，他们定期就特定地区的项目开展情况向农业发展部进行汇报。

六、总结

市场化改革以来，虽然借口粮食安全与国际收支失衡等原因，印度延缓了农业全面对外开放的过程，并且通过避免承诺、按上限设定进口关税、国营粮食进出口等手段来达到保护国内农业的目的，但是在缓解财政压力的要求下必然要缩减对农民、农业的补贴和农村建设的投入力度，全球化对农民、农业的冲击也就不可避免。面对国内严重的贫困问题、城乡和地区差距问题，印度历届政府采取了各种措施促进农业发展、消除贫困和增加农民的保障水平。但这些努力仍受到种族歧视、政治制度等因素的制约。辛格政府上台以来，对市场化改革阶段农民利益所受重视不够、农业发展滞后等问题有所认识，并加大农业、农村投入力度，重点加强农村基础设施建设、改善农业发展条件、促进农民就业增长、完善农村社会保障水平等，在满足农村居民粮食保障与基本需求的同时，逐步消除城乡之间的发展差距。从投入上来看，农村发展项目投入资金从“九五”时期的4287.4亿卢比增长到“十五”期间的7677.4亿卢比。虽然印度农村仍存在比较普遍的失业和贫困，但印度政府对农村弱势群体实施的众多扶贫和就业救助计划，往往能够将短期救助与长期发展相衔接，通过关注资本积累、设施改善和技能培训，逐步增强农村弱势劳动者的自我发展能力，实现长期的可持续发展。这些计划可以说在市场化与全球化过程中，为农业发展、农民福利改善与弱势群体保护提供有用的保障和缓冲，阻止了农村贫困的深化与贫富差距的拉大。

参考文献：

[1] Chelliah R. J. and Sudarshan R. (1999), Income Poverty and Beyond: Human Development In India, Social Science Press, New Delhi.

[2] Dev, Mahendra S. and Jos Mooij (2005), “Patterns in Social Sector Expenditure: Pre-and post-reform Periods” in India Development Report, 2004-2005, (ed.) by Kirit. S. Parikh and R. Radhakrishna, Oxford University Press.

[3] Garry Pursell and Ashok Gulati (1995), “Liberalising Indian Agriculture: An Agenda for Reform”. Chapter 10 of Robert Cassen and Vijay Joshi (eds), India: The Future of Economic Reform. Oxford University Press, Oxford/New Delhi.

[4] Government of India (2007), “Economic Survey 2006-2007”.

[5] Government of India (2009), “Economic Survey 2008-2009”.

[6] Heffner K. and Rosner A. (2009). “Disparities in Socio-economic Development of Rural Areas in Poland vis-à-vis Transformation Dynamics in the Pre-accession Period”, in Rosner A. ed. “Globalisation and rural development Chinese and central European perspectives.”

[7] Landes Rip, Gulati Ashok. 2003. Policy Reform and Farm Sector Adjustment in India. Mimeo, International Food Policy Research Institute, Washington, D. C.

[8] Osmani, S. R. (1988), “Social Security in South Asia”, WIDER Working Papers No. 49, December, World Institute for Development Economics Research, United Nations University, Helsinki.

[9] Planning Commission of India, National Human Development Report 2001.

[10] Radhakrishna, R. (2005), Food and Nutrition Security of the Poor: Emerging Perspectives and Policy Issues, in Economic and Political Weekly, April.

[11] Ramanna A. (2002), Policy Implication of India' s Patent Reform: Patent Applications in the Post-1995 Era. Economic and Political Weekly, 37 (21).

[12] Srivastava, R. S. (1997), Change and Resilience in Producer Strategies in Indian Agriculture. In: Breman Jan, Kloos Peter, Saith Ashwani, eds. The Village in Asia Revisited. Oxford: Oxford University Press.

[13] 陈本昌:《浅析印度发展“分裂型”形成的成因》,《山西财经大学学报》, 2009 年第 4 期。

[14] 崔红志:《对印度奥里萨邦农村社会保护情况的调查》, 张晓山等:《中印农村社会保护比较》, 社会科学文献出版社, 2011 年。

[15] 丁一兵:《2004 年印度经济: 崛起中的机遇与挑战》,《世界经济》, 2005 年第 3 期。

[16] 董运来、余建斌、刘志雄:《农业贸易自由化、贫困和粮食安全: 印度的经验》,《华南农业大学学报》(社会科学版), 2008 年第 4 期。

[17] 董运来、赵慧娥、耿建:《印度公共分配系统: 经验、绩效及改革》,《世界农业》, 2008 年第 4 期。

[18] 董运来、赵慧娥、王大超:《印度农业贸易: 政策改革、问题及挑战》,《中国农村经济》, 2008 年第 6 期。

[19] 冯兴元:《欧盟与德国——解决区域不平衡问题的方法和思路》, 中国劳动社会保障出版社, 2000 年。

[20] 古拉蒂、樊胜根:《巨龙与大象——中国和印度农业农村改革的比较研究》, 科学出版社, 2009 年。

[21] 何一峰、杨张乔等:《印度农村现代化进程及对浙江的启示》,《浙江学刊》, 2007 年第 3 期。

[22] 胡锡骥:《印度的粮食安全》,《世界农业》, 2001 年第 6 期。

[23] 金永丽:《印度农业保险发展状况简析》,《南亚研究季刊》, 2007年第 2 期。

[24] 拉玛钱德朗:《印度农业信贷政策的经验与教训》, 2009 年中国农村金融论坛。

[25] 林毅夫:《再论制度、技术与中国农业发展》, 北京大学出版社, 2000 年。

[26] 宋志辉:《印度农村反贫困的经验、教训与启示》,《南亚研究季刊》, 2009 年第 1 期。

[27] 孙士海:《中国与印度的经济改革比较》,《南亚研究》, 1998 年第 1 期。

[28] 王月清:《印度瓦杰帕伊政府时期的经济改革》, 西北大学硕士学位论文, 2008 年。

[29] 文富德:《印度农业新政策的主要内容及简要评价》,《南亚研究季刊》, 1999 年第 2 期。

[30] 文富德:《印度瓦杰帕伊政府加速经济改革》,《国际经济评论》, 2001 年第 11~12 期。

[31] 文富德:《印度农业的全球化对策》,《南亚研究季刊》, 2005 年第 1期。

[32] 文富德:《印度曼·辛格政府坚持谨慎经济改革》,《南亚研究》, 2007 年第 1 期。

[33] 吴臣辉:《论印度农村反贫困过程中的农业保险》,《江西农业学报》, 2007 年第 11 期。

[34] 吴红宇、聂晶:《印度“第二次绿色革命”与中国“新农村建设”之比较研究》,《广东农工商职业技术学院学报》, 2007 年第 3 期。

[35] 席增雷、白思然、张萌:《印度发展农业的金融支持经验及启示》,《世界农业》, 2008 年第 7 期。

[36] 向元钧:《印度农业应对 WTO 的对策》,《当代亚太》, 2002 年第 6期。

［37］杨冬云：《民主制度下的经济改革和发展——以印度为视角》，《山东社会科学》，2006 年第 10 期。

［38］张晓山等：《中印农村社会保护比较》，社会科学文献出版社，2011 年。

［39］中国农业考察团：《印度农业科技体制的组织框架、运行机制及其启示——印度农业科技体制考察报告》，《中国农村经济》，2007 年第 9 期。

［40］中国农业信息网：《印度的农业机械化政策》，http://202.127.45.50/zcfg/qt/t20060123_540407.htm。

［41］中国网，http://www.china.com.cn/news/txt/2008-11/21/content_16804575.htm。

［42］朱立志、方静：《印度绿箱政策及相关农业补贴》，《世界农业》，2004 年第 3 期。

后　记

本书是在中国社会科学院项目《全球化与中国》（项目得到福特基金会的赞助）的子课题《全球化与中国农村发展》各项研究成果的基础上编纂形成的。子课题负责人为张晓山，课题组成员有：杜志雄、崔红志、刘长全、杜旻、胡冰川、肖卫东。子课题的成果包括1份总报告和5份专题报告。按照出版要求，在此次出版时，将上述研究报告编纂为章节形式，其中，第一章为总报告，第二章到第六章为各个专题报告。

本书在出版过程中得到了经济管理出版社的大力支持，特别是图书编辑部贾晓建同志为本书的及时出版付出了大量心血，在此一并致谢。

对本书存在的不足甚至可能出现的错误，真诚地欢迎读者批评指正。

编者

2011年8月